와해된, 몸

A BODY, UNDONE: LIVING ON AFTER GREAT PAIN
by Christina Crosby

copyright © 2016 by New York University
Authorized translation from the English-language edition published
by New York University Press
All rights reserved.

Korean translation copyright ⓒ2024 by Editus Publishing Co.
This Korean edition published by arrangement with New York University Press
through AMO Agency, Korea.

이 책의 한국어판 저작권은 AMO 에이전시를 통해 저작권자와 독점 계약한 에디투스에 있습니다. 저작권법에 의해 한국 내에서 보호를 받는 저작물이므로 무단 전재와 무단 복제를 금합니다.

와해된, 몸: 크나큰 고통 이후를 살아가다

제1판 1쇄 2024년 09월 20일

지은이 크리스티나 크로스비
옮긴이 최이슬기
펴낸이 연주희
편집 윤현아
펴낸곳 에디투스
등록번호 제2015-000055호 (2015.06.23)
주소 경기도 성남시 분당구 황새울로351번길 10, 401호
전화 070-8777-4065
팩스 0303-3445-4065
이메일 editus2015@gmail.com

가격 18,000원

ISBN 979-11-91535-14-3 (03800)

A Body, Undone: Living On After Great Pain

에디투스 크리스티나 크로스비 최이슬기 옮김
Christina Crosby

와해된, 몸
: 크나큰 고통 이후를 살아가다

추천의 글

불의의 사고로 장애를 얻기 이전에도, 그리고 장애를 얻은 이후에도, 그녀의 삶은 눈부시게 충만했다. 멋진 근육을 뽐내며 뒷좌석에 애인을 태우고 거리를 질주하던 몸에서부터, 한순간에 전신마비를 얻어 "납덩이의 시공간"에 갇혀 버린 무력한 몸에 이르기까지. 쉽사리 헤아릴 수 없는 그 간극을 그녀는 정교한 언어로 가득 채운다. 그녀의 언어는 적나라하고, 절박하며, 때로는 지저분하고, 때로는 아름답다. 더 이상 덜어낼 것 없는 솔직하고 내밀한 이야기가 당신의 눈물과 웃음을 자꾸만 끌어낼 것이다.

이 책은 결코 장애의 고통에 관한 이야기도, 또는 장애를 극복하고자 하는 불굴의 의지에 관한 이야기도 아니다. 장애를 낭만화하거나 인생의 교훈 따위로 팔아넘기는 서사는 더 이상 필요 없다. 취약하고 유한한 존재로서의 자기 자신을 적극적으로 기억하고 동시에 적극적으로 망각하고자 했던 그녀의 분투는 우리 스스로를 치열하게 다시 읽도록 도와준다. 책을 읽으며 나는 그녀와 함께 깊이 동요했고, 마음껏 애도했으며, 그녀를 따라 다시 삶을 살아갈 힘을 내기로 했다. 나는 독자들이 기꺼이 그녀의 삶을 들여다보고 힘껏 느끼기를 바란다. 그래서 수많은 인간-비인간이 복잡하게 얽힌 이 세계에서 내가 어디쯤에 놓여 있는지 돌아볼 수 있기를 바란다. 우리에게 비극이 찾아오고 죽음의 얼굴이 가까워질 때 필요한 모든 것, 그 모든 것이 이 책 속에 있다.

-김정희원(애리조나주립대 교수)

내 몸은 지금까지 내가 경험한 질병의 이력서다. 몸은 우연과 운명의 간섭에 몹시 취약하다. 치명적 사고는 일상을 잔인하게 쪼갠다. 그때 '완치'는 의학보다는 신앙의 영역에 가까운 개념이 된다. 치료는 아무것도 이전으로 돌려놓지 못한다. '자전거를 타는 나'와 '휠체어를 타는 나'는 같은 사람이되 같지 않다. 자전거와 휠체어의 분명한 차이가 삶을 재앙의 자리에 밀어 넣는다. 죽음보다 삶이 두려운 곳으로. "강인하고 유능하며 매력적인 여성"은 이제 과거에만 존재한다. 레즈비언의 '퀴어'한 삶은 퀴어한 몸으로 물리적 윤곽을 바꾼다. 크리스티나 크로스비는 그래서 쓴다. 무너진 채로, 부서진 그 자리에서. "할 수 있는 한 더 많은 설명과 이해가 절실"하기 때문이다. 그는 장애에 분명히 존재하는 너무나 단독적인 고통과 비애를 외면하지 않는다. 아무것도 초월하지 않으며 어떤 것도 극복하지 않는다. 사지마비 상태의 몸을 매개해 통증과 두려움을 구체적으로 셈해 본다. "당신이 알았으면" 해서, 무엇보다 "나 자신을 더 잘 이해"하고 싶어서. 크로스비가 그러했듯 우리가 생의 남은 날 동안 끝내 도전해야 할 일은 회복보다 적응일지도 모른다. '다른 몸'의 이야기가 넓히는 이해의 지평이 깊고 뾰족하다.

-장일호(『시사IN』기자)

『와해된, 몸』은 공동체의 일부로 살아남는 것에 대한 이야기이자, 끝없이 지속될 수밖에 없는 비애와 상실을 안고 살아냄의 의미에 대해 성찰하는 회고록이다. 크리스티나 크로스비의 광활한 지적 사유는 그야말로 경외감을 불러일으킨다. 번뜩이는 정밀함으로 타오르고 있다고밖에는 표현할 수 없는 크로스비의 산문은 사고가 그녀의 육체적·정신적 삶에 남긴 여파를 서서히 이해하도록 우리를 인도한다. 어둠을 밝히는 비범한 책이다.

-주디스 버틀러

크로스비는 파괴된 몸에서 살아간다는 것, 새롭게 맞닥뜨린 극단적 한계 속에서 스스로를 재정의하는 것이 어떤 느낌인지를 그려낸다. 몸속을 낱낱이 헤집는 날카로운 묘사로 손쉬운 자기 연민과 고난 극복의 서사에 저항하면서, 몸 안에서 살아가는 삶이 얼마나 너절하고, 취약하며 퀴어할 수 있는지 독자들이 알아주기를 요청한다.

-『뉴요커』

장애와 함께하는 삶을 다루는 회고록은 "거의 언제나 그 경험을 통해 교훈을 얻는 만족스러운 결말로 나아간다"라고 크로스비는 쓴다. 하지만 크로스비는 '이해의 영역을 벗어난 삶'을 살아가는 사람에게 만족스러운 결말이란 존재하지 않는다는 것을 안다. 그리고 그 통찰만으로도 이 우아하면서도 무시무시한 책을 읽을 이유는 충분하다.

-『워싱턴포스트』

그렇다, 『와해된, 몸』은 참담한 사고에 대한 책이다. 하지만 또한 우리 모두의 삶이라는 사고 그 자체와 우리의 일상을 뒤흔드는, 누구도 피할 수 없는 죽음에 관한 책이기도 하다.

-『로스 앤젤레스 서평』

만성 통증과 함께 살아가는 것에 대한 지독한 일기이자 생존에 대한 축하이기도 한 이 책은 삶을 살아내는 동시에 삶의 정의를 바꾸는 것이 어떤 의미인지에 대한 복잡한 이해를 담고 있다.

-『엘르』

우리의 상호의존성, 취약성, 서로의 존재를 지탱하는 능력이라는 기본적 사실을 분명히 보여주는 변혁적인 책.

-매기 넬슨,『벨라 매거진』

제퍼슨 클라크 크로스비

제인 밀러 크로스비

케네스 와드 크로스비를 기리며

나의 모든 마음을 담아, 자넷 제이콥슨에게 바칩니다.

크나큰 고통 이후, 의례적 감정이 온다—
신경은 무덤처럼, 엄숙히 줄지어 앉아—
뻣뻣한 심장은 묻는다, '짊어졌던 이가, 그였는지',
'어제인지, 아니면 수백년 전이었는지'?

발은, 기계적으로, 배회한다—
마른 나무의 길
땅이든, 허공이든, 가야 하는 길이라면—
개의치 않고 자라난,
마치 돌 같은, 석영의 만족감—

지금은 납덩이의 시간—
기억되리라, 끝내 살아남는다면,
얼어붙은 사람이, 눈雪을 생각해 내듯—
처음의 한기—다음의 혼미—그리고 내려놓음으로—

에밀리 디킨슨

차례

추천의 글   4

1. 너의 하찮은, 취약한 자아   15
2. 내가 들은 그날의 사건   29
3. 어리둥절함   35
4. 지옥에 떨어지다   40
5. 금전 관계로 맺어진 돌봄   57
6. 공간 속에서 길을 잃다   69
7. 남성, 여성, 아니면 7월 4일   81
8. 시간은 나를 푸르른 채 죽어가도록 두었다   95
9. 제퍼슨 클라크 크로스비   109
10. 폭력과 성스러움   122

11. 장이 이끈다 147

12. 나는 당신의 육체적 연인이야 165

13. 수요와 공급 183

14. 우리의 개들 196

15. 재세례파 종교개혁 216

16. 프리티, 위티, 게이. 예쁘고, 재치 있고, 흥겨운 241

17. 무서워! 무서워! 258

18. 살아가다 277

감사의 말 284

옮긴이의 말 288

일러두기

1. 이 책은 크리스티나 크로스비의 저서 *A Body, Undone: Living On after Great Pain*를 우리말로 옮긴 것이다.
2. 맞춤법과 외래어표기법은 국립국어원의 용례를 따랐다. 다만 국내에 이미 굳어진 인명·지명·개념이라고 판단했을 때는 통용되는 표기를 썼다.
3. 단행본·정기간행물에는 겹낫표(『』)를, 시·단편에는 낫표(「」)를 썼다.
4. 옮긴이가 이해를 돕기 위해 덧붙인 내용의 경우 각주 문장 끝에 '옮긴이.'라고 명시했다.

1. 너의 하찮은, 취약한 자아

2003년 10월 1일, 나는 자전거 앞바퀴 살에 나뭇가지가 걸려 노면에 처박혔다. 얼굴을 작살내고 5번과 6번 경추를 부숴 버린 그 충격은 고스란히 턱으로 전해졌다. 부러진 뼈에 척수가 긁혔고 나는 즉시 마비되었다. 척수 손상으로 인해 정확히 어떤 장애가 생길지 당장 알 수 있는 방법은 없었지만, 시간이 지날수록 분명해진 것은 다리 근육뿐 아니라 몸통, 팔, 손 근육도 쓸 수 없어졌으며 그로 인해 몸의 순환계가 손상되었다는 사실이었다. 방광과 장을 조절하는 능력 또한 상실했다. (척수가 끊어진 것은 아니어서 양팔의 근력은 몇 달에 걸쳐 제한적이지만 기능할 수 있을 정도로 회복했고, 그보다 훨씬 미약하지만 손의 근력 역시 되찾았다.) 하트포드 병원의 중환자실에 누워 있었을 때, 나는 현재에 대해서는 거의 알지 못했고 미래에 대해서는 아무것도 알지 못했다. 그저 내가 극심한 부상을 입었다는 것만 알았으며 너무나 혼란스러웠다. 사고 후 한 달이 지나 재활 병원에 도착해서야 언어가 닿기에는 아득해 보였던 내 몸에 대해 말로 표현을 시작할 수 있었.

사고는 나의 50세 생일로부터 29일이 지난 날 일어났다. 쉰 살이 넘어 갑자기 맞닥뜨린 사지마비로 인해 나는 인간의 몸이 얼마나 연약한지, 그리고 나의 안녕well-being이 타인의 배려와 노동에 얼마나 무수한 방식으로 기대고 있는지를 명백히 깨달았다. 당신의 삶이 이런 점에 있어서는 내 경우보다 훨씬 수월하기를 바란다. 그럼에도 인간은 전적으로 취약하고 불완전하게 태어나기 때문에, 당신도 이미 "통합 돌봄"이라고 알려진 것을 받아본 적이 있다. 몸과 마음이 쇠약해질 정도로 오래 살게 된다면 아마도 삶의 끝자락에서 누구나 다시 필요로 할 그런 돌봄 말이다. 확신하건대 흔히들 믿고 싶어 하는 것보다 우리는 훨씬 더 근본적으로 상호의존적인 존재이며, 단호히 확신하건대 우리에게는 지금과 확연히 다른 가치 기준으로 돌봄 노동을 평가할 미적분학이 필요하다. 삶은 위태롭다. 나는 이 사실을 부상과 회복을 겪으며, 그리고 생존과 안녕을 위해 다른 사람들에게 지속적으로 의존하는 상황을 통해 깨달았다.*

    갑작스러운 척수 부상으로 인한 중압감은 압도적이다. 교면을 케이블에 연결함으로써 먼 거리를 가로지르는 현수교가 길어질수록 케이블이 더 많이 필요한 것처럼, 살아남으려면 당장 부상으로 인한 하중을 분산해야만 한다. 그저 목숨을 부지하기 위해서만도 수많은 사람—나의 부서진 몸을 처음 거두어 준 응급구조사들부터 하트포드 병원에서 수술받고 입원했던 3주 반 동안 어떤

---

* See Judith Butler, *Precarious Life*, New York: Verso, 2004.(주디스 버틀러 『위태로운 삶: 애도의 힘과 폭력』) 참조.

식으로든 나와 닿았던 모든 이들—의 노동이 필요했다. 특수치료 전문병원에서 5개월간 재활 기간을 보내고, 나는 "1인 돌봄" 상태로 퇴원했다. "1인 돌봄"이란 환자를 집에 보낼 시기를 결정하기 위해 보험 회사들이 사용하는 척도로써, 그 시점부터—원론적으로—나를 침대에서 휠체어로 또다시 침대로 옮기고, 욕창을 살피며, 옷을 입히고 벗기고, 목욕시키며 이를 닦아주고, 먹이고 마실 수 있도록 거들며, 대소변을 보도록 도와주고, 복용하는 약을 구입하며 관리해 주는 데 오직 한 사람만 있으면 된다는 걸 의미한다. 내가 살아 있을 수 있도록. 나를 돌보는 부담은 이제 훈련받지 않은 한 사람이 모든 것을 떠맡아야 하는 사생활의 영역으로 옮겨졌다. 대부분 그 한 사람은 어머니 혹은 아내일 것이다. 내 경우 그 부담을 짊어진 것은 나의 연인, 자넷이었다.

자넷과 나는 환자와 돌봄자가 자력으로 생활할 수 있는지 알아보기 위해 마련된 특수치료 전문병원의 숙소에서 우리 둘만의 밤을 성공적으로 보냈다. 42주에 걸친 재활 기간 동안 자넷은 돌봄의 루틴을 익혔고, 과로에 시달리는 간호조무사들의 업무를 보조했다. 우리의 관계를 손가락질하는 사람은 아무도 없었다. 자넷의 도움 덕에 모두의 삶이 더 편해졌기 때문이리라. 레즈비언이라니, 만사 오케이였던 것이다. 아니 적어도 우리 둘은 그랬다. 그날 밤 숙소에서 자넷은 나를 침대로 옮기며, 옷을 벗기고 필요한 모든 일을 해내며 나를 성공적으로 보살폈다. 2004년 3월 8일, 그렇게 나는 연인과 함께 집으로 보내졌다. 우리는 병원에서 나를 돌봐 주었던 간호조무사 도나에게 평일 오전마다 부업으로 일해 달라고 제안했고, 도나는 다행히 수락했다. 그리고 역시 간호조무사인 자신의 자매 섀넌을 주말 담당으로 추천했다. 나는 너무도 많은 도움이 필요했다. 자넷이 나를 도와주는데도 너무 많은 도움이 필요했다. 도나, 섀넌을 비롯해 친구, 동료, 지인 등 여러 사람으로 이루어진 돌봄의 관계망이 없었다면 우리는 어떻게 되었을까? 그들은 언제 어디에서나 우리를 지원해 주었고 내가 2년간 통원으로 물리치료와 작업치료를 받는 동안 한결같이 우리와 함께했다. 그래서 나는 이렇게, 살아 있다.

    삶을 **살 만하게** 하기 위해서는 무엇이 필요한가? 살아 있는 것과 살 만한 것은 약간 다른 문제다. 살 만한 것은 전인全人, 즉 몸과 마음—몸마음bodymind—을 함께 다루는 문제이기 때문이다. 2005년 나는 직장인 웨슬리언 대학교 영문학과와 페미니스트, 젠더, 섹슈얼리티 연구교수 자리에 반일제로 복귀했다. "정당한 편의reasonable accomodation"를 제공해 달라는 나의 요청에 대학은 긍정적으로 응답했다. "정당한 편의"는 장애 인권 활동가들이 1992년 이뤄낸 정치적 승리인, 미국 장애인법Americans with Disabilities Act, ADA이 규정한 용어이다. 미국 장애인법은 장애가 있는 신체 혹은 비규범적 정신을 가진 사람들이 공적 생활에 참여할 수 있도록 장벽을 제거하라고 명하는 포괄적 입법이다. 웨슬리언 대학교는 나의 회복을 지원했고 물리적 접근성을 높이기 위해 신의성실한 노력을 기울였다. 비록 기존 근무 시간 중 절반밖에 일하지 못하지만, 부상당하기 전에 하던 일을 계속할 수 있었다는 점에서 나는 놀랍도록 운이 좋은 셈이다. 일하는 것은 힘들지만 일하지 않는 것은 더 힘들다. 교실에서 수업에 참여하고, 연구실에서 학생 및 동료들과 이야기하며, 읽고 쓰는 모든 일은 나를 근심에서 벗어나게 했을 뿐 아니라 만성적인 통증과 내가 할 수 없는 일들로부터 주의를 돌리도록 해 주었다. 직업적으로 소득의 정점에 도달하는 바로 그 시기에 다쳤다는 사실을 받아들이는 것이 쉽지 않았기에, 그 생각이 떠오를 때마다 화가 나기도 한다. 그럼에도 내 줄어든 월급에 자넷의 수입을 더하면, 나는 이 부당한 세계의 모욕으로부터 스스로를 보호하기에 충분한 돈을 가졌다. 장애인 복지가 기관에서 파견된 박봉의 활동보조인과 도무지 신뢰하기 어려운 대중교통과 거의 접근이 불가능한 주거에 의존한다는 점에서 너무 많은 장애인이 고통받는 이 부당한 세계에서 말이다.

나는 이제 공공 영역에 완전히 접근 및 참여할 수 있도록 요구했던 초기 활동가들에게 모든 장애인이 무엇을 빚지고 있는지 더 잘 이해한다. 다른 모든 민권법과 마찬가지로, 미국 장애인법 역시 보도의 연석에 깔아 경사로를 만들기 위해 휠체어를 타고 피켓 시위에 나선 사람들, "지금 당장 농인 총장을Deaf President Now"이라 외쳤던 갤로뎃 대학교의 학생 운동, 장애 아동이 또래와 나란히 앉아 배울 수 있도록 필요한 지원을 요구하며 학교 이사회에 소송을 제기한 변호사 등 수년에 걸친 운동을 통해 제정되었다. 미국 장애인법을 이끌어 낸 이 운동들은 그저 시작에 불과했다. "사회적으로 불리한 자들the handicapped"이 겪는 차별을 인식시키기 위한 투쟁은 거리와 법정뿐 아니라 고등 교육기관의 교실로도 확장되고 있다. 장애는 불구가 된 신체나 정신이 개인 차원에 머무는 것이 아니라 그러한 개개인이 공적인 삶을 영유하는 것을 가로막는 사회 현상임을 학자들은 설득력 있게 주장해 왔다. 넘을 수 없는 장벽과 능력을 재단하는 좁은 척도 때문에 비규범적 몸마음을 인정하고 다루는 일은 쉽지 않다. 지나치게 자주 사적 공간에 갇혀 있는 우리는, 편리하게도 보이지 않는 존재이다. 장애는 만들어지는 것이다. 건축 법규와 교육 정책, 작동되지 않는 지하철 엘리베이터와 도착하지 않는 학교 버스에 의해, 그리고 모든 소외, 착취, 비하 행위, "장애가 있는 자들the disabled"의 완전한 접근과 평등을 부정하는 적극적 배제에 의해. 내가 지금 이 글에서 쓰고 있는 것처럼 난치성 통증 혹은 "능력 있는 몸the able-bodiedness"을 상실한 비애에 집중하는 것은 장애를 "기형의" 몸과 "비정상적" 마음으로 되돌릴 병리학적 서사의 장단에 놀아나는 것과 같다고 여겨질 수 있다. 나의 이러한 작업 중 일부를 공부 모임에서 발표했을 때, 휠체어를 탄 한 남성은 내게 "사내답게" 떨쳐내고 살아가라는 식으로 말하기도 했다—어쨌든 그것이 바로 수십 년 전 장애인법이 생기기 전에 자신이 했던 일이었으니까.

그렇지만 치명적 사고, 만성 질환과 진행성 질환 혹은 유전적 소인의 영향을 받는 삶 속에서 만성 통증과 상실에 의한 비애는 불가피한 현실로 남아 있다. 장애학에서는 전략적으로 누락시키고, 트라우마 극복을 다루는 대중매체 속 행복한 이야기에서는 초월해 버리기 마련이지만, 몸의 고통과 비애는 끈질기게 남는다. 할 수 있는 한 더 많은 설명과 이해가 절실하다. 이 책은 그런 기록을 위한 내 몫의 기여다. 나는 에밀리 디킨슨Emily Dickinson의 말이 옳다고 생각한다―크나큰 고통을 겪은 후에, 인생의 맥박은 느려지고 생명 유지를 위한 박동의 간격도 끝없이 늘어진다. 삶은 유예된다. 그 사이에서 한때 당신이었던 사람과 현재 당신이 되어 버린 사람 간의 차이를 대면하고, 고통을 인정하고 비애를 받아들여야 한다. 상실할 수 있는 모든 것을 감안했을 때 위험한 과정이 된다 해도.

    사고 후 수개월간 꼼짝도 하지 못하고 맹렬하게 번지는 신경통증의 폭풍 속에서 병원 침대에 누워 있다 보니, 나는 때때로―자주―턱이 노면에 부딪히던 바로 그 순간 죽었으면 좋았으리라 생각했다. 소중한 연인 자넷이 없었더라면 이 소망에 어둠이 깃들어 죽음에 대한 적극적인 욕망으로 변했을 것이다. 내가 그녀를 **위해** 산다고 말하는 게 아니다. 그것이야말로 얼마나 교묘한 회피이며, 내가 몹시 사랑하는 사람에게 진정으로 난감한 짐을 지우는 일이란 말인가. 사고 전부터 나의 인생에 깊숙이 들어와 있던 자넷은 나를 욕망하고 나의 손길을 욕망한다는 것을 분명히 했다. "나는 당신의 육체적 연인이야." 그녀는 병원에서 말했고, 이 말은 진심이었다. 자넷은 내게 한없이 귀한 사람이다. 하지만 내 삶이 진정 살 만한 것이기 위해서는 무언가 부족함을 나는 안다. 사고 후 첫 2년, 회복하며 다시 스스로에게 적응해 나갔던 그 시간 동안 나는 특히 친구들의 사랑이 절실했다. 너무나 많은 친구가 시간과 관심을 아낌없이 내어 준 것에 깊이 감사한다.

    특수치료 전문병원에 있었을 때, 10년 전 나의 학부생 제자였던 매기는 자넷이 휴식을 취할 수 있도록, 토요일이면 뉴욕시에서부터 뉴브리튼까지 차를 몰고 올라왔다. 몽롱한 통증과 혼란 속에서 눈을 뜨면 침대 곁에 조용히 앉아 있는 매기가 보이곤 했다. 나를 지켜보며 기다리기도 하고, 때로는 스프링 노트에 글을 쓰면서. 나는 놀라지 않았다―그녀에게 언어는 언제나 가늠할 수 없는 것을 다루는 가장 훌륭한 매개체였으니. 나중에 매기는 병원과 나의 몸에 관한 시를 썼다고 말했다. 출판해도 괜찮을까요? 그녀는 내가 어떤 결정을 하든 기꺼이 존중할 것이었다. 나는 매기를 절대적으로 믿으므로 더 이것저것 따지지 않고 답했다. 출판하라고. 2007년 나는 그녀의 네 번째 시집 『반짝이는 무언가, 그리고는 구멍들Something Bright, Then Holes』을 손에 쥐었다.

    이 책 중간 정도에 매기의 시들이 등장할 것이다. 아래는 짧은, 첫 번째 시이다.

「병원으로 가는 길 위의 아침」

작은 호수 위로 눈이 흩날린다
66번 국도를 따라, 아주 잠시 차를 에워싸고

반짝임의 무아지경 속에

너의 하찮은, 취약한 자아를 감수해

그녀와 함께 살아*

무슨 일이든 일어날 수 있다. 언제라도—반짝임의 무아지경, 휘몰아치는 부상—그리고 우리는 서로를 감수하고 우리의 갈 곳 없는 자아와 함께 살아야만 한다.

그저 함께 살아가는 것. 항상 스스로를 보호하거나 다른 누군가를 고치려고 안간힘을 쓰며 살 수는 없다. 언제나 "더 나아지는" 방법을 찾으려 골몰할 수도 없다. 나의 친구는 내게 자신의 다정한 곁을, 거침없이 내주었다. 그녀의 존재라는 선물을. 잠이 들었다가 깨어나도 매기는 여전히 내 곁에 있었다. 그녀의 시들은 부상 직후 몇 달 동안 타인의 시선으로 바라본 내 삶을 내게 보여 주는 두 번째 선물이었다. 그 시들은 내게 새겨진 깊고, 혼란스럽고 압도적으로 고통스러운 시간을 상기시킨다. 그리고 나의 삶을 시적 언어의 풍요 속에 유예시킨다.

나도 비슷한 방식으로 오빠를 돕고 보살펴 주었더라면 좋았을 거란 생각이 든다. 그는 이십 대 후반에 다발성 경화증을 진단받았다. 음성 인식 기술, 내가 지금 이 순간 글을 쓰며 사용하는 바로 이 기술로 그는 신체 기능이 점점 저하되는 중에도 계속 변호사로 일할 수 있었다. 그의 변호사 사무소는 그를 지원했다. 사무소의 모든 사람이 그가 일을 계속할 수 있도록 도와주었다. 아

---

* Maggie Nelson, "Morning En Route to the Hospital," in *Something Bright, Then Holes*, Soft Skull Press, 2007, p. 42(매기 넬슨,「병원으로 가는 길 위의 아침」,『반짝이는 무언가, 그리고는 구멍들』).

마 그들의 도움 없이는 그렇게 오래 일하지 못했을 것이다. 그럼에도 그는 49세 되던 해 다발성 경화증 때문에 결국 은퇴할 수밖에 없었다. 병이 그의 능력을 약화시키는 수십 년 동안 나는 오빠가 아내 베스, 자녀 커스틴, 콜린과 함께하는 가정생활을 상상하지 않으려고 애썼다. 가족 이야기들이 대개 그렇듯 복잡한 문제이다. 성년기에 접어들면서 그의 삶은 집안 내력에 따라 친숙하고 독실한 길로 흘러 들어갔다. 나는 그러지 않았다. 한 번도 가족과 소원한 적이 없었지만—우리는 모두 서로를 극진히 사랑했다—, 나는 대학에 들어간 이후로 가족과 거리를 두고 사랑할 필요를 느꼈다. 내가 두려워했던 것은 내가 조용한 원망을 품은 상태에서 애정을 담보로 가족의 의무에 징집되는 일이었다. 이해하려면 평생이 걸릴 정도로 나를 헤집어 놓았던 가족생활이라는 것을 주변 모든 사람이 연기하는 동안 말이다. 그래서 나는 속마음을 숨기며 거리를 지켰고, 나의 차이를 실감했다.

    부상 후 병원 침대에 누워 제프를 생각하며 나는 거울의 건너편에 서 있다는 기묘함을 느꼈다. 갑자기 내가, 오빠와 똑같이, 사지마비가 되었다. 이런 일이 일어날 확률에 대해서는 도무지 상상조차 되지 않았다. 어린 시절 되풀이했던 나만의 공상이 끔찍하고 불길하게 반복되는 것만 같았다. 제프와 나는 고작 13개월 터울이라, 어렸을 때 나는 제프와 쌍둥이가 아닐까 상상했다. 우리는 늘 활동적이었고 몸을 많이 쓰며 놀았다. 1950년대 우리가 자랐던 시골의 작은 펜실베이니아 마을에서 젠더는 남성적/여성적이라는 지루한 위계적 이원론이자 자연법칙으로 여겨졌다. 물론 독창적인 방식으로 삶을 영위함으로써 젠더 질서를 거스르는 사람들도 일부 있었다. 내가 어릴 적 "톰보이tomboy"라는 방식을 택했던 것처럼 말이다. 젠더는 이분법적이거나 자연적인 것이 아니라, 삶을 향상시키는 동시에 엄격한 규범적 양식화로 당신을 몰아붙이는 힘을 지닌 가변적인 상태이기 때문이다. 제프와 함께 놀던 어린 시절은 젠더가 가진 쾌락적인 유연성을 보여 줬다. 젠더의 환원주의적인 구속에 내가 느꼈던 압박감에도 불구하고. 젠더의 규범적 권력이 열렬히 강제되는 공간, 사춘기의 극장인 중학교에 입학한 후 나는 여성성을 익히지 못한 열세 살 여자아이만이 겪을 만한 고통을 경험했다. 그때부터 제프와 나는 성인이 될 때까지 각자의 길을 갔다. 그리고 제프에게는 다발성 경화증 진단이 내려졌고, 느리지만 무자비한 마비가 찾아왔다.

우리는 중년이 되었고 나는 제프와 같은 사지마비의 대열에 합류했다. 그리하여 나는 닫힌 문 뒤에서 일어나는 일을 알게 되었고, 이제 중추신경계 손상으로 인한 만성 통증과 의존이 어떻게 관리되는지 가리던 커튼을 걷어내려 한다. 이 과정에서 코를 찌르는 종말의 냄새가 날 수도 있다. 이를테면 마비된 장을 운동시키는 일에 대해 직설적으로 이야기하며 제프와 나의 삶에서 필수적인 프로토콜을 나열함으로써 오장육부의 기저를 지탱하는 근본을 보여 줄 것이다. 난파된 나의 몸속으로 깊이 들어가는 것. 당신을 난처하게 하거나 스스로 굴욕감을 느끼겠다는 의도는 없지만, **나는 죽기 직전의** 삶을 산다는 게 가끔은 불명료한 것들, 이를테면 우리의 아름다운 몸이 지닌 연약함과 모든 인간의 의존성 같은 것을 명료하게 해 준다고 믿는다.

아버지는 내가 사고를 당하기 13년 전에 세상을 떠났다. 어머니는 비록 고령으로 인한 노화와 고통으로 생의 마지막 10년간 점점 약해졌지만 아버지가 떠나고 18년을 더 살았다. 다행히 어머니는 품위와 관대함을 그대로 유지했고, 생의 마지막에는 새로운 기억을 만들기 어려웠던 터라 그녀의 기억 속에 나는 사고 이전의 모습으로 보존되었다. 8년 전, 어머니는 우리 가족이 살던 집을 떠나기로 결심했다. 당시 제프는 휠체어를 타고 있었다. 제프는 서류 작업을 처리했고 나는 육체 노동을 담당했다. 다락, 지하실, 차고를 포함해 40년을 살았던 이층집을 완전히 비우는 엄청나게 힘든 일이었다. 건강하고 강한 사람이 해야 할 역할은 오직 내 몫이었다. 내가 목이 부러지기 1년 전 즈음 제프는 은퇴했고, 내가 병원에 있는 동안 어머니는 급히 큰 수술을 받아야 했다. 그녀에게 죽음의 그림자가 드리워졌듯이, 제프에게도 죽음이 성큼 가까이 다가왔다. 어머니는 2008년 10월, 제프는 2010년 1월에 사망했다. 내가 쉰여섯 살이 될 무렵 나의 모든 직계가족은 세상을 떠났고, 활동적이고 운동으로 가득했던 내 삶의 큰 기쁨이었던 내 몸도 마찬가지였다.

◊

비애는 당신을 와해시키고, 상실이 굴절시키지 않은 일상으로부터 당신을 저 멀리 밀어낸다. 이것이 바로 당신에게 비애를 헤치고 나가라고, 비애를 더 잔잔하고 다루기 쉬운 슬픔으로 바꾸라고, 인생을 살아가라고 말하는 이유이다. 그게 무엇이든 지나가 버린 것에 대한 애착을 내려놓아라. 당신은 여전히 잃어 버린 것에서 영향을 받고 있으며 앞으로도 그 상실이 당신 삶의 일부로 남아 있으리라는 것을 인정하라. 다시 현재로 관심을 돌리고 미래를 지향하라. 이러한 지침들은 다 일리가 있지만, 나의 비애의 경우 다면적이고 그 대상은 대체 불가능하기에 따르기가 쉽지 않다. 매우 사랑했던 어머니를 잃은 것은 깊은 슬픔이었다. 어머니가 아흔둘이었고 사랑과 기쁨의 빛으로 가득 찬 삶을 살았음에도. 제프를 잃은 것은 충격이었다. 오랜 기간에 걸쳐 쇠약해졌긴 했어도, 그가 너무나 삶에 집중했고 활력과 열의가 넘쳤기에. 목이 부러지기 전 자넷과 보내던 삶을 잃은 것은 또 다른 종류의 상실이었다. 우리 삶의 가장 중요한 요소는 고스란히 남았다. 2003년 10월 1일 이전과 마찬가지로 서로를 계속 그윽하게 사랑하고 있으므로. 우리의 성생활은 재미있고 심오하며, 가끔은 재미있는 동시에 심오하다. 그럼에도 섹스는 매우 달라졌다. 나의 몸이 강렬한 쾌감을 감지하는 능력을 잃었기 때문이다. 삶은 더 이상 찬란하게 느껴지지 않는다. 더 범상한 일상의 즐거움—8월에 복숭아 파이 만들기, 가죽 바지와 은 장신구를 걸치고 섹시하다고 느끼기—도 없어졌다. 현재 나의 몸과는 근본적으로 다른 몸에 의존했던 즐거움이기 때문이다. 나는 자전거로 40마일을 달리고, 사막의 협곡을 하이킹해서 오르거나, 바다에서 카약을 타고, 나의 눈부신 트라이엄프 오토바이를 타는 데서 비롯되는 만족감을 더는 느낄 수 없다. 나는 쾌감을 느끼던 몸의 감각을 잊어 버리고 싶지 않고, 체화된 기억이 침식될까 봐 두렵다.

나는 지독한 삶에서 무언가를 만들어 내고 싶어 이 책을 쓰기 시작했다. 오직 글쓰기를 통해서만 나는 내가 지금 이끌어 가는 삶, 지금 나의 몸에 도달할 수 있었다. 나의 직업이 문학을 공부하는 일이기에, 나는 언어 안에서 이 작업을 해 왔다. 그것이 내가 가진 것이고 내가 아는 것이다. 나는 문학적 비유에서 위안을 찾았다. 비유는 달리 접근하기 어렵거나 전달할 수 없는 것에 다가갈 수 있도록 도와주기 때문이다. 디킨슨은 이렇게 썼다.

> 크나큰 고통 이후, 의례적 감정이 온다—
> 신경은 무덤처럼, 엄숙히 줄지어 앉아—
> …
> 지금은 납덩이의 시간—*

나는 고통이 언어 너머에 있는 것 같은 바로 저 납덩이의 공간에서 출발하여, 살아가기 위해 노력하고 있다.

---

* Emily Dickinson, "After great pain, a formal feeling comes-"(ca. 1862), *Poetry Foundation*, http://www.poetryfoundation.org/poem/177118, accessed July 3, 2015(에밀리 디킨슨, 「크나큰 고통 이후, 의례적 감정이 온다—」).

2. 내가 들은 그날의 사건

그날 무슨 일이 일어났었는지 나는 결코 알지 못할 것이다. 마지막으로 기억하는 장면은 언덕을 오르던 것이었고, 그다음은 극도로 흐릿한 중환자실의 모습이다. 자넷이 내 옆에 있었고, 간호사는…… 어딘가에 있었다. 불빛이 매우 환했다. 나는 인생에서 이틀을 잃어 버렸고 훨씬 더 많은 날을 잃을 참이었다.

저 기억들 사이, 괄호로 묶여 버린 그 시간에 평소 달리던 17마일 라이딩 코스 중 3마일쯤을 지나 작은 언덕의 꼭대기에 막 오르려던 찰나 자전거 앞바퀴 살에 나뭇가지 하나가 걸렸다. 나는 일주일에 적어도 나흘 이상은 자전거를 타길 바랐고, 때로는 가파른 오르막을 포함한 경로를 선택했으며, 또 거의 언제나 속도에 신경 썼기 때문에 스스로를 꽤 진지한 자전거 라이더라 여겼다. 나는 높은 케이던스(페달 회전수)를 일정하게 유지하고, 자전거 위에서 좋은 자세, 즉 다리는 움직이도록 놔두고 상체는 흔들림 없이 낮게 전방에 놓으며 손은 브레이크 후드 위에 올려놓는 자세를 지키기 위해 최선을 다했다. 단순히 양쪽 다리를 번갈아가며 페달을 밟는 것이 아니라, 발이 바닥 쪽에 다가 갔을 때 발에 묻은 진흙을 긁어내는 느낌으로 원을 그리며 페달을 밟을 것. 언덕을 오를 때는 체중을 앞으로 싣고 안장에서 몸을 떼어 일어날 것.

나는 대개 혼자 자전거를 탔다. 연구실에서 피곤한 상태로 집에 돌아와 옷을 갈아입고 자전거에 오른다는 게 여간 어려운 일이 아님을 알았기 때문에 보상 차원에서 스스로에게 쉬엄쉬엄 가자고, 자꾸 속도계를 들여다보지 말자고 다짐했다. 하지만 3마일쯤 달리고 나면, 몸이 풀리면서 속도를 올리곤 했다. 쉬엄쉬엄이라니, 말이 쉽지 말이다. 2003년 10월 1일 수요일, 내 자전거는 새로운 변속기와 브레이크를 달기 위해 가게에 맡겨져 있었다. 그날, 나는 다음 날 학과장으로서 주최해야 하는 재단 이사 및 동료들과의 저녁 식사를 걱정하고 있었다. 나는 학과장직을 중요하게 여겼다. 어쩌면 지나치게 중요하게 받아들였는지도 모르겠다. 웨슬리언 대학교의 일부 행정 정책 때문에 교수진의 학과 통치력이 악화되고 많은 동료의 사기가 저하되던 시기였다. 나는 우리가 반격할 수 있는 방법이 무엇일지 고민 중이었다. 10월 2일 목요일 저녁부터 사흘간 내리 회의와 식사가 줄줄이 잡혀 있었다는 것을 알았기에, "수리가 끝났다"라는 자전거 가게의 예기치 않은 전화를 받고 나는 크게 들떴다. 당분간 몸을 많이 움직일 기회가 없을 터였다. 날이 점점 짧아지고 저녁 기온은 점점 내려가고 있었다.

"안녕, 제이크." 나는 전화기에 대고 말했다. "페달 파워에서 방금 자전거 수리가 끝났다고 전화 왔어. 그래서 오늘 라이딩을 할 수 있게 됐어. 정말 다행이야. 이사들이 내일부터 토요일 저녁까지 여기 죽 있을 거거든. 적어도 오늘 나갈 수 있게 돼서 정말 좋아. 원래는 금요일까지는 어려울 거라고 했거든." 집에 도착하자마자 출근용 옷을 침대에 벗어던지고 반사조끼와 헬멧을 포함한 사이클링 장비를 착용한 후 집을 나섰다. 언덕 꼭대기에 도착했을 때 오르막길이 평평해지는 것에 맞춰서 케이던스를 일정하게 유지하도록 더 높은 기어로 바꾸려고 했던 것 같다. 새로 교체한 변속기는 익숙하지 않았고 원래 쓰던 것과 모양도 달랐다. 내 생각에 나는 그때 이사와 동료들에 대한 책임감으로 걱정이 많았던 것 같다. 머릿속과 몸의 나머지 부분에서 무슨 일이 일어나고 있었든 간에 나는 길 위에 놓여 있던 나뭇가지 하나를 보지 못했다.

그 일을 물리학적으로 설명하는 것은 나로서는 불가능하지만, 나뭇가지가 자전거 앞바퀴에 끼이며 자전거가 순식간에 우측으로 날아갔을 때, 나는 완전히 멈춰 섰던 것 같다. 전진 운동이 난폭하게 저지된 힘에 내 온몸의 무게를 실은 힘이 더해지며 내 턱은 노면에 내리꽂혔다. 나는 반사신경이 빠른 편이었는데도 너무 순식간에 일어난 일이라 넘어지기 전 손을 내던지기는커녕 손가락 하나 까딱하지 못했고 몸을 틀 시간조차 없었는데, 그 덕분에 어깨가 다치지 않았다. 대신 턱에 가해진 충격이 목을 극심하게 과신전시켜서 5번과 6번 경추가 골절되었고, 골절된 뼈가 보호받아야 할 척수를 긁었다. 그 즉시 심각한 신경 손상이 일어났다. 부상 부위가 충혈되고 병변 주변 조직이 부풀어 오르기 시작했으며, 척수가 부러진 척추뼈를 압박하면서 손상이 더더욱 심해졌다.

턱은 산산조각이 났고, 입술은 찢어지고, 코는 베어져 연골이 부서졌고, 오른쪽 눈 밑의 안와뼈는 다중 골절되었다. 턱이 부딪힌 지점이 가운데에서 아주 약간 오른쪽 방향이어서—반사적으로 고개를 돌리려고 했던 모양이다—부상은 거기서부터 입술과 코를 가로질러 대각선으로 지나갔다. 내가 쓰고 있던 와이어림 안경은 콧등에 깊숙하게 박혀, 거울에 비친 내 눈썹 사이에 아치 모양으로 새겨진 짙은 반달 모양의 흉터를 남겼다. 얼굴에 난 상처가 늘 그렇듯, 모든 것이 맹렬히 피를 쏟아내면서 과다 출혈이 가장 긴박한 위험 요소였다. 앞니들은 달랑거렸고 아래 앞니 하나는 반이 날아간 상태였다. 나는 의식을 잃지 않았고—어떻게 이것이 가능하단 말인가?— 내 이름을 묻는 질문에 대답할 수 있었지만 그 밖의 것은 답하지 못했다. 아니, 나는 올해가 몇 년인지 몰랐다. 아니, 대통령이 누구인지도 몰랐다. 아니, 내가 사는 곳이 어디인지 누구에게 전화해야 할지도 몰랐다. 그리고 내게는 신원을 확인할 만한 신분증이 하나도 없었다. "몸이 좋지 않아요. 몸이…… 좋지…… 않아요." 나는 말했다. 유용한 정보는 전혀 알려 주지 않는 진술이었다.

한 가지 면에서 나는 굉장히 운이 좋았다. 나를 추월하려고 기다리던 차 한 대가 있었던 것이다. 내 자전거가 옆으로 날아갔을 때 그 운전자는 나를 주시하고 있었는데도 너무 순식간이라 무슨 일이 있었는지 보지 못했다 했다. 내가 그냥 사라졌다는 것이다. 형체를 알아보기 힘들 정도로 부서진 바퀴살에 낀 나뭇가지가 무슨 일이 있었는지를 말해 주고 있었다. 다행히도, 그는 도움을 주려고 차를 세우고 휴대폰으로 911에 전화했다. 응급구조원들은 도착하자마자 하트포드 병원의 응급환자 이송 헬리콥터를 불렀다. 헬리콥터는 내가 산산이 부서져 피를 흘리며 꼼짝 않고 누워 있던 도로 바로 반대편의 묘지에 착륙했다. 나는 해질 녘, 번쩍이는 불빛과 헬리콥터 날개 돌아가는 소리가 윙윙거리는 극적인 장면을 그려본다. 6시가 지나자마자 반사조끼를 입고 집을 나섰으니 순식간에 어둠이 내리고 있었다.

    현장에 도착한 주 경찰관인 밀라도 경관은 내가 사는 곳을 알아내야 하는 임무를 맡았다. 그는 내 이름을 알았고, 코네티컷주 미들타운에 있는 나의 집 주소를 알아낸 후, 내가 중상을 입고 하트포드 병원 응급실에 실려 갔다는 사실을 알아야 할 사람이 있는지 확인하기 위해 그곳으로 향했다. 마침 길 건너편에 친구들이 살아서, 내가 서재에 있으면 맞은편 앤서니의 집을 들여다볼 수 있었고 그도 마찬가지였다. 앤서니는 내가 자전거를 타러 나가는 모습을 봤던 터라, 순찰차가 우리 거리에 멈추자 무엇이 잘못되었는지 확인하러 집에서 나왔다.

    "둘은 파트너예요." 앤서니는 손짓으로 강조했다. "파트너." 그는 경찰관에게 누구에게 전화해야 하는지 말하려고 애쓰고 있었다. "그녀는 뉴욕시에 있고, 둘은 파트너라고요." 그는 왼손 바닥에 오른손 등을 부딪치며 말했다. 밀라도 경관은 뉴욕 바너드 대학교 연구실에 있던 자넷과 연락이 닿았다. 그가 자신을 주 경찰관이라 소개한 후 "크리스티나 크로스비 씨의 친구 되십니까?" 하고 물었을 때 자넷은 바로 그의 말을 끊었다. "얼마나 심각하죠?

얼마나? 얼마나 심각해요?" 경관은 내가 매우 심한 부상을 입었지만 생명이 위급한 상황은 아니라고 말했다. "하트포드까지 어떻게 오실 겁니까?" "차를 렌트해서요." 자넷이 멍하니 대답하자 경관은 말했다. "기차를 타세요. 이럴 때 운전하시면 안 됩니다."

자넷은 집이 기차역 근처인, 뉴헤이븐에 사는 로리에게 전화한 후, 메트로 노스 철도에 올랐다. 둘은 하트포드까지 91번 주간 고속도로를 타고 서둘러 달렸다. 자넷은 내 위임장을 손에 쥐고 있었다. 가족에게만 허용되는 중환자실에 들어가기 위해 무엇이든 할 준비가 되어 있었기 때문이다. 거기 홀로 누워 있을 나를 상상하며…… 자넷은 그저 내 곁에 있는 것 이외에는 아무 생각도 할 수 없었다. 웨슬리언 대학교 총장인 더그 베넷과 그의 아내 밋지 베넷이 대기실에서 기다리고 있었다.

"우리가 크리스티나를 봤어요. 병원 사람들이 "부모님이신가요?" 하고 묻길래 그냥 거짓말했어요." 밋지의 말을 들은 자넷은 갑자기 감정이 북받쳐, 수없이 흘릴 눈물 중 첫 번째 울음을 터뜨렸다. "너무, 너무 무서웠어요. 여기 아무도 없고, 크리스티나 혼자 있을까 봐." "아니, 아니에요. 우리가 곁에 있었어요. 물론 진정제를 잔뜩 놓은 상태라 의식이 없었지만요……." 결국 내가 꼼짝 않고, 깨끗하게, 호흡을 방해할 추가 부종을 방지하기 위해 삽관하고 전혀 의식이 없는 상태로 누워 있는 곳에서 자넷이 위임장을 흔들 필요는 없었다.

나는 다음날이 저물 때까지 그녀를 알아보지도, 그녀에게 말을 건네지도 못했다.

3. 어리둥절함

"치명적 상해" 이후에 대해 어떻게 스스로 설명할 수 있을까? "치명적 상해"는 내과의사나 보험 회사가 척수 손상처럼 인생을 근본적으로 바꿀 만한 심각한 사건을 일컬을 때 쓰는 전문 용어이다. 내 턱이 노면과 부딪치며 중추신경계가 손상된 후 격렬하고 끊임없는 신경 폭풍 속에 꼼짝없이 붙들려 있었던 그 순간, 건널 수도 메울 수도 없는 틈이 벌어졌다. 내게는 사고가 나기 직전 몇 분에 대한 기억이 없으며 사고 자체에 대한 기억도 완전히 지워졌다. 나는 중환자실에서 지낸 날들을 기억하지 못한다. 그저 형광등 불빛만 흐릿하게 떠오를 뿐이다. 내가 대수술을 겪었던 한 달은 영영 사라져 버렸으며, 재활 병원에서 보낸 기나긴 몇 달만이 조금씩 또렷해질 뿐이다. 자넷은 친구들에게 내가 중상을 입었지만 "인격personhood"을 잃지는 않았다고 전했다. 그 사실이 나를 얼마나 행복하게 하는지 이루 말할 수 없지만―내 얼굴은 크럼플 존 역할을 하면서 나의 뇌를 부상으로부터 보호했다―, **나**는 "나 자신"으로부터 멀어진 것처럼, 가끔은 완전히 소외당한 것처럼 느낀다. 나의 "자아"에 대해 갖는 회의주의는 명백하게 제한된 합리성 같은 것을 의심하라고 배운 지식인의 태도일 뿐 아니라 내가 어떤 사람이 되었는지 알아볼 수 없다는 인식이기도 하다.

내 상황 때문에, 나는 모든 사람이 몸이(있)다라는 현실을 곰곰이 생각하게 됐다. 당신의 몸은 당신과 다른 타인을 만질 수 있는 거리에서 인식하는 과정을 통해 드러나기에 자아는 그 자체로 자립적이지 않다. 당신이 무엇을 원하는지, 당신이 누구인지, 어떻게 느끼는지 모두 오랜 시간에 걸쳐 다른 사람들과의 관계 속에서 쌓인 것으로, 이를 통해 당신이라는 존재가 된 것이다. 그 생각과 감정은 반복적으로 새겨져 체화된 자아라는 감각을 구성하는 강력한 회로를 만든다. 이것이 바로 나의 자존감이 나에 대한 당신의 존중에 기대고 있다는 인간의 상호의존성이다. 나는 더 온전하게 살 만한 삶을 필요로 하고 원한다. 그 삶은 전적으로까지는 아니더라도 매우 큰 부분이 이 인식의 놀이에 달려 있다.* 척수 손상은 나를 초현실적인 신경학적 황무지로 내던져 버렸고, 나는 그 황무지를 밤낮으로 횡단한다. 이 글은 그 황무지의 지형을 설명해 보려는 노력이다. 나는 당신이 알았으면 한다. 그리고 나는, 나로서는 더 잘 이해하고 싶다. 강인한 용기를 필요로 하는 동시에 다른 사람들에게 엄청나게 의존하며 살아가는 매일매일의 모험에 대해. 그들의 도움이 없다면 내 삶은 말 그대로 살 수 없는 삶이리라.

* See Judith Butler, *Giving an Account of Oneself*, Fordham Press, 2005(주디스 버틀러 『자기 자신을 설명하기』) 참조.

남들에게 나를 설명해야 할 때면, 스스로 인정과 관심을 받을 만한 일관성 있는 존재로 소개하기 위해 애쓸 것이다. 내가 지금 그렇듯이. 그렇지만 일관된 자아에 대한 나의 감각이 너무 깊이 상처받았기 때문에, 나는 이성보다 정동에 더 집중하는 이야기들에 대해 생각하게 되었고, 사고와 그 여파가 너무나 무시무시했기에, 무서운 이야기들이 갑자기 이전에는 가능하지 않던 방식으로 이해되기 시작했다. 무서운 이야기들은 서사가 전개되면서 정동의 강렬함을 쌓아가고 종종 분신double—하나만 있어야 할 곳에 둘이 있는—을 등장시켜 섬뜩하고 불길한 효과를 자아낸다. 히치콕은 자신의 대표작에서 이 장치를 사용한다. 예를 들어 영화 〈현기증Vertigo〉은 현기증으로 꼼짝하지 못하는 와중에 욕망하던 여자를 구하지 못하고 그녀가 떨어져 죽는 것을 본 형사의 감정을 중심으로 펼쳐진다. 몇 달이 지나 형사는 그녀를, 혹은 죽은 여자와 기이할 정도로 닮은 누군가를 다시 본다. 사랑했던 사람이 그에게 돌아온 것만 같고, 그들은 교제를 시작한다. 한 여자가 둘이 되는 이 불길한 분신은 의심을 충동질하고, 그 의심은 그들이 상호작용할 때마다 따라다니는 사악한 불확실성으로 수렴된다. 만일 그녀가 그가 사랑했던 여자가 **맞다면** 그녀는 죽지 않은 시체로, 위협적인 존재임이 틀림없다. 만일 그녀가 그가 사랑했던 여자가 **아니라면**, 그녀는 그를 상대로 정교한 사기를 치는 중이고 위험한 존재임이 틀림없다. 하지만 그녀는 너무나 아름답고, 의심에도 불구하고 마음이 끌릴 정도로 그가 사랑했던 사람과 몹시 닮았다. 둘의 상호작용에 갈수록 더 큰 두려움이 퍼진다.

내가 오빠와 매우 가까웠던 어린 시절, 우리가 격렬하게 경쟁했고 대등하게 겨뤘던 그 시절은 7학년을 끝으로 막을 내렸다. 여성성이 나를 집어삼킨 중학생 때였다. 우리는 성장했고 멀어졌다. 충분히 다정하게. 그는 결혼하고 로스쿨에 들어갔고, 나는 레즈비언 페미니스트 실천과 정치에 대한 열정을 발견한 후 대학원에 진학했다. 그는 졸업 후 판사 밑에서 재판연구원으로 일하기 시작할 무렵 다발성 경화증을 진단받았고, 사십 대 후반에 사지마비가 되었다. 우리 삶의 대비가 이보다 더 극명하기는 어려울 것이다. 그는 중증 장애를 가졌고 나는 아니었다. 순식간에, 그러나 쉰이라는 상징적인 나이에 이 대비는 붕괴되고 그와 쌍둥이가 되는 나의 어린 시절 공상이 사악하게 실현된 것처럼 여겨졌다. 우리는 각자 중추신경계를 심각하게 무력화시키는 손상을 입었으며, 각자 휠체어를 타고 각자 하루하루를 버텨내는 데만도 집중적인 지원을 필요로 하는 상황에 놓였다. 오빠/나. 이중의 사지마비는 환상적인 우연인가 아니면 불길한 징조인가? 만일 내가 나 자신이라면, 이 몸은 도대체 무엇/누구인가!? 내 삶이 둘로 쪼개진 기분이다. 공포, 오직 공포.*

척수 손상은 나를 어리둥절하게 하고, 나의 이해를 좌절시키며 나의 몸을 와해시켰다. 하지만 한 가지는 확실하다. 어떤 의미에서든 내가 좋은 삶을 살 가능성이 있다면, 그건 척수 손상이 가

---

* 원문인 "The horror, the horror"는 조지프 콘래드의 소설 『어둠의 심연Heart of Darkness』에 나온 커츠 대령의 대사와 동일하다. —옮긴이.

져온 이 와해에 내가 얼마나 열린 마음을 갖느냐에 달려 있다는 것이다. 이전 삶으로 돌아가는 것은 불가능하기 때문이다. 지금 내가 살아가는 삶은 다른 사람들과 나날이 맺는 관계에 의존한다. 이전에도 마찬가지였지만, 지금은 헤아릴 수 없을 정도로 훨씬 더 그렇다. 이제 나는 당신이 당신 내면으로부터 깨닫길 바란다. 이를테면, 아주 근본적으로 변한다는 것이 어떤 기분인지. 만일 내가 당신에게 보여 줄 수 있다면, 어쩌면 나도 볼 수 있을 것이다. 몸마음의 상호작용은 너무 복잡해서 확실성에 저항하고 재현을 혼란스럽게 하지만 다른 방법을 모르겠다. 달리 어떤 방법으로 내가 이해할 수 있을까? 당신은 어떻게 할 수 있을까?

4. 지옥에 떨어지다

나는 너무나 다행히도 강력한 약에 취해 있었기 때문에 하트포드 병원에서 보낸 3주에 대해서는 맥락 없는 인상들이 뒤죽박죽 섞여 있다. 신경외과의와 성형외과의는 누가 먼저 수술할지를 상의했다. 얼굴은 굳어지기 전까지만 수술이 가능했는데, 목이 불안정해서 둔부의 뼈를 떼어 골절된 척추의 양측에 이식해 목을 받쳐주지 않으면 척수가 더 손상될 위험이 있었다. 나는 이러한 논의를 전혀 의식할 수 없는 상태였다. 자넷은 달랐다. 대화는 사실 의사들 사이에서 이루어졌다고 해도 말이다. 성형외과의들이 먼저 집도했고, 수술 후 나는 다시 중환자실로 보내졌다.

의식이 돌아오면서 나는 목에 이물감을 느꼈다. 내 혀에 질식하지 않도록 삽입한 튜브 때문이었다. 튜브 덕분에 호흡할 수 있었지만, 나는 숨을 쉴 수 없다고 느꼈을 뿐 아니라 마음속으로도 그 상황을 받아들이지 못했던 것으로 기억한다. 신경외과의들이 나를 마취시켰을 때 또다시 삽관을 했고, 이번에 의식을 되찾았을 때는 내 입과 목구멍에 점액이 가득했다. 걸쭉한 액체 때문에 숨 쉴 때마다 익사할 것만 같았다. 자넷은 내 목구멍에서 갈그랑거리는 끈적한 물질을 진공관 같은 것을 사용해 뽑아내 제거하며 나를 보살펴 주었다.

약에 취해 정신없는 상태여서 통증보다는 강렬한 불편함과 두려움이 더 크게 다가왔다. 수술 하나가 끝날 때마다 회복기가 필요했으므로 나는 하트포드 병원에 3주 넘게 머물렀고, 하루에 단 몇 시간이지만 깨어 있을 때는 어느 정도 말을 할 수 있게 되었다. 목이 부러졌으며 마비될 수도, 아닐 수도 있다는 이야기를 들었던 뒤죽박죽된 기억이 남아 있다. MRI상에서는 척수 손상이 분명하게 보였지만, 부기가 가라앉기 전까지는 실제로 어떤 손상을 입었는지 알 방법이 없었기에 확실해지기 위해서는 오랜 시간이 필요했다. 자넷이 매일 내 곁을 지켜주어서 나는 그녀의 사랑에 안심할 수 있었고 그 덕분에 미래에 대한 두려움이 누그러졌다. 당시 내가 들었던 말 중 상당 부분을 사실상 잘 이해하지는 못했다.

언젠가 내가 실려 들어가던 수술실에서 보았던 놀랍도록 하얗고 밝은 빛을 꿈처럼 기억한다. 소중한 친구들이 나를 보러 왔던 것을 안다. 하루는 장이 느슨해져서 액체 배설물로 침대 시트를 더럽혔다는 것을 안다. 중환자실에서 수술실로, 다시 중환자실로, 그리고 "스텝 다운" 병동으로 갔다가 다시 수술실로 돌아와서 이 모든 과정을 반복했다는 것을 안다. 입천장이 함몰되지 않도록—내 턱이었던 뼛조각들과 얼굴의 다른 뼈들도 어찌어찌 핀으로 고정되어 있었다—좌우에 설치한 아치형 고정 장치의 금속성 존재감이 입 안 가득 느껴졌고, 목 주변에는 아주 높고 단단하게 조이는 뻣뻣한 경추 보호대가 둘러져 있었다. 나는 몸을 돌릴 수도 일으킬 수도 없었다. 다리나 발을 움직일 수도 없었다. 팔을 올리거나 손을 쓸 수도 없었다. 손은 근육이 위축되고 인대가 팽팽해져 헐거워진 주먹 모양으로 부질없이 동그랗게 말려 있었다.

재활 병원으로 옮기기 직전 간호보조원들이 내 휠체어를 밀고 병원 복도를 돌아다녔던 것 같다. 그때 나는 미로 같은 녹색의 천장 벽을 보며 지나쳤다. 당시 나는 두 개의 시술("간단한 수술") 중 하나를 앞두고 있었다. 첫 번째는 가랑이에 그린필드 필터를 달아서 다리부터 올라오는 대정맥에 혈액 순환이 원활하지 않을 때 생기는 혈전을 잡아주는 것이었다. 두 번째는 복벽을 통해 위까지 튜브를 삽입해 음식을 주입할 수 있도록 하는 것이었다. 나는 한 달 내내 정맥주사를 맞는 중이었지만, 재활 병원에 가면 그것도 달라질 예정이었다. 마침내 하트포드 병원에서 퇴원했을 때, 나는 30분쯤 떨어진 특수치료 전문병원으로 구급차를 타고 이송되었다. 10월이 거의 끝나고 있었고 나는 특수치료 전문병원에 3월 초까지 머물 예정이었다. 그곳에서 나는 내가 고통스럽다는 것을 알았다.

◊

그전까지 정맥주사에 의존해 살며 몸의 시스템을 둔화시키는 놀랄 만큼 많은 양의 마약성 약물을 섭취하다가, 이제 위장관을 통해 영양을 섭취하게 되었다. 나는 매일 밤 퓌레로 된 음식을 위장에 밀어 넣는 기계에 연결되었기 때문에 반드시 장운동을 해야만 했다. 이렇게 장 내 가스에 대한 공포가 시작되었으며, 팽창된 복부를 덮는 피부가 가차 없이 팽팽하게 당겨졌다. 장을 비우는 강력하고 위대한 약인 뉴라이틀리—대장내시경 전 속을 비우기 위해 복용해 본 적이 있을 것이다—를 투여받긴 했지만 나는 볼일을 볼 수가 없었다. 몸에서 노폐물을 제때 빼내지 못하면 순식간에 곤경에 빠진다. 내가 배운 것처럼, "장이 이끈다"는 것은 엄청난 영향력을 지닌 간단한 진실이다. 변비는 모두에게 불편한 일이지만 몸이 천천히 전신마취에서 깨어나는 수술 직후에는 실질적 위협이다. 나는 전신마취를 두 번 했는데, 매번 아주 긴 시간이었다.

    의사들은 장폐색이 생긴 건 아닌지 확인했고, 만약 그렇다면 또 다른 수술을 해야 할 수도 있었다. 나는 침대에서 옮겨져 들것에 실린 채 이 새로운 병원을 가로질러 커다란 스테인리스 스틸 상자 같은 엘리베이터를 타고 방사선과로 내려갔다. 차갑고 어두운 방에서 방사선사는 나의 불쌍한 복부에 대한 초음파 검사를 준비했다. 그녀가 젤을 내 몸에 발랐을 때 나는 멈춰달라고 간청했다— 타요! 타요! 젤은 차가웠는데 내 신경계가 너무 뒤엉킨 상태라 배에 닿은 차가운 젤이 뜨겁게 느껴졌던 것이다. 어떻게 이 고통을 설명할 수 있을까? 너무나 이질적으로 느껴지는 몸 안에서 길을 잃은 채 가장 원초적인 형태의 발화로만 전달할 수 있을 것 같은 이 고통을, 도대체 어떻게? 가스는 이해할 수 있었다. 스트레스를 받으면 위장기관이 언제나 말썽이었으니까. 어렸을 때는 끔찍한 차멀미를 했고 대학에 가서는 속쓰림을 달고 살아서 거대한 롤레이즈 약통을 책상에 구비해 두고 먹었었다. 성인이 된 이후로 가끔은 가스 때문에 허리를 펴지 못할 정도의 통증을 겪은 적도 있었다. 하지만 이렇게 심각한, 도저히 내보낼 수 없는 장 내 가스는 어찌해야 할지 몰랐다. 나는 문자 그대로 방귀를 낄 수 없었다. 흉곽 아래로 내 몸은 거의 다 마비되었고, 특히 몸 아래로 갈수록 마비는 더 심했으며 당연히 장과 직장, 항문은 그곳에 속해 있었다. 그래서 친절하고 사려 깊고 숙련된 간호사 위니는 나를 옆으로 눕히고 가스가 배출되면 부풀도록 비닐봉지가 끝에 연결된 튜브를 내 몸에 삽입했다. 매일 나를 간호해 주던 매기가 전하길, 한 번은 이런 식으로 고통받던 내가 "위니, 장 통증은 내 무의식에서 와요"라고 말했다고 한다. 분명히 내 말도 약간은 일리가 있었다. 놀랄 일도 아니다. 치명적 부상에서 회복하기 시작하면 당신의 무의식이 기다리고 있을 것이다.

    나는 갈증에 시달렸다. 입 속의 아치형 고정 장치와 얼굴의 핀 때문에 얼굴과 목구멍의 근육이 위축되고 있었다. 얼굴 뼈는 여전히 불안정했고 많은 뼛조각이 아직 핀과 함께 붙지 않은 상태였다. 요구르트처럼 걸쭉한 액체는 감당할 수 있었지만 물은 삼키지 못했다. 입을 다문 채로 있는 것도 불가능했다. 아랫입술은 찢어진 채 벌어져 있었고, 지금까지도 윗입술과 완전히 딱 붙지 않아서 구강청결제를 쓸 때면 손으로 입술을 모아 쥐고 헹군다. 당시 나는 이런 상황들에 대해 아무것도 이해하지 못했다. 그저 내가 알았던 것은 밤이면 밤마다 격렬한 갈증과 함께 깨어나리라는 것이었다. 격렬한 갈증, 이 문구가 상투적으로 들리는 이유는 당신이 정말로 목이 마를 때, 물에 대한 당신의 욕구는 너무 절박해서 갈증이 당신을 인질로 잡고 있는 듯 느껴지기 때문이다. 물, 물, 물을 향해 격렬하게 휘몰아치는. 물. 물. 제발, 물 좀. 입 안이 끔찍하게 건조했다. 내 존재 전부가 필사적으로 갈증을 느꼈다. 간호조무사가 내 호출을 듣고 나타나서는 작은 종이컵에 얼음물을 채우고 끝에 작은 녹색 스펀지가 달린 나무 막대기를 얼음물에 담근 뒤, 내 입에 젖은 스펀지를 넣어 주었다. 나는 그걸 빨았다. 차가운 물은 정말 좋았지만, 극히 적은 양이어서 나는 더 달라고 부탁하곤 했다. 더요, 제발, 더. 이제 됐나요. 조무사는 물었다. 아니요. 한 번 더요, 부탁해요. 부탁해요. 하지만 그녀는 시간에 쫓겨서 가 버려 나는 눈을 감고 자포자기한 심정으로 코로 숨을 쉬려 애썼다. 내내 벌어지려 하는 입술을 느끼면서.

지구가 새벽으로 향하는 늦은 시간, 갈증 때문에 잠을 설치다가 깨 보면 내가 다른 층에 누워 있을 때가 있었다. 정신없는 와중에 그렇다고 믿었던 것일 수도 있다. 그곳에서 나는 목이 타 죽을 것 같다고 외칠 때마다 나를 도와주었던, 중년을 넘긴 한 인정 많은 폴란드 여성에게 돌봄을 받았다. 그녀는 컵에 물을 채워 내게 얼음같이 찬, 젖은 스펀지를 주고, 또 주고, 다시 또 주곤 했다. 네, 부탁해요, 네. 이윽고, 항상 친절하게 미소 지으며 종이컵을 뒤집어 놓았다. "이제 없어요. 당신이 다 마셔 버렸어요!" 그녀는 다시 또 물을 채우고 내가 "이제 충분해요. 고마워요"라고 말할 때까지 나와 같이 있어 주었다. 그녀의 이름을 기억할 자신은 없지만(엘리자베스?), 그녀의 온정에 영원히 감사할 것이다.

가스나 젤보다 더 무시무시하고, 끔찍한 갈증보다 더 끔찍한 것은 몸을 타고 흐르는 고통스러운 전류였다. 나는 이전에 아주 약간이라도 이와 비슷한 것을 느껴본 적이 없었다. 약에 취한 수면은 생생한 악몽을 끄집어냈다. 내 뼈대가 불타오르고, 모든 뼈의 윤곽이 붉게 남는다. 통증은 전기처럼 나를 타고 돌아다니는 듯했다. 이 진술은 비유적이기도 하고 아니기도 하다. 생화학적으로 한 뉴런에서 다른 뉴런으로 전달되는 신호는 신경망을 밝히는데 이 신호는 사실상 전기 신호이기 때문이다. 몸 구석구석까지 연결된 복잡한 네트워크 속에서, 이온은 뉴런의 축삭을 따라 시냅스를 건너 다른 뉴런으로 이동하고 짧은 순간에도 끊임없이 움직이며 수조 개의 신호전달을 완료한다. 수조 개의 신호. 나의 중추신경계는 태양의 격렬한 폭발을 내뿜었다. 가장 끔찍했던 밤은 특수치료 전문병원에서 지낸 지 몇 주가 지난 후, 마침내 내 마비의 심각성을 이해했을 즈음이었다. 나는 그날 밤에 타들어 가는 느낌과 함께 깨어났다. 발바닥에서부터 다리를 지나 등까지, 그리고 복부를 꽉 조이며 올라가다 바로 흉곽 아래에서 멈추고 팔로 내려와 양손까지, 내 피부는 바삭바삭했다. 정전기가 찌릿한 느낌을 주는 것과 비슷한 방식으로 나는 타들어 가고 있었다. 다만 그 충격의 정도가 무한히 배가된 전기가 피부 밑으로 두껍게, 지속적으로 흘렀다. 결코 다시는 완전히 회복되지 않을 뒤엉킨 신경이 흘려보내는 이 흉포한 윙윙거림은 내 몸속에서 활개를 치고 돌아다녔다. 그날 밤 그랬듯, 신경학적 통증은 몸의 윤곽을 그리듯 살갗을 굵직하게 지지며 지나갔고, 어떨 때는 사지를 더 깊이 관통하기도 했다. 얼마나 무서운가, 마침내, 내장 깊숙이, 내가 얼마나 극심하게 다쳤는지 깨닫게 된다는 것은! 물론 나는 "알았다." 의사들과 또 자넷과 병상에서 대화하며 내가 당한 부상에 대해 이미 다 알고 있었다. 나의 정신은 멀쩡했다. 하지만 이렇게 근본적으로 바뀌어 버린 몸을 어떻게 이해할 수 있단 말인가? 그때까지 나는 내 부상 **범위**가 어디까지며 그게 내 몸에 얼마나 영향을 미쳤는지에 대해서는 전혀 모르고 있었다. 게다가 내게 투여한 그 약들도 소용없었다는 것이 얼마나 무서운지!

다른 병원에서 보냈던 기억이 떠올랐다. 당시 나는 일곱 살이었고 편도선 절제술을 받았다. 나는 수술실에 누워 가운을 입고 장갑을 낀 채 나를 내려다보는 어른들을 바라보았다. "100부터 거꾸로 세어 보렴." 누군가 에테르를 쉬익 뿜고 있는 마스크를 내 코와 입에 씌우며 지시했다. 그리고 몇 초 만에 나는 의식을 잃고 메스꺼움 속에서 마취약에 취해 알록달록한 빛이 흩뿌려진 검은 공간으로 자유롭게 떨어진다고 느꼈다. 생강 쿠키 틀에 찍어 낸 것 같은 내 자신의 실루엣이 아래로 아래로 급강하는 것을 똑똑히 보았다. 그 몇 초 동안, 나는 내가 지옥에 떨어지고 있다고 확신했다.

이제 나는 진짜 지옥에 다녀왔다는 것을 안다.

◊

　특수치료 전문병원에서 퇴원한 지 수년이 지났지만, 좋은 밤과 나쁜 밤이 각기 어디서 비롯되는지 구분해 줄 패턴은 찾지 못했다. 대개 나는 옆으로 누워 위쪽 다리의 무릎을 굽혀 몸쪽으로 당기고, 발을 베개 위로 올려 건막류의 뼈 돌출부에서 팽팽하게 당겨진 피부가 침구에 쓸려 욱신거리지 않도록 한다(엄지발가락이 둘째발가락 쪽으로 휘어지면서 아래 관절이 돌출되고 기저부가 더 넓어지는 것이 건막류임을 알게 되었다. 이러한 변형은 발의 인대와 힘줄이 수축되면서 생긴 것으로 이로 인해 나는 망치발가락도 생겼다). 발을 정리하고 나면 눕는다. 한 손은 베개 아래에 놓고 손바닥이 위로 가도록 한 후, 손가락을 펴 내 머리 무게가 손을 눌러서 펴지도록 둔다. 이렇게 자리를 잡으면 놀랍게도 때때로 전기가 꺼지고 통증도 없다. 의식적으로 다리를 움직이려고 하지 않는 한, 다리는 그저 거기에 있다. 나는 이불의 무게와 더불어 한 다리는 구부러지고 나머지 한 다리는 곧게 뻗어 있음을 느낄 수 있다. 시트 위에 놓여 있는 다리가 어느 쪽인지 헷갈릴 수는 있지만 말이다. 나는 가만히 거기에 누워 있다.
　나는 자주 윙윙거리는 감각을 느꼈다. 사고 후 11년이 지난 지금, 컨디션이 좋은 날에는 통증이 삶의 배경으로 물러나고, 외부 활동에 전념할 때면 몸에 전류가 흐르는 것을 거의 항상 느낀다는 사실도 생각하지 않게 됐다. 하지만 때때로 내 피부가 두꺼워지고, 전기가 통하고 진동하는 것 같을 때면 통증을 외면할 수가 없다. 윈드서핑 할 때 입는 잠수복을 상상하면 된다. 네오프렌으로 제작되어 몸을 꽉 조이고, 물에 젖은 후 조금 지나면 얇은 물층이 내 체온으로 덥혀지는 잠수복. 나도 그런 게 하나 있었다. 내 피부는 축축한 피와 림프 아래로 전류가 흐르는 두꺼우면서도 유연한 네오프렌처럼 느껴진다. 글을 쓰고 있는 바로 지금 이 순간에도 전류가 내 몸에 굵직한 윤곽을 그린다고 느낀다. 허벅지와 좌골이 앉은 자세를 불편하게 압박하는 동안, 발과 발목(가끔은 하루 사이에도 엄청나게 부어오른다)에는 내내 윙윙거리며 전기가 오른다. 손가락은 차갑고 두껍고 윙윙거리며, 기온이 80도* 이상 올라가지 않는 한 계속 차가운 상태다. 이런 현상에 시달리는 이유는 부상 위치가 정확히 손과 뇌를 연결하는 척수 신경이 척추뼈 사이로 뻗어나가는 지점이어서 그곳의 신경망이 무자비하게 손상되었기 때문이다. 재활병원 의료진 중에는 약학자가 한 명 있었는데, 그가 입던 실험실 가운 옷깃에는 동그랗고 하얀 버튼이 달려 있었다. 거기에는 붉은색으로 쓴 '통증'이라는 단어 위에, 국제적으로 통용되는 "금지" 표시인 검은 선이 우측 상단에서 좌측 하단을 대각선으로 가로질렀다. 나의 만성 신경계 통증은 내가 병원에 있는 동안 그 선을 끈질기게 위반하며 저 버튼을 거짓으로 만들어버렸고, 여전히—훨씬 누그러지긴 했지만—어떤 약이 제공되든, 나의 통증은 금지선을 뚫고 나가는 중이다.

    가끔 전기가 오르면 타오르는 것 같아서 내 피부가 뜨겁고 쪼글쪼글한 식품용 랩처럼 느껴진다. 어젯밤에도 그랬다. 병원에

---

* 화씨 80도는 섭씨 26.7도 정도이다.—옮긴이.

서 얼마나 끔찍했는지, 재활 중 내가 과연 이 통증에서 벗어날 수 있긴 한지 자문하며 그 끔찍함이 얼마나 오래 지속되었는지 생각났다. 보통 통증은 마약성 진통제나 다른 화학적 장벽을 뚫고 침투하여 약해진 상태인데도, 여전히 끔찍할 수 있다. 그 순간은 괜찮더라도 반드시 반복될 운명이므로. 가끔은 밤에 통증으로 깨어나고, 가끔은 약에 취한 채 통증을 느끼며 잠이 든다. 가끔은 그 작열감이 경련을 동반한다. 왼쪽 다리—혹은 오른쪽 다리—가 뻣뻣해지며 몇 초간 떨리고, 다시 잠잠해지지만 1분도 채 지나지 않아 다시 경련이 찾아온다. 경련 자체는 파도처럼 온다. 다리가 경직되고, 덜덜 떨리고, 경련으로 요동치다가 갑자기 홱 움직이기도 한다. 약물의 개입 없이는 나도 자넷도 도무지 잘 수가 없다. 그래서 나는 발륨Valium을 복용하고 침대에 누워, 나가떨어질 때까지 육화된 삶에 대해 생각한다.

 냉기는 병원에서 눈을 뜬 이후로 쭉 나를 쫓아다녔다. 자넷은 뜨끈뜨끈한 병실 침대에 누워 얼어붙은 나를 발견하곤 했다. 그녀는 복도 끝 빨래건조기에서 플란넬 시트를 데워서, 한 번에 세 장씩 가져다 내게 덮어주었다. 그 온기는 기막힌 위안이 되었지만 처참할 정도로 금방 지나가 버렸다. 냉기는 내 몸 안쪽 깊은 곳에서 나왔기 때문이다. 병원을 떠난 지 오래여도 나의 순환계는 앞으로도 계속 불완전한 상태일 것이고 나의 신경은 손상된 채로 남아 있을 것이며, 나의 손은 차가울 것이다.

 통증을 이겨낼 수만 있다면 얼마나 좋을까. 불법 약물에 의지하지 않는 한, 통증은 피할 수 없다. 아니 그렇더라도 통증은 저편에서 기다리고 있다. 특수치료 전문병원에서 내게 처방했던 진통제 칵테일에는 옥시콘틴OxyContin이 포함되어 있었다. 옥시콘틴은 헤로인과 비슷한 인공 아편이다. 아프가니스탄에서 재배하는 양귀비에서 추출한 것이 아니라 실험실에서 만들어졌을 뿐. 요즘 거리에서 옥시콘틴은 헤로인보다 선호된다. 효과가 한결같고 당신을 죽일 가능성이 낮기 때문이다. 한 번, 딱 한 번, 밤마다 제공되는 다른 모든 약과 함께 위장관을 통해 가루 형태의 옥시콘틴이 내 몸으로 들어온 적이 있었다. 그 시간에는 항상 그랬듯이 나는 아팠고, 추웠고, 조금이라도 고통이 줄어들기만을 간절히 원했다. 그곳에 누워서 통증을 달래는 온기가 내 몸을 타고 빠르게 흐르는 것을, 따뜻한 꿀이 정맥을 타고 번져 나가며 나를 휘감는 것을 느꼈다. 너무나도 달콤했다. 이 약들은 어쩌면 이렇게 말도 안 되게 **사랑스러운** 건지! 잠이 나를 데려가기 전 둥둥 떠다니던 15분 남짓한 시간 동안 나는 그 생각에 사로잡혔다. 내가 옥시콘틴을 항상 그렇게 복용할 수만 있다면! 내 마음은 내가 언제나 고통받으리라는 공포에서 풀려났다. 몸에 전기가 오르고, 춥고, 타오를 것 같을 때면 나는 가끔 그 따뜻하게 데워지던, 고통 없는 무중력 속에 정지된 감각을 떠올린다. 저 '한 번'의 기억을 떠올리며 나 자신, 그리고 나를 괴롭히는 통증으로부터 벗어나길 갈구한다. 내가 옥시콘틴 알약을 으깨서 삼킨다면, 통증은 과잉 쾌락으로 대체되어 내 온몸을 달콤하게 타고 흐르리라. 나는 그렇게 떠내려 가리라. 옥시콘틴을 먹고 잠들기는 물론, 결국 내 통증을 치명적으로 감내하기 어렵게 할 것이다. 옥시콘틴은 마약성 처방제다. 내가 옥시콘틴을 으깨서 먹으면 나는 더없는 행복으로 가득한 한 시간을 얻을 것이다. 하지만 그렇게 하면 열두 시간에 걸쳐 사용할 용량을 한 시간 만에 써 버리는 셈이기에 나는 절대 약을 부수지 않았고 약들은 모두 온전히 약 보관함에 남아 있다. 그 결과, 내게 완전히 통증 없는 상태란 거의 없다.

고통에는 음울한 동반자인 외로움이 함께 따라온다. 나는 달랠 길 없는 외로움을 느낀다. 왜냐하면 어떻게 해도 내가 겪는 고통을 적절히 설명할 수 없고, 그 고통의 영토에는 그 누구도 나와 동행해 줄 수 없기 때문이다. 나는 비유에 의지해 고통을 설명하는 일이 오직 나만의 것은 아님을 알게 되었다. 고통은 너무나도 유일무이한 것이어서 정확히 설명하기가 어렵고 당신의 몸 안에서 홀로 일어나기에 고립적이기 때문이다. 고통에 울고, 비명을 지르고, 격노하는 것은 언어가 와해되었다는 징후이다.* 고통에 대해 "마치 ……와 같다"라고 말하는 방식이 특유의 수사적 표현인 이유는 고통을 드러내기 위해서는 반드시 은유의 전이가 필요하기 때문이다. 고통은 다른 무언가를 경유해서만 표현될 수 있는 속성이 있기에 비유된 고통은 언제나 오용되거나 남용된 것처럼 어색하게 들린다. 전기가 도는 네오프렌 피부는 나를 꽉 조이고 압박하며 감싼다. 전류는 표면 바로 아래를 질주하지만, 어쩐 일인지 동시에 세포 조직을 깊이 관통한다. 손가락은 더듬거린다.

---

* Elaine Scarry, *The Body in Pain: The Making and Unmaking of the World*, Oxford University Press, 1985, p. 4, p. 5(일레인 스캐리, 『고통 받는 몸: 세계를 창조하기와 파괴하기』).

발가락은 위로 말려들어 간다.

당신이 의사에게 통증을 토로하면, 의사는 1점부터 10점 중으로 그 강도를 표현해 보라고 말할 것이다. 어느 병원을 가든 똑같은, 이모티콘으로 얼굴을 나타내는 차트가 있다. 입꼬리가 올라가고 눈은 점으로 찍힌, 행복한 눈썹이 아래로 처진 웃는 얼굴은 1점으로 통증이 없는 상태이다. 그에 반해 10점 얼굴에는 날카롭게 아래로 내려간 입매와 찡그린 눈썹이 있고 점으로 찍힌 눈에서는 눈물이 흐른다. 내가 병원에서 통증을 호소할 때마다 간호사는 예외 없이 1점부터 10점까지를 척도로 사용했는데, 내게는 그 방식이 꽤 혼란스러웠다. 불구덩이 속에 내던져진 것 같던 밤에 느끼던 통증이 내가 겪은 가장 최악이었으므로, 다른 고통은 상대적으로 대단찮게 여겨졌다. 전기가 올라 경련하며 참을 수 없이 추울 때도 그저 "5점이나 6점"이라고 대답하곤 했다. 그 정도 점수로는 단기 작용 옥시코돈 1회분 정도밖에 처방받을 수 없었다. 더 높은 점수를 말하면 2회분을 받을 수 있겠지만 나는 너무 높게 말했다가 극심한 통증이 찾아왔을 때 그 고통에 걸맞은 더 높은 점수를 선택하지 못할까 봐 두려워 그러지 못했다.

그리 오래지 않아 통증 점수는 살금살금 올라가서 나는 가능한 한 마약성 진통제를 최대한 요청했고 그에 따른 부작용이 불가피하게 찾아왔다. 나는 말을 하다가 문장을 끝마치기도 전에 잠이 들기도 했다. 당시는 1월이었고 로리는 레즈비언에 의한, 레즈비언을 위한 뉴질랜드의 오토바이 투어에서 막 돌아온 참이었다. 2003년 여름, 나는 트라이엄프 오토바이를 갓 장만한 후였고,

로리는 가와사키 오토바이를 타고 다니던 때여서 우리는 이 모험에 대해 신나게 떠들었다. 로리는 숨 막히게 아름다운 풍경 사진뿐 아니라 멋진 오토바이 사진도 찍어왔다. 그 모든 것을 소상히 알고 싶었지만 나는 일종의 마약성 기면증과 사투를 벌이며 좌절했고, 무력했다. 그래도 나는 저 약들을 원했다. 마비로 인해 느려진 것만으로도 이미 심각한 골칫거리였던 장은 운동에 더 어려움을 겪는 중이었다. 하지만 그건 문제가 아니었다. 전기가 내 몸을 기습할 때면 나는 그저 통증이 잦아들기만을 원했다. 가장 힘들었던 건 호출 벨을 누르고 고통을 참으며 기다리는 일이었다. 겨우 간호조무사가 와도 무엇이 필요한지 묻고 다시 통제 약물에 접근 가능한 간호사를 찾으러 가야 한다. 간호조무사는 아니나 다를까 다른 일을 하는 중이라 내가 할 수 있는 일은 기다리는 것뿐이다. 하필 근무 교대 시간에 통증이 시작되면 나는 참을성이 필요하다는 걸 알았다. 게다가 특수치료 전문병원은 요즘 모든 병원이 그렇듯, 통상적으로 인력이 부족했다. 나는 내 통증에 높은 숫자를 매기고 그때그때 얻을 수 있는 약을 모두 요청하는 요령을 터득했다. 부작용 따위.

 목이 부러지기 전 몇 년간, 나는 진정 행복했다. 연인과 좋은 관계를 맺고 즐겁게 지내며 그녀의 몸과 나의 몸을 맘껏 누렸다. 어느 오후 우리는 시내의 투손 상점에서 해부학 책을 발견했다. 투손 상점은 아이들 장난감, 펑키한 선글라스, 재치 있는 엽서 등을 파는 잡화점이었다. 온갖 물건들 사이에 인체 해부 삽화가 그려진 책이 있었다. 내장, 피부, 척수, 수초로 둘러싸인 신경섬유,

절구공이 관절, 뼈대, 푸른 정맥과 붉은 동맥, 네 개의 방을 가진 심장, 유압 장치가 선명하게 묘사된 성기까지 사랑스럽고 단순한 그림체로 그려져 있었다. 침대에 누워 이 책을 들여다보며 우리는 육신의 무수한 쾌락을 이야기하곤 했다. 그때 체화된 삶embodied life은 풍요로운 지적인 삶과 통합된, 온전히 실현된 쾌락에 대한 긍정이었다. 둘이 나란히 누워 책을 읽던 어느 날 저녁, 나는 철학자 엘리자베스 그로츠Elizabeth Grosz의 『무한히 변화하는 몸The Volatile Body』에 담긴 문장에 흥분해서 떠들어대느라 자꾸 자넷의 독서를 방해했다.* 그 따뜻하고 건조한 사막의 공기, 램프의 불빛, 우리의 가까움, 그리고 그로츠의 책을 나는 언제까지나 기억할 것이다. 그때 체화embodiment는 무엇보다 쾌락에 관한 문제로 그것을 언어화할수록 그 쾌락은 신비한 방식으로 증폭했다. 이제 몸의 감각을 재현하는 일은 함께 나눈 성적 쾌락처럼 언제나 재생 가능한 자원을 표현할 말을 찾는 일이 아니다. 그 너머를, 내가 홀로 고통을 겪고 있는 이 미지의 공간을 설명할 말을 찾는 문제이다.

자넷은 저 마지막 문장에 이의를 제기한다. 내가 나의 몸에서 느끼는 것을 자신의 몸은 느낄 수 없지만, 나의 고통은 그녀에게 영향을 준다고 말이다. 자넷은 나의 괴로움으로 인해 고통받으며 상황이 달라지길 바라지만, 그렇게 해 보려는 욕구는 좌절된다. 자넷이 옳다. 고통은 사회적 장으로 퍼져나간다. 몸의 고통을

* Elizabeth Grosz, *The Volatile Body*, Indiana University Press, 1995(엘리자베스 그로츠, 『무한히 변화하는 몸』).

느끼는 사람은 변할 뿐 아니라 결국 그 사람과 관계가 있는 사람들에게까지 영향을 끼치지 않을 수 없기 때문이다. 나의 고통으로 말미암아 나의 학생, 동료와 상호작용하는 방식이 어떻게 바뀌었는지에 대해 엄밀하게는 알 수 없다. 하지만 내 몸과 마음이 온전히 그곳에 있지 않을 때가 있음을 안다. 고통이 너무 심해서 나의 모든 신경이 거기에 쏠리는 것이기보다는, 고통이 너무 만성적이어서 일종의 차단막처럼 기능하는 것이다. 나는 나의 치료사 말고는 누구에게도 고통에 대해 이야기하지 않는다. 그녀는 나의 연인도, 친구도, 가족 구성원도, 동료도 아니다. 그녀에게는 비통함을 쏟아내겠지만, 다른 사람에게는 아니다. 내가 고통에 대해 불평하지 않는 이유는 그러한 한탄이 파괴적으로 변해 종국에는 내가 타자들과 맺는 유대를 좀먹을 것이기에. 내가 용감하게 침묵 속의 고통을 택한 것이 아니라 오히려 할 수 있는 게 아무것도 없음을 알기에 그렇다.

5. 금전 관계로 맺어진 돌봄

"아 빌어먹을, 지저스 크라이스트……." 특수치료 전문병원의 침대에 누워 있는데 몸을 관통하는 전기의 고통에 신음과 욕이 튀어나왔다. 내 옆에 있던 간호조무사를 힐끗 올려다보았을 때, 그녀가 금으로 된 작은 십자가가 달린 섬세한 목걸이를 차고 있는 걸 보았다. 미천한 내가 그녀의 기분을 상하게 했음이 틀림없다는 생각에 나는 사과했다. 그녀의 목소리는 조용하고 온화했다. "그분 이름 말고 누구 이름을 부르겠어요."

믿음에 대한 그녀의 순전한 긍정이 나의 민망함을 덜어주었다. 도나는 나의 욕설을 자신의 주님에 대한 찬송으로 변모시켰다. 나는 그때 그 자리에서, 사람들 앞에서는 욕을 하지 않겠다고 결심했다. 욕설과 외설은 나의 사적인 안식을 위해 예비해 두겠다고. 이제 나는 비속어의 나름대로 괜찮은 도피처로 "어이쿠" "에라이" "젠장" "맙소사"를 쓰며, 이 말들은 더 이상 입에서 이질적으로 느껴지지 않는다. 예전 버릇대로 마음껏 욕을 하는 유일한 경우는 내가 혼자 있는데 무언가를 다섯 번 연속 떨어뜨렸을 때, 혹은 무언가를 쏟았을 때, 혹은 경련에 시달릴 때, 개가 집안을 어질러놓았을 때이다. 그럴 때는 나의 언어도 예전 그대로 걸어진다. 기민한 우리 집 강아지 목시 독시는 내가 주의 이름을 헛되이 부르는 것을 알지 못하니까.

퇴원하고 한창 집으로 돌아갈 준비를 하면서 자넷과 나는 그저 압도되었다. 병원에서 5개월이 넘도록 간호조무사, 간호사, 치료사, 의사에게 돌봄을 받았는데, 그 모든 것을 집에서 단독으로 해야 한다는 생각만으로도 겁이 났다. 친구들은 매우 귀한 도움을 주었지만, 솔직히 우리가 간호조무사의 도움이 없었다면 첫 주를, 그리고 그다음 주를 어떻게 감당할 수 있었을지 모르겠다. 압박 부츠에 내 다리를 넣고 들어 올려 높이가 유지되도록 받쳐 주고, 아침 식사를 가져와 먹여 주고, 위축된 인대와 힘줄, 근육을 스트레칭하는 지독하게 고통스러운 작업을 도와줄 사람이 필요했다. 우리 집에는 화장실이 2층에만 있었기 때문에 내가 욕조에 들어가기 위해서는 도움이 필요했다. 자넷은 계단 한쪽 난간에 레일을 달고 움직이는 의자를 설치해서 내가 2층에 올라갈 수 있도록 했다. 하지만 2층에 도착하는 일은 매번, 기념비적인 업적처럼 느껴졌다. 나를 욕조까지 데려가 씻기기 위해서 도나는 나를 ① 침대에서 휠체어로, ② 휠체어에서 2층으로 데려갈 계단 리프트 의자로, ③ 리프트 의자에서 내려 욕실 밖 벽장에 보관하는 접이식 휠체어로, ④ 휠체어에서 변기와 욕조에 걸쳐져 있는 샤워 벤치로, ⑤ 마지막으로 욕조 안에 있는 샤워 의자(변기가 없는 변기 겸용 의자처럼 생긴)로 이동시켜야만 했다. 도나와 자넷은 내가 꼿꼿이 앉아 있을 수 있도록 지탱한 상태에서 몸에 물을 끼얹고 머리를 감기고 몸을 씻긴다. 그러고 나면 나를 다시 침대에 데려가기 위해 저 모든 단계를 역으로 밟는다. 자넷에게 도움을 받아 열 번의 이동을 맡아 주는 도나가 없었다면, 나는 수개월 간 침대에서 스펀지 목욕을 했을 것이다. 도나는 특수치료 전문병원에서 보낸 몇 달에 걸친 긴 시간 동안 주말마다 2교대로 일하며 확실하고 꾸준하며 숙련된 도움을 주었다. 나는 그녀와 함께 있을 때 편안하다는 것을 알았다. 내가 목이 부러졌을 바로 그 무렵, 도나의 어머니는 세상을 떠났다. 그래서 내가 나의 부서진 몸과 뒤집힌 인생을 한탄하고 있을 때, 도나는 어머니를 잃은 깊고 깊은 비애의 첫 번째 물결에 휩쓸렸다. 우리는 둘 다 애도하는 중이었다. 가끔 이야기를 나누기도 했지만, 말이 없을 때가 더 많았고 어느 쪽이든 상관없었다. 그래서 나는 물었다. 월요일부터 금요일, 8시부터 12시 30분까지 미들타운에 와서 일해 줄 수 있나요? 내게는 너무나 다행스럽게도, 도나는 승낙했다.

◊

도나는 여전히 나를 돌보고 있고 내 행운이 계속되는 한 먼 미래에도 그럴 것이다. 나는 그녀를 사랑하고, 그녀는 나를 사랑한다. 십 년간의 친밀한 돌봄이 친밀한 유대를 만들었기 때문이다. 우리는 오만 가지 이야기를 나눴다. 도나는 내가 기독교 가정에서 자라긴 했지만 교회에 다니는 기독교인은 아님을 안다. 나는 그녀의 종교적 믿음과 종교적 관습을 존중한다고 직접 이야기했다. 나는 나의 가족생활에 대해 많은 이야기를 했고 우리가 알고 있는 자본주의의 해악에 대해서도 자세하게 이야기했다. 도나는 자넷이 우리 집의 최고경영자라는 사실을 이해해서 의약품을 채워야 할 때면, 아니 사실상 집에서 처리해야 하는 어떤 문제가 생길 때면 자넷을 찾는다. 도나는 나를 알고, 내가 무엇을 할 수 있는지를 알고, 또 그만큼 중요한 무엇을 할 수 없는지를 안다. 그녀는 자넷과 나의 관계에 대해, 그리고 우리가 자신을 이해하는 방식에 대해 잘 안다.

나도 그녀를 안다. 나는 도나가 오순절주의 개신교인이고 구원받음으로써 삶이 변하는 경험을 했다는 것을 안다. 도나는 성경을 적극적으로 공부하며 일요일마다 자신의 어머니가 다섯 자녀를 데리고 다니던 교회에 빠지지 않고 나간다. 나는 도나의 다정한 어머니가 남편이 택시를 몰다 강도를 당하고 총에 맞아 사망한 이후 브루클린에서 하트포드로 자식들을 데리고 이사했음을 안다. 당시 도나는 여섯 살이었다. 나는 도나가 자신의 딸과 아들을 잘 키우기 위해 얼마나 열심히 일해 왔는지 안다. 이제 카일라는 대학을 졸업했고, 타일러는 고등학교를 졸업했다. 나는 도나가 매일, 매시간 하나님에게 도움을 구한다는 것을, 그녀가 일하며 복음성가를 흥얼거릴 때 그녀의 마음이 그녀의 구세주에게 가 있다는 것을 안다. 이런 친밀한 관계가 아니었다면 절대 배우지 못했을 방식으로 나는 노동 빈곤층이 얼마나 비통하게, 때로는 필사적으로 힘들게 살아가고 있는지 알게 되었다. 가스를 사느라 20달러 지폐를 헐고 남은 거스름돈으로 장을 봐야 하는 것. 복리이자가 붙는 부채의 덫에 옭아매기 위해 당신이 형편없는 신용자임에도 당신에게 차를 파는 딜러와 계약한 후 결국 차는 이미 견인된 지 한참인데도 분할 상환금을 내고 있는 것.

도나는 내가 살면서 만난 그 어떤 사람보다 열심히 일하지만, 청구서가 돌아올 때마다 걱정을 한시도 놓지 못한다. 그녀는 부업으로 나를 위해 일하면서도 병원에서 나오는 추가 근무를 마다하지 않는다. 그녀는 연속 16시간 근무하는 "더블"을 뛴다. 그런데도 청구서는 쌓인다. 우리는 "월급날 대출"을 받는 것—구글에 쳐보기만 해도 직접 확인할 수 있을 것이다—이 얼마나 쉬운지에 대해 이야기했다. 온라인으로 혹은 대면으로, 신청은 한순간이지만 그것은 그 후 수년간 당신을 엿 먹일 것이다. CashAdvance.com을 살펴보라. 웃는 얼굴들을 지나 화면 아래까지 쭉 내려오면 작은 글자로 써 있는 이자율을 보게 될 것이다.

단기대출의 연 이자율은 계산 방식(명목 vs 실효), 대출 기한, 발생 수수료, 연체료, 미납 수수료, 연장 신청, 그 외 다른 요인에 따라 200%부터 2,290%까지 정해질 수 있습니다. 연 이자율의 범위는 금융 수수료가 아니며 **금융 수수료는 차후에 밝혀짐을 참고하십시오.**[필자 강조]

간호조무사의 일은 고되고 저임금이다. 이는 코네티컷과 뉴욕시의 많은 간호조무사가 아프리카계 미국인 혹은 카리브계 이민자라는 점에서 확인할 수 있다. 하지만 여기 중부 코네티컷의 노동자 계층에는 폴란드계 이민자와 라티노/라티나도 포함되어 있다. 재활 병원의 환자 대부분은 도움 없이는 걷기는커녕 서지도 못한다. 많은 경우 몸 전체를 온전히 감당해야만 하는 무거운 짐과 다름없다. 간호조무사들은 하루에도 몇 번씩 환자들을 침대에서 휠체어로, 휠체어에서 침대로 옮겨야만 하고 화장실에 왔다 갔다 할 때마다 도와주어야 한다. 침대에서는 환자를 들거나 돌려 눕혀야 하는데 제대로 하지 않을 경우 그야말로 허리가 결딴난다. 요즘 간호조무사들은 어디든 막론하고 "생산성 향상"이라는 명목 아래 인력이 부족한 상황에서 일한다. 디지털 숫자처럼 밝고 가벼운 수익이 두둥실 떠오르는 동안 몸들은 여전히 비협조적으로 무겁다. 도나는 40대 초반이다. 도나는 목 디스크가 돌출된 통증으로 고생 중이고, 무릎 관절 교체가 절실히 필요한 상태이다. 잦은 두통은 그저 어쩔 수 없는 현실이다. 하루도 통증 없이 지나가는 날이 없지만, 어떤 날은 더 나쁘다. 나는 도나가 손을 등허리에 올리거나 목을 주무르는 장면을, 그녀가 아프다는 것을 알리려는 의지와 상관없는 몸짓을 보곤 한다. 이따금 도나는 눈에 띄게 다리를 절뚝이며 걷는다. 의사는 도나에게 무릎 통증을 도저히 참을 수 없을 때까지는 수술을 미루기를 권했다. 기계 관절은 15년에서 20년밖에 못 버티기 때문이다. 인공 관절은 교체되는 몸의 부위와 마찬가지로 마모되고 결국은 대체물이 대체되어야 하므로, 되도록 첫 번째 수술을 지연시키는 것이 최선이다. 병원 근무는 또한 매우 스트레스가 많은 일이다. 인력 부족 때문에 간호조무사들에게는 언제나 돌봄을 **기다리는** 환자가 대기 중이고, 그들의 호출벨 불빛은 책망이라도 하듯 늘 깜빡거린다. 간호조무사와 간호사들은 언제나 뒤처진다. 도나는 자신의 책임을 늘 염두에 두고 있어서 나는 그 덕을 본다. 내가 기억하지 못할 때도 내 스케줄을 기억하고 내게 필요한 것을 예측한다. 하지만 병원에서 도나는 바로 이러한 그녀의 조직적 역량 때문에 진이 빠지도록 소모된다. 한 사람을 돕는 중에 침대에서 화장실로 이동시켜야 하는 여성과 진통제를 요청한 또 다른 여성, 예정된 시각 혹은 바로 **지금** 몸을 돌려줘야 하는 욕창에 걸린 마비된 남성에 대해 동시에 생각하고 또 계획하기 때문이다. 스트레스가 심한 일인 동시에 생계를 유지하기가 정말 힘든 길이다.

　미국의 특정 인구가 "점진적 죽음"에 내몰린다는 글을 읽은 적이 있다. 그중에는 미국에서 지속적으로 확장하는 유일한 산업인 보건의료 분야에서 일하는 하위 직군 노동자들이 포함된다.* 『뉴욕타임스』 경제 면은 "개인 돌봄 제공자들은 앞으로 10년간 가장 급속도로 성장하는 직업군이 될 것이며, 경제정책연구소는 한 연구에서 그중 57%가 빈곤층에 속한다고 밝혔다."** "점진적 죽음"이라는 표현은 사람을 나가떨어지게 하는 끝없는 과정을, 작지만 중대한 결정들(오늘 밤 아이들을 위해 포장 음식을 집에 싸가도 될까? 고지서에 찍힌 금액 중 얼마를 납부하면 전기가 끊기지 않을

---

* Lauren Berlant, *Cruel Optimism*, Duke University Press, 2011(로렌 벌란트, 『잔인한 낙관』).
** Eduardo Porter, "Unionizing the Bottom of the Pay Scale," *New York Times*, December 5, 2012, http://www.nytimes.com/2012/12/05/business/unionizing-at-the-low-end-of-the-pay-scale.html, accessed March 7, 2015.

까?)이 기를 빨아먹으며 다가오는 것을, 일상생활을 잠식하는 조용한 체념을 포착한다. 특수치료 전문병원에서 간호조무사를 대상으로 운영하는 건강 프로그램 같은 것들 역시 그들의 마음을 불편하게 할 뿐이다. 왜 헬스클럽에 안 가? 근력 운동기구, 유산소 운동기구, 온수 수영장이 기다리고 있는데? 규칙적인 운동은 건강한 몸을 위해 필요한 수많은 것 중 그저 시작에 불과하다. 미셸 오바마가 해맑게 독려했듯이, 음식에 대한 결정을 위시해 당신 가족의 건강을 해치는 형편없는 "선택"을 하는 것은 순전히 당신 탓이다. 하지만 선택할 수 있다는 것 자체가 사람을 갈아 넣는 빈곤의 체화된 현실의 무게를 고려하지 않고, 자율적이고 자발적인 주체를 상상할 때나 가능한 일이다. "갈아 넣는"다고 말하는 이유는 바로 이 빈곤이 사람을 마모시키고 나가떨어질 때까지 혹사시키기 때문이다.

    나는 대학 시절에 피기 시작한 담배를 몇 년 전에야 완전히 끊었다. 웨슬리안 대학교에 부임했던 1982년에는 파티에서 담배 한 개비를 빌리는 건 일도 아니었는데, 이제 웨슬리안에서 내가 아는 사람 중에 담배를 피우는 사람은 아무도 없다. 저임금에 스트레스가 심한, 육체적으로 고된 일을 하는 사람들이 담배를 피운다. 그 사람들은 주차장에서 친구들과 휴식을 취하며 잠시 여유를 갖기 위해 담배를 피우고, 따분하고 반복적인 하루 속에서 몸의 욕구를 채워주는 자극적인 쾌락을 끼워 넣기 위해 담배를 피운다.* 콜라는 카페인과 간절한 당을 한 방에 채워주며 순간의 기분을 좋게 한다. 튀긴 음식은 맛없을 수 없고 맥도날드는 분명히 갈 때마다 실망시키지 않을 것이다. 당신은 드라이브스루로 음식을 받아 부업을 하러 가는 차 안에서 먹을 수도 있다. 낮 시간대 텔레비전에 나오는 광고를 들여다보고 있으면, 당신은 ① 근무 중 다쳤는지 묻는 개인 상해 전문 변호사 ② 미리 조리해 포장했다는 이유만으로 과하게 비싼 포장 식품 중심으로 짜인 식단 ③ 금연 프로그램 광고를 마주하게 될 것이다. 당신은 어쩌면 일하다 다쳐서 소파에서 대낮에 텔레비전을 보고 있을 수도 있지만, 그럼에도 살을 빼고 담배를 끊을 수 있다. 당신은 건강한 선택을 할 수 있다. 그게 아니라면 그건 다 빌어먹을 당신 잘못이다.

◊

나는 도나에 대해 많은 것을 안다. 하지만 그녀의 삶 중 많은 부분은 여전히 내가 알지 못하고, 알 수도 없는 것으로 남아 있다. 그녀는 **나의** 집에서 **나를 위해** 일하고, **나의** 방식과 **나의** 집안 운영 방식을 배워야만 한다. 랭스턴 휴즈Langston Hughes 특유의 표현을 빌리자면 흑인들이 "백인의 방식"을 아는 것은 당연한 사실이다.** 이 나라에서 흑인들은 몇 세기에 걸쳐 백인들 집에서 가사노동자로 일하며 백인들을 보살펴 왔다. 당연히 백인들이 사는 별난 방식에 대해 수많은 세대에 걸친 지식을 축적했을 수밖에 없다.

* See Richard Kline, *Cigarettes Are Sublime*, Duke University Press, 1995(리처드 클라인, 『담배는 숭고하다』)참조.
** Langston Hughes, *The Ways of White Folk*, Vintage Classics, 1934/1990. (랭스턴 휴즈, 『백인의 방식』).

나는 소프라노 음역대로 노래했던 카스트라토를 위해 쓰였던 바로크 오페라의 아리아를 현재 가성으로 노래하는 남성들인 카운터테너의 목소리로 듣고 있다. 얼마나 기이한 일인가? 나도 그렇고 내 동료들인 백인 여성도 그렇고 흑인 여성의 집에 일을 구해 간병인이 하는 것처럼 친밀하게, 매일매일, 오랜 시간에 걸쳐 그녀들의 삶을 알게 되는 일은 없을 것이다. **물론** 도나는 내가 그녀에 대해 아는 것보다 나에 대해 많이 안다. 나는 우리가 서로에게 의존하고 있음을 안다. 그렇지만 우리의 상호 의존은 나를 그녀의 가정으로 데려가지 않으며, 우리는 사적으로 친밀함에도 불구하고 나는 그녀의 삶에 대해 모르는 게 수두룩하다.

 끔찍한 사고 이후 우리의 삶을 재건하기 위해, 자넷과 나는 가족과 친구들에게 도움을 청했다. 그들의 재정적 지원이 없었다면 끔찍한 첫해를 버텨내는 것조차 불가능했으리라. 나는 그들의 아낌없는 관대함에 계속 진심으로 고마워할 것이다. 우리는 도나에게 혹시라도 어려움이 생기면 우리에게 이야기하라고, 월급날 대출은 그만두라고 말했다. 우리에게 돈을 빌리면 도나는 힘겨운 이자율을 부담하지 않아도 된다. 우리는 여윳돈을 구할 수 있고 도나는 아니다. 그럼에도 우리의 선의가 그동안 우리에게는 어마어마한 혜택을 주고 도나에게는 부당한 불이익을 준 구조적 인종주의를 초월하기는 어렵다. 나는 너무 많은 선례가 있었던 후원 문화에 대해 진지하게 우려한다. 휴즈를 포함한 할렘 르네상스의 흑인 예술가들은 부유한 "백인들"에게 후원받았다. 백인들은 "그들의" 저자를 지원했고, "그들의" 예술가가 쓴 책이 제작되도록 힘썼고, 돈이 제공한 특권으로 "그들의" 예술가가 자신의 삶을 어떻게 시작해야 하는지 제안했다. 만일 자넷과 내가 어떤 식으로든 도나를 휘두르는 것이면 어쩌지? 그 가능성만으로도 속이 울렁거렸다. 하지만 내가 섬세한 감정을 지녔다고 해서 내가 하는 후원이 이 모든 우려와 무관하다고 보장받는 것은 아니다. 우리의 친밀감은 진짜지만, 돈을 가진 쪽은 나와 자넷이니까.

헌법 개정으로 노예제가 금지되었고, 기간제 노역제도 역시 과거의 일이 된 지 오래지만 21세기 초인 현재에도 돈이 많은 백인들은 여전히 자신의 집에서 일하는 노동자들을 존중하지 않거나 공정한 보수를 주지 않는 경우가 흔하다. 돌봄받는 사람이 얼마만큼 지극히 사랑받느냐에 따라 임금이 지금과 다른 척도로 산출된다면, 가사노동은 더 이상 이렇게 저렴하지 않을 것이다. 의로운 분노는 어쩌면 약간의 위안이 될 수도 있지만, 내 입장에서 아니 돌봄 노동을 받는 어떤 고용주에게든 윤리적으로 안전한 해결책은 없다. 정치적 행동만이 조직적 부정의에 대한 유일한 효과적 대응일 수 있다. 교육자로서 나는 바너드 여성연구센터의 뉴페미니스트 솔루션 시리즈 중 다섯 번째 간행물인 『가사노동의 가치를 생각하기』를 가르치는 것으로 기여해 왔다.* 이 연구는 가

---

* Premilla Nadasen and Tiffany Williams, *Valuing Domestic Work*, New Feminist Solutions, vol. 5, Barnard Center for Research on Women, 2009, http://bcrw.barnard.edu/wp-content/nfs/reports/NFS5- Valuing-Domestic-Work.pdf, accessed March 6, 2015.(프레밀라 나다슨·티파니 윌리엄스, 『가사노동의 가치를 생각하기』).

사노동자 연합DWU, 전국 가사노동자 연맹NDWA과 3년에 걸친 공동 작업에 기반한 보고서로, 변혁적 행동을 위해 필요한 정치적 토대를 제시한다. 나는 이 보고서를 나의 수업계획서에 포함시키는 것을 운동을 조직하는 작업과 혼동하지 않는다. 이 보고서를 가르치는 일은 사회적 재생산을 페미니스트 사상에 중요한 지식의 대상으로 명명하는 작업, 그리고 나의 의존을 돌봄 노동과 재생산 노동의 폭넓은 범주로 연결시키는 작업에 가깝다. 개인적인 것 안에서 정치적인 것을, 정치적인 것 안에서 개인적인 것을 보려는 것이다.

나는 그저 인정할 수밖에 없다. 도나와 내가 맺고 있는 개인적 관계에는 해결할 수 없는 모순이 있다는 것을. 우리는 금전 관계로 노동 시장에서 만난다. 도나는 일할 수 있는 신체 능력과 돈에 대한 긴요한 필요를 그 시장에 가져오고, 나는 돈과 나의 신체적 불능으로 인해 도움을 받아야 하는 긴요한 필요를 가져온다. 도나는 돈 없이 살 수 없고 나는 내가 지불해야 할 돈을 줄 수 있어서 기쁘다. 그렇지만 돈으로 도나의 노동 가치를 재는 것은 어림도 없다. 도나의 존재가 내게 주고 있는 것, 그리고 내가 스스로 몸을 감당하도록 도와주는 이토록 친밀한 일을 그녀가 어떻게 수행하는지 돈으로 계산할 수 없다. 나는 내가 사랑하는 아름답고, 다정하고, 능숙하고, 친절하고, 슬프고, 뛰어난 도나를, **있는 그대로의 그녀를 귀하게 생각한다.**

6. 공간 속에서 길을 잃다

하트포드 병원에서 퇴원했을 무렵 나는 뼈만 남은 상태였다. 나는 이 놀라운 사실에 대해 인지하지 못했는데 사실상 내 몸에 대해 정말 아는 게 아무것도 없었기 때문이다. 근육은 급속도로 위축된다. 특히 3주 반 동안 포도당을 맞으면 말이다. 이후 특수치료 전문병원에서는 침대 옆 기계에 구불구불하게 이어져 있다가 이불 밑으로 사라지는 위장 튜브를 통해 영양을 공급받았다. 매일 밤 9시 반 불이 꺼지기 전에 나는 기계에 연결되었고, 끈적끈적한 퓌레가 복벽을 통해 위장까지 당도하면서 희미하게 웅웅대는 소리를 듣곤 했다. 그리고 물론 나는 침대에서 조니를 입고 있었다. 조니는 아무렇게나 프린트된 옷감으로 만들어진 이상한 병원복으로, 병원 직원들이 환자의 몸에 접근하기 쉽도록 등 뒤에서 끈으로 묶는 옷이다. 나는 혹시라도 조니 아래 있는 나의 몸을 건드릴까 봐 의식적으로 조심하면서 나의 육신으로부터 정신을 쫓아 보냈다. 나는 튜브들이 두려웠다. 내게 음식을 밀어 넣는 튜브도, 소변을 내보내는 카테터 튜브도. 침대 옆에 걸린, 요도에 삽관된 카테터로 흘러나오는 소변을 모으기 위해 필요한 커다란 주머니인 폴리 백으로 노란 액체가 떨어지는 것을 볼 수 있었다.

    발가벗겨져 샤워용 들것에 실려 샤워실로 들어갈 때면, 내 몸을 볼 수 있도록 머리를 들고 있을 수가 없었다. 한 번도 거울을 달라고 하지 않았고 때때로 물리치료실에 거울이 있으면 부지런히 시선을 피했다. 말 그대로 내 몸을 보는 게 굉장히 힘든 일이기도 했지만, 내 몸에 대해 아는 것이 두렵기도 했다. 내 입 안의 온갖 금속이 무엇인지에 대한 감각도 없었다. 입천장이 무너지지 않도록 아치 모양의 금속 장치가 떠받치고 있다는 것을 이해하지 못했기에 막연히 교정기를 꼈다고 상상했다. 성형외과의들이 내 얼굴에 어떤 작업을 했는지도 제대로 파악할 수 없었다. 턱 아래쪽에는, 잘 이해할 수는 없지만 드러난 뼛조각들을 최대한 손 볼 수 있도록 마치 장갑을 뒤집듯이 피부를 끌어당긴 흉터가 있다. 내가 겪은 부상의 심각성을 이해하기란 너무나 어려운 일이었다. 나는 공간 속에서 나의 위치를 정확하게 말할 수 없었다. 병원에 있던 초기 몇 달간은 소등 전 내 자세를 잡아주기 위해 보조 두 사람이 필요했다. 그들은 내 몸을 정렬하려고 다리 사이와 뒤쪽에 베개를 놓았다. 이 자세를 잡기 위해 물리치료사가 그려준 그림이 침대 머리맡 게시판에 붙어 있었다. 또한 시타라마 박사가 통증을 최소화하기 위해 몸을 이에 맞춰 정렬하는 일이 얼마나 중요한지를 간호사들과 논의할 때도 나는 그곳에 있었다. 자넷은 내게 일어났던 모든 일과 일어나고 있는 모든 일을 반복적으로 말해 주었다. 나는 그 모든 것을 받아들일 수가 없었다. 내 몸은 내게 생경해서 우주 한가운데에서 길을 잃은 것 같았다.

◊

얼마 후 커다란 경추 보조기를 떼어냈을 때, 나는 조심스럽게 머리를 베개로부터 들어 올릴 수 있었다. 팔을 앞뒤로 약간 흔들 수도 있었다. 하지만 나는 아무것도 집어 올리지는 못했다. 내가 그 뼈아픈 진실을 알게 된 것은 패티가 내 앞의 쟁반에 크리넥스를 놓고 그걸 들어서 옆으로 치워보라고 지시했을 때였다. 우아한 직관을 가진, 잘 훈련받은 작업치료사 패티는 하트포드 대학교 재학 시절 작업치료와 물리치료 프로그램을 공부하는 동시에 1부 리그에서 축구선수로 뛰었다고 한다. 우리가 만났을 당시에는 갓 대학을 졸업한 상황이었다. 우리가 좋은 관계를 발전시켜 갈 수 있었던 데는 운동선수로서 그녀가 이룬 성취에 대한 나의 존경이 일정 부분 자리했다. 내가 화장지조차 집지 못했을 때 나는 절망에 빠져 울면서 말했다. "나는 예전에 정말 강했어요, 정말 강했다고요." 몇 번이고 말하고 또 말했다. 나는 진실을 말했다. 나는 울면서 사라져 버린 근육을 애도했다.

현상학자들은 몸 이미지가 우리의 정신적 장치 중 일부분, 즉 우리 몸을 공간 속에서 그리는 방식이라고 설명한다. 물론 자신의 몸에 대한 감각을 엄청나게 왜곡하는 것도 가능하다. 남들이 보기에는 피골이 상접한 모습인데도 자신을 뚱뚱하다고 지각하는, 거식증으로 고통받는 젊은 여성들처럼 말이다. 나는 내 몸이 강하다고 생각하지 않았던 기억이 없다. 나는 1950년대 중부 펜실베이니아주 시골 산악 지대의 작은 마을에서 자랐다. 헌팅던은 백인 노동자 계급이 대다수인 마을로, 미플린가에 있는 우리 집으로부터 두어 블록만 내려가면 워싱턴가에 오웬스 코닝 유리섬유 공장이 있었다. 미플린가 서쪽에서 고작 세 블록 반 떨어진 지점을 지나가는 펜실베이니아 철도의 주요 노선은 헌팅던을 관통한다. 시내에는 근사한 기차역이 있었지만 텅 빈 채 사용되지 않고 있었다. 요즘에는 동쪽으로 가는 여객 열차 딱 한 대와 서쪽으로 가는 열차 한 대만이 헌팅던에 정차한다. 아마 승차할 때 요금을 지불할 것이다. 소수의 흑인은 부동산의 해묵은 인종 분리 때문에 스톤 크릭과 루트 22 사이의 도시 외곽 지역에서 거주하고 있었다. 나는 백인들의 세계에서 살았다. 그럼에도 어린 시절 바로 근처에 살던 이웃들은 경제적으로 계급이 꽤 다양했으나 아이들끼리는 다 같이 놀았다. 오빠 제프와 나는 우리가 많은 특권을 누리고 있으며, 반박할 수는 없었지만 사실상 애매한 표현인 이른바 "혜택 받지 못한 사람들"을 배려하는 것이 우리의 책임이라 들으며 자랐다.

 동네에서 나는 항상 남자아이들과 놀았고, 오빠와 나는 온종일 난리법석을 떨었다. "톰보이"라는 존재에는 여러 혼란과 모욕이 딸려 왔지만, 사실 나는 여자아이들 놀이를 하는 자신을 상상할 수 없었다. 나는 남자아이들과 같이 놀 정도로 충분히 능숙하고, 충분히 강하고, 충분히 빨랐으니까. 어느 여름 아버지는 우리 남매에게 야구공 던지는 법을 가르쳤다. 온몸의 회전력이 투구에 실리도록 중심축을 잡아야 한다고 했다. 우리는 주립공원 안에 있는 야영지 옆 흙길에서 공을 주고받았는데, 제프가 힘껏 던진 공이 내 야구 글러브의 가죽끈을 강타했다. 내 차례가 되자 나도 직구를 던졌다. "이제 그만!" 아버지가 소리쳤다. 나는 절대 "여자아이처럼 던지지" 않았고, 많은 여자아이가 어디선가 배운 것처럼 몸에서 손을 멀리 떨어뜨리고 팔꿈치를 흔들며 뛴 적도 없었다.

    나는 나의 강인함과 신체 협응력을 자랑으로 여기며, 정열적으로 뛰어다녔다. 헌팅던은 계곡 아래의 들판과 긴 능선을 따라 올라가는 삼림에 둘러싸인 도시로, 외곽으로 조금 벗어나면 완연한 전원이었다. 주니아타강이 수천 년에 걸쳐 암벽을 깎아낸 결과, 철로와 강 위로 허공을 가르며 깎아 지르는 "절벽"이 만들어졌다. 어린 시절 어머니는 때때로 저녁에 고리버들 바구니에 도시락을 싼 후 우리를 차에 태웠다. 아버지가 테일러 하이랜드까지 우리를 태우고 가는 동안 언제나 경쟁하던 제프와 나는 "홀스엔고글"* 게임을 해서 누가 "길잡이"가 될지 정했고, 누가 앞서든 함께 평평한 절벽과 기가 막힌 풍경을 향해 걸었다. 절벽까지 가려면 까마득하게 멀리 이어진 높은 탑의 전선이 웅웅거리고 치직거리는 거대한 송전선 아래를 지나가야만 했다. 그 땅에는 산월계수, 그리고 드문드문 다른 풀과 얽혀 있는 블루베리와 블랙베리 같은 가시덤불과 관목이 잔뜩 쌓여 있었다. 관목지와 바위 위로 아지랑이가 피어올랐고 여름 냄새가 났다. 길잡이에게는 어떤 바위에 앉을지 고를 기회가 주어졌고, 어머니가 음식물을 차리는 동안 제프와 나는 멀리서 길고 긴 석탄차를 끌고 철로를 돌아 들어

---

  * 두 명 이상의 사람이 하나에서 다섯 개까지 손가락을 펴고, 편 손가락 숫자만큼 세어서 걸린 사람이 우승하는 게임이다.—옮긴이.

오는 화물 열차를 누가 먼저 "스파이"를 해서 발견하는지 경쟁했다. 부모가 가졌던 안전함에 대한 감각을 아슬아슬하게 건드릴 정도로. 결국 아버지는 밧줄로 고리 두 개를 둥글게 손에 감아쥐고 그 끝을 우리의 반바지 벨트 버클에 연결시켰다.

  좀 더 큰 후에 나는 절벽 구석구석을 기어 올라갔고 군대용 수통을 벨트에 매고 송전선을 타고 오르기도 했다. 어릴 때는 시내에서, 나이가 들고는 도시를 벗어나 전원 속에서 자전거를 타고 수 마일을 달렸다. 나는 나무를, 아주 많은 나무를 타고 올라갔다. 무릎을 걸고 거꾸로 매달려 있다가 높이, 더 높이 기어 올라갔다. 화창하고 선선한 어느 6월, 열 살인가 열한 살이었을까. 나는 대학의 과학센터가 내려다보이는 작은 숲 가장자리의 커다란 상록수를 타고 꽤 높이 올라갔다. 나무 몸통의 수액은 달고 진했으며 이 가지에서 저 가지로 움직일 때마다 내 손은 점점 더 끈적끈적해졌고 작은 가지에 티셔츠가 자꾸 걸렸다. 내 무게 때문에 나무가 휘어져 바람 속에서 휘청일 때까지, 할 수 있는 한 가장 높이 올라갔다. 쨍하게 푸른 하늘 아래에서 공중에 떠서 몸을 기울인 채, 나는 소나무숲 사이로 산들바람이 쏴쏴 지나가는 소리를 들으며 송진이 품은 무더운 여름 냄새를 들이마셨다. 십 대 시절, 나는 친구들과 몇 마일 떨어진 시외로 차를 몰고 가서 길가에 차를 세워두고 숲을 가로질러, 수영할 수 있는 작은 웅덩이가 있는 스톤크릭까지 걸어가곤 했다. 청바지와 작업복은 스니커즈와 부츠 옆에 쌓아 뒀다. 테일러 하이랜드보다 더 위로 올라가면, 길이 점점 좁아져 잡초가 우거진 자갈길이 나오는 곳에 오래된 급수탑이 숨어 있었다. 탑 주변에는 철사를 엮은 울타리가 둘러져 있었고 출입구에는 녹슨 자물쇠가 채워져 있었다. 나는 혼자 그곳에 가곤 했다. 꼭대기에 걸리지 않도록 애쓰며 울타리를 타고 넘어 반대편으로 내려왔다. 그 다음 상단이 날카롭게 수직으로 꺾이는 앙상한 금속 사다리 위에 서면, 탱크 주변을 둘러싸고 있는 비계발판의 작은 금속 격자 바로 아래의 마지막 구간을 거꾸로 오르는 것 같은 기분이 들었다. 그 위에서는 마을 전체가 내려다보였을 뿐 아니라 저 멀리 이어진 능선까지도 보였다. 폭풍이 다가오면서 바람이 거세지는 것도 느껴졌다. 나는 무단침입 중이었는데 그게 정말 좋았다.

어린 시절의 세계는 까마득히 먼 옛날이지만, 나의 기억은 생생하다. 분명히 어느 정도는 내가 어른이 되어서도 놀이에 대한 애정과 신체적 도전이 주는 쾌락을 간직했기 때문일 것이다. 나는 어떤 사람과도 기꺼이 팔씨름을 했는데 가끔 남자들을 이기는 게 정말 좋았다. 쉰 살이 되었을 때까지 나는 잘 다져진 근육에 대해 허영심이라고 할 정도로 자부심을 느꼈다. 내 근육은 자연스럽게 갖게 된 것으로, 일부는 아버지에게 물려받은 유전적 영향이며 나머지는 뒷마당에서 했던 깡통 차기부터 고등학교와 대학교 시절 스포츠 대표팀 생활에 이르는 그 모든 놀이 덕분이었다. 1970년대 중반 스와스모어에서 졸업한 이후, 나는 퇴근길에 달리기 시작했다. 처음에는 스니커즈를 신고, 그다음에는 나 같은 사람을 대상으로 갓 시장에 나왔던 런닝화를 신고 달렸다.

그리고 나는 언제나 자전거와 함께였다. 대학 졸업 후 첫해에 나는 직장까지 왕복 9마일을 자전거로 달렸고 덕분에 워싱턴 D.C.의 혼잡한 시간 속 교통체증을 피할 수 있었다. 프로비던스에서 대학원에 다니던 수년간에도 어디든 자전거를 타고 다녔다. 자넷이 바너드 여성연구센터 소장으로 일하기 시작한 2000년부터는 뉴욕시에 자주 갔다. 놀라울 것도 없지만, 나는 맨해튼을 돌아다니는 가장 빠른 방법이 자전거라는 사실을 알게 되었다. 96번가 역에서 급행을 타지 않는 이상 자전거가 지하철보다도 빨랐다. 밤에 6번 애비뉴까지 자전거를 타고 달리는 게 너무 좋았다. 센트럴파크 남쪽으로 밀려드는 택시의 노란 행렬 사이에서 내 자리를 지키는 것이, 승객을 기다리며 줄지어 서 있는 말과 마차를 지나쳐 콜럼버스 서클을 빙 둘러 방향을 틀고 마침내 센트럴파크 서쪽의 상대적인 고요로 들어가는 것이 좋았다.

 나는 항상 중고 자전거를 사왔지만, 마흔 살에 뼈끝이 뾰족하게 자라서 통증을 유발하는 뼈 돌기bone spurs 증상으로 인해 달리기를 그만둬야 하는 상황이 되자 어린 시절 이후 처음으로 새 자전거를 구입했다. 친구 존과 상의 후에 결정한 것이었다. 존은 당시 내 연인이었던 엘리자베스의 친한 친구로, 나는 대학원에서 존이 얼마나 훌륭한 놀이 친구인지 알게 되었다. 우리 셋은 종종 자전거를 타고 코네티컷의 아름다운 시골길을 달렸다. 존은 속도 내기에 최적화된 독일제 자전거를 탔다. 타이어 너비가 좁고 클리트가 박힌 자전거화를 클립인 페달에 고정시킬 수 있도록 설계된 자전거였다. 존은 내게 정말 좋은 로드 자전거를 사라고 결국 설득시켰고, 자신이 다니던 자전거 가게로 데려가 최첨단 고가 제품

중 저렴한 축에 속했던 아름다운 슈윈 자전거를 고르는 일을 도와줬다. 점원이 줄자를 들고 내 다리와 팔의 치수를 재는 동안 나는 진열된 자전거에 앉아 있었다. 새 자전거를 찾으러 갔을 때 나는 자전거의 탁월함에 눈이 부셨다. 실버 알루미늄 소재와 경량 때문에 그러했는데, 게다가 내 몸에 완벽하게 맞았다. 나는 그 자전거에 '실버 스트릭'이라는 이름을 붙여 주었다. 좁은 안장에 편히 앉을 수 있도록 패드가 제대로 붙은 사이클링용 반바지가 내 몸에 딱 붙어서 내 허벅지 근육과 햄스트링, 둔근을 과시할 수 있어 정말 좋았다.

현상학자들은 몸의 "감각 느낌felt sense"에 대해 이야기한다. 이것은 당신을 외부 세계로 이끄는 욕망에서 출현한 틀schema이자, 자아감을 만드는 투사와 내사로부터 나온 틀이다. 우리는 우리가 몸 **안**에 있는 것처럼, 마치 자아가 몸이라는 외부 안에 들어 있는 것처럼 말한다. 반대로 우리는 몸의 물질성이 몸을 둘러싼 자의식에 갇혀 있다고 이해한다. 몸의 경계는 사회적 세계와 만나는 외부인 동시에 내부인 "사회적 피부"이기도 하다.* 내부와 외부는 마치 뫼비우스띠의 한 면을 손가락으로 따라갈 때처럼 어느 사이에 서로 마주친다.

몸은 역사를 가지고 있는 동시에 역사 그 자체이다. 나는 계속 내 몸에서 살아간다. 어쨌든 내가 가질 수 있는 유일한 몸이다.

---

* See Sara Ahmed, *Queer Phenomenology: Orientation, Objects, Others*, Duke University Press, 2006(사라 아메드, 『퀴어 현상학: 지향성, 대상, 타자』) 참조.

지금도 강의를 할 때면 늘 그랬던 것처럼 논의를 전개하며 화려한 제스처를 사용한다. 이런 몸짓은 어떤 생각의 결과가 아니다. 이제 내 손은 사지마비 환자의 손이어서 손가락들이 언제나 헐거운 주먹 모양으로 구부러져 있다는 사실도 의식하지 않는다. 나는 펜 하나를 쥘 힘도 부족하다. 양손의 손등은 부상 부위 조금 아래쪽 척추의 신경과 이어져 있기에 약지와 새끼손가락을 움직이기 어렵다. 그 결과 두 손가락은 마디 즈음에서 구부러져서 쫙 펴는 것이 불가능하다. 오른손과 왼손 모두 엄지 쪽이 더 강하다. 엄지손가락을 통제하는 신경이 내 손 전체를 도는 모든 신경 중 가장 적게 손상되었기 때문이다. 나는 엄지손가락을 통해 세계를 예전처럼 완전히는 아니더라도, 충분히 느낄 수 있다. 강의하다가 노트를 떨어뜨리거나 책장을 넘기려고 손으로 더듬거리는 것만으로도 갑자기 나의 체화된 현실을 자각한다. 긴 세월 동안 내 손을 강하고 유능하게 경험해 왔던 것이 나의 정신과 몸에 특정한 궤적을 남겼다. 그래서 나는 말할 때 생각하지 않고 제스처를 취한다. 더는 사고 전과 같은 방식으로 움직이지도, 보지도 않는 몸으로 살아가면서.

이것은 무수하게 체화된 현실 중 그저 하나일 뿐이며, 이것은 그저 무수하게 체화된 현실 중 하나일 뿐인데, 이 현실은 또한 내 무의식의 삶에 상주하는 환상들이기도 하다. 당신이 무의식적으로 온종일 경험하는 공간 속 몸의 감각을 고유수용성 감각이라고 한다. 이는 수년에 걸친 체화된 삶에서 나오는 몸의 감각 느낌을 가리키는 의학 용어이다. 당신은 태어나는 순간부터 당신을 만지고 당신에게 말을 거는 모든 타자와 아주 친밀한 관계 속에 있다. 그들의 사역을 통해 당신은 자기 몸의 부위를 구분하고 각각의 차이를 구별하기 시작한다. 수없는 반복을 통해 당신은 몸 구석구석의 이름을 배운다. 어느 아기 돼지가 시장에 가고, 또 어느 아기 돼지가 꿀꿀꿀 울면서 집으로 가는지를 느끼는 동시에 알게 되는 것이다.* 한 번 자전거 타는 법을 배우고 나면, 그것에 대해 생각할 필요가 없다. 당신은 자전거에 맞춰 몸을 가다듬고 "근육 기억"을 사용해 균형을 유지한다. 운동선수들은 셀 수 없는 시간을 들여 자기 종목에 적절한 훈련법을 따라 연습을 반복하면서 생각하지 않고도 반응하도록 근육을 단련한다. 하지만 그 누구도 정확한 고유수용성 감각 없이는 이 세계에서 움직일 수 없다. 몸의 장기를 느끼는 것, 균형을 유지하는 것, 무언가를 집기 위해 몸을 뻗는 것, 의자 좌석까지의 거리를 감각하는 것, 이 모든 것이 고유수용성 감각이다.

    사고 후 초기에 나의 재활 전문 주치의인 시타라마 박사는 내 엄지발가락을 잡고 자기가 발가락을 위로 굽히는지 아래로 굽히는지 보지 않고 말해 보라고 했다. 시키는 대로 했다. 내가 정확히 느끼는 대로 답했다. 문제는 거의 대부분 틀렸다는 것이다. 그때도 그렇고 지금도 마찬가지지만, 내가 언제나 당연하게 여겼던

---

* 아이들의 발가락을 하나씩 가리키며 부르는 전래동요의 가사이다. "이 아기 돼지는 장보러 갔고요/ 이 아기 돼지는 집에 있어요/ 이 아기 돼지는 로스트 비프를 먹었고요/ 이 아기 돼지는 아무 것도 안 먹었대요 / 이 아기 돼지는 꿀꿀꿀 울며 집으로 갔어요".—옮긴이.

몸의 일부분에 의해 잘못된 정보를 얻을 수 있다는 사실이 너무 이상했다. 내 엄지발가락! 내 엄지발가락이 어떻게 나에게 잘못된 정보를 줄 수 있단 말인가? 시타라마 박사는 나의 고유수용성 감각을 테스트하는 중이었는데 나는 실패한 것이다. 이따금 자넷에게 같은 테스트를 부탁하지만 나는 언제나 실패한다. 내 몸의 "감각 느낌"을 믿을 수 없다면, 정신분석학에서 우리 모두에게 필수적이라고 말하는 "신체적 자아" 이론을 나는 어떻게 받아들여야 하는가? 신체적 자아는 내부적으로는 몸의 다양한 부분과 부위를 구분하는 과정을 통해, 외부적으로는 타자와의 관계를 통해 만들어지는 몸의 이미지이다.* 나의 "자아"는 어떻게 되는 것인가?

---

* See Gayle Salamon, *Assuming a Body: Transgender and Rhetorics of Materiality*, Columbia University Press, 2010(게일 샐러먼, 『몸을 추정하기: 트랜스젠더와 물질성의 수사학』) 참조.

7. 남성, 여성, 아니면 7월 4일

우리 개 베이브는 래브라도와 골든리트리버 믹스로 7월 4일*에 태어났다. 적어도 퍼레이드와 불꽃놀이가 우리 개의 상서로운 탄생을 기념한다고 주장할 수 있을 정도로 7월 4일과 가까운 날에 태어났다. 생일이면 개는 늘 밀크본 간식을 하나 더 받고, 인간들은 베스킨라빈스에서 초콜릿 퍼지 아이싱이 들어 있는 민트초코칩 아이스크림 케이크를 사다 먹곤 했다. 동네 베스킨라빈스가 문을 닫고 다른 아이스크림 프랜차이즈가 들어왔을 때였다. 우린 이제 어떡하지? 자넷은 주문 전화를 걸었다.

"저희는 퍼지 아이싱이 없어요."

"그럼 뭐가 있어요?"

"남성, 여성, 아니면 7월 4일이요."

"네? 아니……."

자넷은 말을 더듬었다.

* '7월 4일'은 미국의 독립기념일로 미 전역에서 축제와 행사로 기념한다.—옮긴이.

"그게 저희는 **퍼지**를 원하거든요. 그리고, 그리고…… 이게 **개**를 위한 거거든요. 저희가 개가 있는데, 오늘이 개 생일이어서요."

자넷은 애썼지만 결국에는 "뭐든지요"라고 말하며 대화를 마무리했다. 아이싱이 어땠는지는 기억이 안 나고 실망스럽게도 퍼지가 아니었던 것만 생각난다. 그 가게에서 다시 주문했는지도 기억나지 않는다. 하지만 나는 젠더의 규범적 권력과 부조리함을 가르치기 위해 "남성, 여성, 아니면 7월 4일"을 수없이 써먹었다. 선택지 중에 전적으로 자연화된 두 범주와 우스꽝스럽게도 부적절한 국경일이 껴 있다. 하지만 겉으로는 부적절한 7월 4일 덕에 터무니없이 단순하고 가혹할 정도로 이분법적인 젠더 개념이 국가를 포함한 권력에 의해 강제되고 있음을 상기할 수 있었다. 젠더는 마음의 상태이자 체화된 태도이며, 변덕스러운 권력, 쾌락, 미묘한 강압의 장으로 종종 우리의 생각과 몸의 정동을 훈육하기 위해 쓰인다. 규범적 젠더는 다른 사람의 개성에 시비를 거는 방식으로 자신의 개성을 강화하길 간절히 원하는 아이들이 휘두르는 무기가 되어 버렸다. 당신도 기억을 되짚어 보면 내 말이 사실임을 깨달을 것이다.

애석하고 분노스럽게도, 모든 출생증명서는 두 개—오직 두 개—의 성별만 제공한 후 단 하나만 신고 가능하다. 출생 후 모든 이들의 입에서 나오는 첫 질문은 성별이며 아기는 꽤 무자비하게 어느 한쪽의 몸으로 지정된다. 생물학자 앤 파우스토-스털링Ann Fausto-Sterling의 중요한 연구가 밝혔듯이, 간성間性 출생은 당신이 생각하는 것보다 훨씬 흔한 일임에도 말이다.* 선천적 생물학이 두 젠더의 상부구조를 위해 튼튼한 기반을 제공하지 않는다면, 사회적 세계도 마찬가지다. 부모, 교사, 형제자매, 동료, 의사, 목사, 심리학자, 그리고 법을 집행하는 자들 모두 아이에게 하나의 젠더나 다른 하나의 젠더에 몸을 거하라고 요청하지만 많은 아이가 이를 거부한다. 가끔은 상당한 희생을 감수하고서라도.

젠더를 구현하는 사람이 확신이 있고 결과에 만족을 느낀다면, 젠더는 체화된 쾌락을 제공할 수도 있다. 이제 당신의 젠더 감각 느낌에 맞춰 몸을 바꾸는 것이 가능하다. 나는 (대략) 여성스러운 여성으로 성별화되고 젠더화된 채 웨슬리언 대학교에 온 학생들이 낮아진 목소리로 수염을 기르고 트랜스 남성FTM으로 졸업한 것을 보았다. 그들의 몸은 가슴을 제거하는 탑수술과 테스토스테론T 주사로 바뀌었다. 출생 당시 몸마음이 여성으로 성별화된 이가 성인이 되어서도 여성스러운 모습으로 드러나야만 하는 법은 없다. 섹슈얼리티가 하나의 섹스나 젠더에 고정될 필요도 없다. "더 오래 젠더의 다양한 교차로와 삼각주 근처를 얼쩡댈수록, 그렇게 쉽고 명확한 것은 아무것도 없음을 알게 된다." 1인칭으로 글을 쓰는 작가로서 퀴어-트랜스 커뮤니티에서 잘 알려질 정도로 오래 얼쩡댄 트랜스 남성 S.베어 버그만S. Bear Bergman이 쓴 글이다.** 오늘날 자신의 공적 젠더를 바꾼 젊은이들은 받아들여지기

---

* Ann Fausto-Sterling, *Sexing the Body: Gender Politics and the Construction of Sexuality*, Basic Books, 2000(앤 파우스토-스털링,『몸을 성별화하기: 젠더 정치학과 섹슈얼리티의 구성』).

도 하고, 심지어 축하받을 때도 있지만—한 명 이상의 트랜스젠더 소녀가 홈커밍 퀸으로 뽑혔다—, 트랜스젠더 십 대는 학교에서 살해당하기도 한다. 호리호리하고 여자 같은 열다섯 살 소년 래리(라티샤) 킹은 "호모 새끼"라며 끈질기게 괴롭힘을 당하다가, 라티샤의 여성스러운 자세, 시시덕거리는 태도, 화장, 굽 높은 부츠에 기분이 상한 고등학교 동급생이 쏜 총에 머리를 맞고 살해당했다.*** 자신의 것이라 인정하지 않는 젠더에 속박되거나 혼란스러운 상태인 아이들은 이분법적인 섹스와 젠더를 자연화하고 결부하는 세계에서 잔인하게 고통받을 수 있다. 당신이 청년기까지 살아남으면, 당신은 젠더가 가진 힘의 장을 당신 자신의 기쁨과 목적을 위해 이용할 수 있을지도 모른다. 하지만 그 문은 좁고 길은 협착하니.

 나는 대학교에 들어간 이후로 나의 젠더에 대해 많은 생각을 하지 않았다. 그 대신 나의 섹슈얼리티에 훨씬 많은 시간을 들였다. 나는 보통 플란넬 셔츠와 청바지를 입고 스니커즈와 부츠를 신었다. 내가 1972년에 만났던 게이 레즈비언 운동의 초기 레즈비언 활동가들은 그들이 부치butch나 펨femme으로 정체화할 필요에서 해방된 채 바에 갈 수 있다는 데 안도감을 표명했다. 이러한

** S. Bear Bergman, *The Nearest Exit May Be Behind You*, Arsenal Pulp Press, 2009, p. 20(S.베어 버그만, 『가장 가까운 출구는 당신의 뒤에 있을지도』).
*** See Gayle Salamon, *The Life and Death of Latisha King: A Phenomenology*, NYU Press, forthcoming(게일 샐러먼, 『라티샤 킹의 삶과 죽음: 현상학』) 참조.

젠더화된 섹슈얼리티는 나나 내 친구들에게 과거의 유산처럼 보였기 때문에, 우리는 그걸 장난스럽게 다룰 뿐 진지하게 받아들이지는 않았다. 대학교 4학년 봄에 나는 야드 세일yard sale*에서 검은 턱시도 재킷 하나를 산 후 갓 세탁을 마친 흰색 페인터 팬츠 위에 입고 큰 파티에 놀러 간 적이 있다. 나는 상의에 꽂으려고 총장 장미 정원the president's rose garden에서 하얀 장미 한 송이를 집어 들고는 꽤 늠름한 태도로 친구들에게 합류했다.

 이런 종류의 "소프트 부치" 스타일은 진지하게 받아들여지지 않았다. 우리는 어디서든, 누구든, 남성적/여성적인 것을 주장하는 일은 가부장적인 막다른 길이라 생각하는 레즈비언 페미니스트들이었기 때문이다. 부치/펨은 우리가 중요하게 지켜야 하는 것이라고 통감하기보다 장난치며 노는 무언가에 가까웠다. 레즈비어니즘이 모든 여성을 해방하려 애쓰는 페미니즘에 필수적이더라도, 내게 레즈비언 섹슈얼리티는 남성성이나 여성성과는 아무런 관계가 없어 보였다. 섹스는 그저 섹시했다. 명백하게 여성적이거나 남성적인 스타일에 헌신한다는 것은 내 생각에 시대에 뒤떨어지고 무의미한 일이었다. 그 이후 많은 글을 읽고 많은 이야기를 나누며 나는 욕망의 복잡성, 그리고 인종과 계급에 따른 특유의 스타일화에 무신경했던 입장을 후회했다. 하지만 나의 젊은 시절의 이해는 그러했다. 몇 년 전 앰버 홀리보Amber Hollibaugh의 『내 위험한 욕망My Dangerous Desires』을 읽었을 때 나

---

* 주택 마당에 중고 물품을 늘어놓고 파는 것.―옮긴이.

는 우리가 1970년대에 만났더라면 나 역시 그녀와 그녀의 연인을 깎아내렸을 것임을 깨달았다. 크고, 아름답고, 헌신적인 펨인 앰버가 누가 봐도 부치인 연인과 함께 모임에 나타났을 때, 둘은 한물간 유물 취급을 받았다. 앰버는 초창기부터 참여했던 성해방 운동으로부터 배척당했다. 앰버, 나의 사과를 받아주세요.

◊

1950년대와 1960년대에 부치/펨 젠더가 정교해진 장소는 노동계급의 술집bar이었다. 어린 부치가 뉴욕 버팔로의 술집과 공장에서 어떻게 성년이 되었는지를 이야기하는 자전적 성장소설『스톤 부치 블루스Stone Butch Blues』는 그 생생한 감각을 담아낸다. 그때의 풍경에 대한 또 다른 접근이 궁금하다면 노동계급 레즈비언의 구술사가 담긴『가죽 부츠와 금 슬리퍼Boots of Leather, Slippers of Gold』가 있다. "내부자의 시선으로 부치-펨 문화를 이해하기"에 헌정하는 서문이 유명하다(두 권 모두 최근에 재발간되었다는 것은 젠더가 어떻게 양식화되는지에 대한 관심이 지속 중임을 보여 준다.)*대학원 시절 내 연인은 나보다 나이가 많았고 뉴저지의 부유함에 둘러싸인 중하층 계급이 주로 거주하는 지역에서 자랐다. 그녀는

* Leslie Feinberg, *Stone Butch Blues: A Novel*, Alyson Books, 1993/2003; Elizabeth Lapovsky Kennedy and Madeline D. Davis, *Boots of Leather, Slippers of Gold: The History of a Lesbian Community*(twentieth anniversary edition, 1993), Routledge, 2014(레슬리 파인버그,『스톤 부치 블루스: 소설』/ 엘리자베스 래포브스키 케네디, 매들린 D. 데이비스,『가죽 부츠와 금 슬리퍼: 레즈비언 공동체의 역사』).

술집 문화와 어떤 식으로도 관련되지 않기를 원했다. 대학원에 다닐 때 엘리자베스와 나는 프로비던스의 북쪽에 붙어 있는 황폐한 노동계급 마을인 포투켓에 자리한 술집에 간 적이 있다. 술집은 거의 텅 빈 채로 여자 몇 명이 당구를 치고 있을 뿐이었다. 그들은 대부분 몸집이 컸고 모두 짧은 머리에 셔츠와 바지 차림이었다. 엘리자베스에게는 그 모습이 슬프고 생기 없는 광경처럼 보였지만, 나는 밀러 하이 라이프를 마시고 내 도서관 캐럴과는 아득히 먼 공간에서 시간을 보내며 잘 노는 모습이 연상되었다. 나는 밀러를, 엘리자베스는 형편없는 와인 한 잔을 마셨다. 우리는 다시는 그곳에 가지 않았다.

엘리자베스가 가졌던 반감은, 내 생각에 하층 계급적인 삶의 양식화와 동일시되는 것에 대한 거부감과 단단하게 연결되어 있었다. 재능 있는 재봉사였던 엘리자베스의 어머니는 딸과 공모해 조금의 비틀거림과 헛발질도 없이, 엘리자베스를 여자아이로 변신시켰다. 개를 풀어 사냥 다니는 윈디 할로우 사냥 클럽에 소속된 남자아이와 데이트할 수 있는 그런 여자아이로. 그는 그녀를 여우 사냥꾼들의 연례 무도회에 초대했고 아름답고 세련된 데이트 상대와 팔짱을 끼고 돌아다니는 기쁨을 누렸다. 엘리자베스는 그가 잘생겼지만 벽돌처럼 멍청했다고 말했다. 대학교 1학년 때 엘리자베스가 뉴욕시에서 온 유대인 여자아이와 사랑에 빠졌을 때부터 사정은 나아지기 시작했다. 여자친구는 엘리자베스처럼 노력파였지만 뉴저지 교외 지역과는 판이하게 다른 세계에서 온 사람이었다. 그 여자친구가 뭘 공부했는지는 모르지만, 엘리자베스는 파리의 우아함과 지적 세련을 갈망하는 프랑스어 전공자였다. 1962년 졸업 후, 그들은 빛의 도시로 떠났다.

엘리자베스는 계속해서 파리로 돌아갔다. 처음에는 가장 실험적인 프랑스 실험소설을 공부하는 대학원생으로, 그다음에는 프랑스어와 문학을 가르치는 교수로. 그 시절에 대해 내게 이야기할 때, 엘리자베스는 뷔 콜롬비에 21가에 있는 카트만두라는 나이트클럽이 아주 근사했다고 말했다. 그리고 1990년 함께 파리에 갔을 때 우리는 카트만두가 아직도 영업 중이기를 바랐으나 아쉽게도 아니었다. 구글에서 카트만두를 검색했을 때 그 역사를 기억하는 인터넷 사이트를 발견했다.* 그곳은 "레즈비언이든 아니든 상관없이, 상대적으로 부유한 여성과 유명인들이 후원하는 세련된 공간이었다. 그 결과 사회적으로 상당히 배타적인 공간이었으며", 매력적인 타락의 조짐을 보였다. 카트만두의 광고가 날카롭게 단언하듯이, "여자들은 젊고, 모던하며, 미니스커트[를 입었다]. 다른 클럽처럼 고리타분한 남자 복장[이 아니라]."

◊

1990년대가 저무는 와중에 자넷과 내가 젠더를 다시 꺼내 들기 시작했을 때, 나는 또다시 "남성성"을 가지고 놀았던 반면 자넷은 자기 자신과 나의 즐거움을 위해, 근사한 "여성성"을 공들

---

* "Katmandou," *Lost Womyn's Space*, http://lostwomynsspace.blogspot.com/2011/07/katmandou.html, accessed May 31, 2015.

여 만들어 냈다. 그 시절 레즈비언 젠더들은 종종 "포스트모던"하다고 알려진 부치/펨 양식을 반복했다. 〈록키 호러 픽처 쇼Rocky Horror Picture Show〉가 브로드웨이에서 재상영되고 타임워프 춤("오, 환상은 나를 자유롭게 해……")을 추던 시기였다.* 우리는 분명, 우리에게 기쁨을 주는 옷을 입었지만, 레즈비언임을 바로 알아볼 수 있게끔 입기도 했다. 이런 방면으로는 부치-펨 커플로 있을 때를 제외하면 언제나 이성애자로 읽히는 펨 레즈비언보다 부치가 더 쉬웠다. 뉴욕시에서 열리는 문화 행사에 참석할 때마다 우리가 말했던 것처럼, "뉴욕에 가는" 날이면 우리는 한껏 차려입었다. 로큰롤 밴드인 베티Betty의 강성 페미니스트/퀴어 뮤지컬 공연을 보러 가던 날에도 마찬가지였다. 그날 아파트를 나서던 순간을 생생하게 기억한다. 로비의 거대한 거울이 우리의 행복과 고급스런 스타일을 비추고 있었기 때문이다. 나는 프렌치 커프스가 달린 하얀 실크 셔츠, 금과 은으로 된 커프스 단추(무려 티파니에서 산 자넷의 선물!), 검은 벨벳 자켓, 붉은 가죽 부츠컷 바지를 입고 검은 카우보이 부츠를 신었다. 자넷은 하얀색 시스루 긴팔 셔츠, 성모 마리아 이미지가 박힌 소매 없는 셔츠, 짧은 회색 치마를 입고 10센티가 넘는 굽이 달린 눈부신 빨강 펌프스 구두를 신었다. 첫 공연으로 향하는 길에 우리는 저녁 빛을 받으며 함께 걸었고 번잡한 인도에서 남자 노숙자 하나를 지나쳤다. 우리는 잔돈을 그의 컵에

* "Rocky Horror Picture Show Lyrics," *Metrolyrics*, http://www.metrolyrics.com/the-time-warp-lyrics-rocky-horror-picture-show.html, accessed October 7, 2014.

떨어뜨렸고 우리가 멀어지자 그는 고래고래 소리를 질렀다. "**둘 다 레즈비언이네!**" 그 짧은 문장은 어느새 옷을 빼입고 외출하는 기쁨에 대한 약칭이 되었다.

　추운 날씨에는 벨벳 자켓 대신 버터처럼 부드러운, 종아리까지 오는 검은 가죽 코트를 입고 하얀색 실크 스카프를 둘렀다. 코트의 아름다운 새틴 안감은 겨울철 보온에는 아무런 도움이 되지 않았다. 지하철에서 내려 허드슨강의 세차게 불어오는 바람을 맞으며 미트패킹 지구의 지옥이라는 이름의 술집으로 걸어가던 1월의 어느 날 밤에 자각하게 된 사실이었지만, 알 게 뭐야? 자넷은 뷔스티에, 하르르한 블라우스, 가죽, 벨벳, 실크 치마, 바니스에서 산 앞코에 실버 장식이 들어간 갈색 니하이 부츠와 너무 우아해서 우리 침실에 오래도록 전시했던 빨강 펌프스 구두 같은 하이힐을 비롯한 매력적인 물건들을 잔뜩 가지고 있었다. 2003년 우리는 자넷의 생일을 기념하며 현충일 주말에 프로빈스타운에 갔다. 옷을 갖춰 입고 기념 식사를 하러 레스토랑에 가던 길, 거리에서 멀찍이 떨어진 현관에 앉아 있던 한 남자가 소리를 질렀다. "섹시한 것들!" 누가 아니라고 할까? 우리는 둘 다 우리가 성적인 파트너임을, 그리고 "섹스 포지티브"라는 말에 어울리는 퀴어임을 분명히 보여 주는 것을 아주 즐겼다.

　마지막으로 그렇게 쫙 빼입었던 것은 내 기억에 2003년 가을 학기가 막 시작하고 헨리가 열었던 칵테일 파티에 갔을 때였다. 아마도 목이 부러지기 3주 전에. 그때 자넷과 나는 미들타운과 뉴욕시에 서로 떨어져 지내고 있었다. 검은색 가죽 바지를 입는 일은 특정한 마음 상태를 요구하기 때문에 자넷의 부재 속에서 나는 어떻게 입고 파티에 갈지 진지하게 고민 중이었다. 결국 퀴어 연구 분야의 창시자 중 한 명이 주최하는 행사에는 가죽 바지를 입어 줄 필요가 있겠다고 생각해 상의에는 그에 어울리는 딱 붙는 매끄러운 하얀색 민소매를 골랐다. 덕분에 가슴뿐 아니라 이두박근, 삼두박근, 삼각근에 흉근까지 성공적으로 과시할 수 있었다. 은귀걸이, 은팔찌, 은반지. 펜디 향수. 나는 여자들, **그리고** 남자들과 시시덕거리며 장난을 쳤다. 멋진 의상이었고 그 자리에 딱 맞는 젠더였다.

◊

이제 나는 젠더가 없다. 대신 내게는 휠체어가 있다. 나는 휠체어의 게슈탈트에 완전히 흡수되었다. 이제 과거 그 어느 때보다도 자주, 거의 매번 외출할 때마다 나는 남자로 오인된다. 놀라운 일은 아니다. 척수 손상 환자의 82%가 젊은 남성이며 부치스러운 중년 여성은 통계적으로 무시해도 될 만하다고 여겨진다는 것을 아니까. 게다가 휠체어를 타고 밖에 나갈 때면 벨트를 한다. 10년 째 8센티미터 정도 되는 벨트를 가슴팍에 두른 뒤 벨크로 접착포로 고정한다. 벨트의 양 끝을 잡고 상체를 휠체어 등받이에 대고 밀착한 후 가슴에서 제일 높은 부분에 맞춰 벨트를 단단히 매지만, 벨트는 여전히 가슴을 납작하게 만든다. 얼마나 엄청난 아이러니이자 심술궂은 부상인지 모른다. 왜냐하면 나는 다른 부치 여성들과 다르게 단 한 번도 가슴을 붕대로 감아본 적이 없기 때문이다. 그 반대로 나는 자넷이 곧잘 언급하듯, 셔츠 맨 위 단추를 풀기 좋아했고 지퍼는 거의 가슴골까지 내리곤 했다. 나는 나의 크고 멋진 가슴을 좋아한다. 지금은 내 휠체어의 등받이가 더 높아졌고 내 상체를 지탱해 줄 네오프렌 조끼가 있다. 어깨 아래로 내려오는 끈으로 어깨를 똑바로 펴도록 받쳐주고, 흉곽 바로 아래에 붙은 끈은 휠체어 측면에 고정한다. 중간에는 지퍼가 있다. 이 조끼로는 가슴이 그렇게 뭉개지지 않으며, 옷 컬렉션으로서는 별 도움이 안 되지만 내 자세에는 도움이 되는 이 조끼를 나는 종일 입고 지낸다. 자넷과 나는 그 조끼가 "올리고 분리하는" 매이든폼 브래지어의 옛날 광고를 떠올리게 한다고 농담한다. 이 경우에 "올려주는" 효과는 없고 유니섹스식의 평평하게 하기와 그저 그렇게 분리하기가 있을 뿐이지만 말이다. 나는 내 가슴을 사랑하고, 가슴을 과시하는 걸 아주 좋아했지만, 지금 나를 보는 당신이 그걸 알 방법은 없다.

나는 똑바로 앉는 것이 사실상 불가능하다. 이 단순한 사실을 이해하는 데 꼬박 2년이 걸렸지만 말이다. 내 몸은 누우면 충분히 평평하지만, 앉으면 척추가 C자 모양이 된다. 내 "코어" 근육—당신이 필라테스에서 그렇게 열심히 만드는 그 근육들—, 즉 배와 등 주변에서 상체를 지탱하는 근육 중에서 기능하는 것은 하나도 없다고 보면 된다. "의자 좌석을 앞에서 뒤로 긁어요." 긍정 전도사인 나의 물리치료사 다니엘이 말했다. 우리는 특수치료 전문병원에서 내가 쓰던 휠체어에 대해 이야기하는 중이었다. "보세요. 이 휠체어는 조절 가능하도록 만들어져 있어요. 바로 여기

구멍 뚫린 걸 사용해서요. 앞부분을 들어 올리면 꼬리뼈 위로 몸이 쏠리게 되어 있어요. 중력을 이용하는 거죠." 내 휠체어가 생겼을 때, 나는 다니엘이 말한 대로 했다. 그래서 휠체어에서 나는 언제나 약간 뒤로 기울어져 앉아 있다. 흉골 아래 근육들이 거의 기능하는 힘이 없다고 상상하며 당신의 몸에서 한번 확인해 보면 알 수 있다. 지지해 주는 게 없다면 당신도 나처럼 풀썩 무너질 것이다. 엎친 데 덮친 격으로 목 수술로 머리가 약간 앞쪽으로 밀렸기 때문에 마치 비둘기가 걸어 다닐 때처럼 등의 C 곡선은 더욱 두드러진다. 내가 휠체어에 푹 가라앉듯 앉아 있으면, 당신에게는 휠체어만 보인다. 그것이 바로 나의 독특한 윤곽이다.

나는 젠더가 없을지 모르지만, 휠체어는 젠더가 있다. 휠체어는 남성이다. 물론 대부분의 경우 나를 여성으로 보는 데 도움이 될 만한 일을 내가 딱히 하지 않는 것도 사실이다. 나는 온통 검은색인 옷만 입는다. 검은색 바지나 어두운색 청바지, 검은색 셔츠, 검은색 스웨터. 휠체어도 검은색이고 조끼도 검은색인데다가 나는 할 수 있는 한 내 몸을 사라지게 하려고 애쓴다. 일하러 갈 때는 다채로운 스카프를 매고 귀걸이를 착용한다. 하지만 그게 다이다. 어쩌면 나는 영구적으로 애도 중인지도 모르겠다. 누군가 나를 남자로 언급하거나 아저씨라고 부른 다음, 그 실수를 깨달으면 그들은 지나치게 사과한다. 마치 내가 극심한 모욕이라도 당한 것처럼. 지난번에 식품점에서 재고를 채워 넣던 남자, 내 앞에 섰던 손님, 엘리베이터에서 만난 남자아이, 커피숍의 바리스타, 내가 투표하러 갔을 때 만난 투표장의 직원 모두에게 나는 말한다. "괜찮아요. 상관없습니다." 인도에 서서 이야기하던 여자가 친구에게 말한다. "저 남자분 지나가시게 비켜드리자." 그러고는 허둥거리며, "아, 정말 죄송해요. 못 알아 봤어요. 제가 못 봐서, 몰라서요……." "걱정 마세요. 괜찮아요." 나는 지나가며 말한다.

그렇다. 내가 내 젠더에 대해 정말 신경을 쓰지 않는다는 사실이 내가 내 몸을 얼마나 생경하게 여기는지, 내 삶을 얼마나 생경하게 느끼는지에 대해 아마 당신이 알아야 할 모든 것을 말해 주고 있으리라.

8. 시간은 나를 푸르른 채 죽어가도록 두었다

　　내가 자전거 타는 법을 배운 건 부모님, 오빠와 함께 내 인생의 첫 6년을 보냈던 '선교의 집'에 살았을 때였다. 벽돌로 된 2층 건물에 있던 네 채의 아파트 중 하나였던 그 집은 선교지에서 휴가 나온 선교사들의 쉼터가 아닌 교직원 주택으로 사용될 때도 이전의 이름을 유지했다. 지금은 학생들이 험하게 사용 중이지만 여전히 그 이름을 간직하고 있다. 주니아타 컬리지는 형제의 교회가 설립했으며 현재에도 그 전통 중 일부를 갖고 있다. 물론 학생도, 그곳에서 일하는 교수진도 교회 기관으로서의 역사는 거의 알지 못할 테지만 말이다. 아버지는 역사학과 교수였고 어머니는 오빠를 낳기 전에 가정 경제학 교수로 재직했었다. 그 당시 일어났던 상당히 충격적인 자전거 사고들을 기억한다. 예를 들면, 한 번은 선교의 집 옆의 짧은 옹벽을 타고 달리다가 인도에 들이박았다. 또 한 번은 테일러 하이랜드에서 아래쪽 무어가와의 교차로로 향하는 언덕에서 "손을 놓고" 내려오다가 자전거를 제어할 수 없게 되었을 때도 사고가 났었다. 노면에 미끄러지며 꽤 심각한 피투성이 찰과상을 입기도 했다. 자전거 라이더들이 "길의 발진"이라고 부르는 부상이었다. 어른 한 명이 나타났다. 그는 내가 사는 곳을 묻고는 자기 픽업트럭 앞자리에 나를 들어서 앉힌 후 내 자전거를 뒤에 실었다. 나는 방패 위에 실려 집으로 돌아오는 스파르타인들을 생각했다. 내가 열여섯 살 때, 부모님은 10단 변속의 반질거리는 녹색의 슈윈 바서티를 사주셨다. 강철 프레임으로 제작된 자전거는 탱크였다. 그래도 내가 그걸 타고 돌아다닌 곳은 중부 펜실베이니아의 언덕이 많은 시골길이었다. 어느 여름날, 나는 페테스부르크 파이크를 달리고 있었다. 26번 도로와의 교차로 방향으로 가파르게 떨어지는 길을 빠르게 내려오고 있을 때, 벌 한 마리가 나의 푸른 작업 셔츠 속으로 날아 들어와 정확히 나의 **젖꼭지**를 쏘았다. 내가 정지신호에서 어떻게든 멈추고 집까지 무사히 페달을 밟았다는 것은 나의 자전거 다루는 기술이 얼마나 노련한지 말해 준다고 본다. 그 이후 내가 소유했던 모든 자전거에 대한 시시콜콜한 이야기들과 내가 피했던 사고들에 대해서도 늘어놓을 수 있다. 하지만 지금 중요한 자전거는 마흔 살이 되던 해 스스로 선물한 가볍고 밝은, 내 인생의 두 번째 슈윈 자전거뿐이다.

   한 장소에서 다른 곳으로 이동하는 수단으로 자전거를 이용해 왔기 때문에, 나는 책이나 장바구니를 자전거 뒤 짐받이에 묶고 달리는 데 익숙했다. 내가 만일 존을 만나지 않았더라면 분명히 자전거 타기를 스포츠로 진지하게 받아들이지 않았을 것이다. 내가 존을 알게 된 건 그가 엘리자베스의 가장 친한 친구였기 때문이었다. 둘은 대학원을 함께 다녔고 얼마간 연인이었다. 엘리자베스는 프로비던스에 살았고 그는 뉴런던 외곽의 작은 마을에 살았다. 그들은 정기적으로 서로를 방문했고 거의 매일 전화로 이야기를 나눴다. 엘리자베스와 내가 함께 시간을 보내면서 우리는 존과도 같이 만났고 어느 정도 시골스러운 코네티컷의 그의 집에 종종 놀러 가곤 했다. 낮에는 같이 놀다가 저녁 식사까지 함께하는 식이었다. 가끔 우리는 그저 그의 정원을 거닐며 껍질콩과 해바라기, 존이 만든 퇴비 더미에서 절로 자라난 풍성한 호박들을 감탄하며 바라보았다. 우리 셋은 자주 코네티컷의 시골길을 자전거로 달렸다. 그의 집에서부터 10, 20, 40마일 떨어진 곳을 뱅뱅 돌다가 돌아오곤 했다. 어떤 경로를 택하든, 출발한 방향에 따라 달랐지만 첫 구간은 항상 어느 정도 가파른 내리막이었다. 나는, 당연히, 가파른 경사를 좋아했다. "드롭을 잡고"(핸들바 커브 아래쪽의 가장 낮은 부분을 손으로 잡는다) 내려가며 페달을 힘껏 밟곤 했다. 어느새 가장 큰 기어는 소용없어지고, 나는 가장 공기역학적인 자세로 몸을 밀어 넣은 채 속도계에서 눈을 떼지 않으며 밀려 들어오는 도로를 본다. 일단 시속 40마일을 넘기는 순간 나는 언제나 더 빨리, 더 빨리 달리길 바랐다. 고단 기어가 달린 자전거를 타던 존은 언제나 앞서 달렸고, 나는 언제나 그를 뒤쫓았다.

  존은 1960년대 초 대학생 시절부터 자전거를 탔다. 존의 어머니 메리가 내게 준 신문 스크랩에는 인디애나 대학교 장학기금 모금을 위해 매년 사교클럽에서 주최하는 자전거 경주인 '리틀 500'에 참가하는 그의 모습이 실려 있었다. 골든 글로브와 오스카를 동시 수상한 사랑스러운 작은 영화 <브레이킹 어웨이Breaking Away>(1979)는 리틀500 대회에 잠시지만 전국적인 명성을 안겼으며, 그렉 르몬드의 투르 드 프랑스 우승과 더불어 자전거 경주는 미국에서 큰 인기를 얻었다. 그렇지만 1980년대까지도 주문 제작한 프레임, 얇은 타이어, 클립인 페달, 좁은 경주용 안장 아래에 달린 조그만 가방, 그 안에 보관하는 펑크 난 타이어를 위한 수리용 키트를 갖춘 자전거를 타는 다 큰 어른을 보는 것은 드문 일이었다. 뿐만 아니라 그는 검은색 라이크라 사이클링 반바지와 뒷주머니에 바나나를 보관할 수 있는 선홍색 사이클링 셔츠를 입었다. 존은 (엘리자베스와 내가 타던 자전거에 달려 있던 구식 토클립이 아닌) 페달에 장착하는 클리트가 달린 자전거용 신발을 신었기 때문에, 그는 자전거를 밀며 구불구불한 흙길을 지나 도로까지 걸어가야만 했다. 그곳에 앉아 신발을 갈아 신고 자기 샌들은 우편함에 숨겨야 했던 것이다. 그는 수수한 사람이었기 때문에, 우리는 그 작은 의식을 두고 놀렸다. 엘리자베스는 그가 몸에 딱 달라붙는 바지를 입고 밖에 돌아다닌다고 놀리곤 했다. 하지만 그리 오래지 않아 우리 셋 모두 자전거를 타러 나갈 때는 앉는 부분에 패드가 들어간, 몸에 딱 붙는 바지를 입게 되었다. 자전거를 탈 때 그것이 훨씬 더 편했기 때문이다. 제대로 맞춤 제작한 가볍고 고급스러운 도로 주행용 자전거로 업그레이드하고 그에 필수적인 클립인 사이클링 신발을 구입하기까지는 훨씬 오랜 시간이 걸렸다. 존은 끈질기게 나를 설득했다. 정말 좋을 거라고, 알게 될 거라고, 그리고 자신의 단골 가게에 나를 데려가 처음으로 나 자신에게 선물하는 새 자전거를 고르도록 도와주었다.

존은 180센티미터가 넘는 키에 상당히 잘생긴, 친절하고 너

그렇고 잘 웃고 활기가 넘치는 남자였다. 존은 정말로 강했다. 나는 존을 형제처럼 사랑했다. 그의 옆에서 장난을 치고 매번 질 것을 잘 알면서도 그와 경쟁했다. 내가 그에게서 배운 것은 자전거를 탈 때는 언제나 누군가를 쫓거나 쫓긴다는 사실이었다. 한마디로 앞선 라이더와 자신과의 간격을 줄이려고 애쓰거나, 자신을 둘러싸고 있는 무리 앞으로 튀어나와 마치 가상의 경쟁자들과 달리는 가상의 경주 속에서 좁힐 수 없는 거리를 만드는 것처럼 말이다(동네 야구를 할 때 베이스에 가상의 주자를 상정하고 경기하는 것을 기억해라). 엘리자베스와 내가 존과 함께 자전거를 타던 시절에는 언론이나 텔레비전에서 사이클링에 대해 보도하는 일이 드물거나 거의 없었고, 자전거 타기의 전술이나 전략에 대한 주류 언론의 논의 역시 당연히 전무했다. 존은 잡지 『자전거타기Bicycling』를 구독했고 나는 그 잡지를 종종 대충 훑어보는 게 전부였지만, 올바른 사이클링 자세에 대해 조금이나마 알던 것은 다 존이 내게 가르쳐 준 것이며 자전거 경주에 대해 아는 것은 모두 존에게서 배운 것이다.

예컨대, 페이스라인paceline으로 달리는 것 말이다. 자전거 경주는 라이더들이 단체로 모여 팀으로 이루어지는 특징이 있는데, 이런 팀을 펠로톤peloton이라고 부른다. 단체 라이딩의 이점은 바람을 막으며 맨 앞에서 달리는 것보다 그 뒤를 따르는 라이더들이 훨씬 더 적은 힘(40퍼센트까지)을 소모한다는 점이다.* 여러 펠

---

* "Drafting," *Exploratorium's Science of Cycling*, http://www.exploratorium.edu/

로톤은 각 팀의 가장 강한 라이더의 위치에 따라 전략적으로 다른 시점에 앞자리로 이동한다. 다시 말해 대규모 그룹은 그 어떤 개인보다 빠르게 달릴 수 있다는 뜻이다. 무리로부터 떨어져 나온 소수의 라이더들은 페이스라인을 형성함으로써 서로 협력하며 달려야만 한다. 그렇지 않으면 수적이나 공기역학적으로 유리한 펠로톤이 그들을 추격해 따라잡을 것이다. 존과 함께 외출한 날이었다. 우리는 언덕을 내려가 비교적 잔잔한 미스틱강에 다가가고 있었다. 항구 방향으로 흐르는 미스틱강을 따라 3~4마일 정도를 달렸다. "우리가 얼마나 빨리 달릴 수 있는지 볼까." 존은 들뜬 목소리로 제안했다. "내 뒷바퀴에 가능한 한 바짝 붙어서 따라와. 몇 분 지나 내가 지치면 왼쪽으로 붙어서 뒤로 천천히 빠질 테니까 그때 너가 앞으로 가는 거야." 나는 최대한 몸을 낮출 수 있도록 머리를 숙이고 브레이크 후드에 손을 얹어 그의 자전거와 부딪혀 균형을 잃지 않도록 조심하면서 최대한 그의 뒷바퀴 가까이에 붙어 달렸다. 존이 옆으로 움직여 내 뒤로 빠졌을 때 나는 갑자기 바람을 정면으로 맞으며 앞서 달리게 됐다. 그건 훨씬 더 힘들었다. 존의 보호를 받는 동안 나는 롱아일랜드 해협으로부터 불어오는 만만치 않은 맞바람의 존재를 알아차리지 못했던 것이다. 케이던스를 높게 유지하며 그가 정착시킨 속도에서 너무 내려가지 않도록 애썼지만 얼마 지나지 않아 나는 그에게 앞으로 오라고 손

cycling/aerodynamics2.html, accessed March 1, 2013(「드래프팅」, 『체험전시관의 사이클링 과학』).

짓하고 뒤로 빠져야 했다. 그때 나는 그가 얼마나 강한 라이더인지 깨달았다. 그의 뒷바퀴에 바짝 붙어 낮은 자세를 유지하려 최선을 다했지만 케이던스를 안정적으로 유지하기 위해 낮은 기어로 변속하지 않을 수 없었고 곧 그의 뒷바퀴로부터 몇 인치가 아니라 몇 피트, 그 후에는 몇 야드인지도 모르게 멀어져 버리고 말았다…… "헤이, 존." 나는 소리를 질렀다. "같이 가, 같이. 같이 가자고!" 그때 나는 앞선 라이더가 100퍼센트의 힘을 쓴다면 뒤따르는 라이더는 75~80퍼센트의 힘만 들이면 된다는 것을 알게 되었다. 나는 첫 번째 "끌기" 이후 진이 다 빠졌고 존은 다시 앞서 달리게 되자 쉽게 내 곁에서 멀어져 버렸다.

미스틱강을 건너 다시 내륙으로 돌아왔을 때, 존은 한 번 더 도전해 보자고 제안했다. "여기부터 분기점까지 전속력으로 달려 보는 거야. 5마일 정도 될 거고, 경사진 곳은 없어." "음, 어, 좋아." 우리는 달렸다. 맞바람이 없으니 나도 우리의 합동 라이딩에 더 많이 기여할 수 있었다. 존이 나보다 더 길게 앞에서 이끄는 역할을 맡긴 했지만, 존이 옆으로 이동하면 나도 전면으로 나섰다. 나는 오르막길 **너머로** 달려들고, 몸을 **앞쪽으로** 내민 뒤 레버리지를 올리기 위해 페달 **위에** 일어서고, 원 아래쪽의 회전을 **밀고** 나가며—더 쉬운 기어로 바꾸지 **않고**, 케이던스가 떨어지지 **않도록** 애쓰며—전력을 다해 달렸다. 그러는 내내 산소가 부족한 머릿속에서는 아주 간단한 산수를 하기 위해 애쓰고 있었다……. 얼마나 걸리는 거지, 신이시여, 시간당 20마일로 5마일을 달리면, 음, 21, 23…… 몇 분이 지난 거지? 시간이 천천히…… 흐르는 게 가능한가, 천…… 천…… 히…… 천…… 천…… 히……? 얼마나…… 더…… 오래……. 그때 **갑자기** 존이 자세를 바로잡고 허공으로 손을 세차게 흔들더니 방향을 바꿔 내 옆으로 와 부드럽게 움직이기 시작했다. "재밌지 **않았어**? 진짜 끝내주지 **않았어**?" 정말 그랬다. 육체적 도전에 완벽하게 몰입한 채, 남자와 그렇게 노는 것은 정말로 재밌었다. 너무 좋았다. 나는 존을 사랑했다.

내가 달렸던 유일한 자전거 경주는 존과 함께였다. 뉴런던에서 열린 공식 아마추어 대회로, 도심에 펼쳐진 1마일 정도의 코스를 10바퀴 도는 "크리테리움criterium" 경기였다. 실버 스트릭을 갖기 전, 존은 멋진 유럽산 자전거를 타고 나는 여전히 대학원 시절에 중고로 산 자전거를 타던 때의 일이었다. 내 자전거는 여기저기 긁힌 오렌지색 프레임과 일반(두꺼운) 타이어, 뒤에 이것저것 싣고 다니기 위한 짐받이 선반, 바람 빠진 타이어를 수선하기 위한 장비 세트와 타이어 안쪽 튜브 여분을 보관하는 안장 밑 가방에 반사판이 여기저기 붙어 있어 쓸 만한 도로주행용 자전거처럼 보였지만 경주용은 아니었다. 짐받이 선반과 가방은 떼어 버렸으나 그 이상 할 수 있는 일이 별로 없었고 다른 모든 경쟁자와 함께 나란히 섰을 때 나는 약간 우스워 보였다. 내 위대한 승리는 내가 해낸 일이 아니라 하지 않은 일 덕분에 가능했다. 나는 다른 라이더로부터 한 바퀴 이상 뒤처지지 **않았기** 때문에 경주에서 완전히 퇴출되지는 않았다. 존은 첫 번째 바퀴에서 나와 멀어진 뒤 나보다 한참 먼저 경주를 마쳤다. 이는 엘리자베스가 지적하길 좋아했던 것처럼 그의 자전거가 "깃털처럼 가벼워서"일 뿐만 아니라,

그가 나보다 훨씬 더 강한 라이더이기 때문이었다. 아무리 장비를 업그레이드한다고 해도 절대 그에게 필적할 수 없다는 것을 나는 알았다.

◊

1995년 6월 초, 엘리자베스와 나는 존과 함께 다발성 경화증 협회의 모금 행사에 참여해 당시 협회의 펜실베이니아 랭커스터 지부장을 맡고 있던 제프를 지지하기 위해 함께 자전거를 탔다. 나는 우리 세 사람을 위해 제프, 베스, 그리고 아이들이 함께 찍은 멋진 컬러 사진 위에 '팀 크로스비'라고 쓴 흰색 티셔츠를 제작했다. 경주는 75마일을 달려 대학 캠퍼스에 도착해 하룻밤을 묵고 다음 날 75마일을 되돌아오는 코스였다. 둘째 날, 라이더들이 모여서 달리기 시작하려는 찰나, 한 친구의 자전거에 문제가 생겼고 우리는 존에게 먼저 가라고 손짓해서 보냈다. 그가 빨리 달리길 원한다는 걸 알았기 때문이다. 그는 먼저 출발해서 라이더 몇 명이 달리던 한 페이스라인에 합류했고 결국 결승선을 넘은 선두 그룹에 들었다. 엘리자베스와 내가 도착한 것보다 몇 시간이나 앞선 기록이었다. 지금도 정말 놀라운 일이라고 생각한다. 당시 그의 복부에는 전이성 흑색종 종양이 가득 차 있었기 때문이다.

존이 서른 초반일 때, 엘리자베스는 그가 등에 있는 악성 흑색종 종양과 그 주변 부위를 넓게 절단하고 그 상처를 덮기 위해 허벅지에서 피부를 이식하는 수술을 견딜 수 있도록 지지해 주었다. 그는 5년을 넘기지 못할 거라 진단받았지만, 5년을 넘겼으며

6~7년이 지나고 무증상으로 10년이 지나자 더는 재발 가능성에 경계 태세를 갖지 않았다. 자신의 암에 대해 완전히 잊지는 않았지만, 수술 후 17년이 지나고 왼쪽 겨드랑이의 림프절이 커진 것을 느끼자 그는 두려웠다. 해당 부위를 제거하는 수술은 "성공적"이었으나, 림프는 온몸을 타고 순환하며 전이성 흑색종은 화학 요법에 끄떡하지 않는 살인마였다. 엘리자베스와 존 두 사람은 이 모든 것을 너무 잘 알고 있었다. 그로부터 5년 후인 8월 어느 날, 존은 복부에 종양이 있음을 느꼈고 그것을 떨쳐 버리려고 했으나 불편함이 지속되어 수술을 받았으며, 면역 체계 강화를 위해 인터페론/인터루킨을 이용한 실험 치료에 들어갔는데, 그로 인해 그는 3주마다 입원해야 했고 그때마다 지독하게 아팠다. 존의 종양 전문의가 2월 14일 치료에 반응하지 않은 악성 종양을 제거하려고 그의 몸을 다시 열었을 때 복강 전체에 퍼진 초기 종양을 발견했다. 엘리자베스는 이 치명적인 발렌타인데이의 씁쓸한 아이러니에 눈물을 흘렸다. 존은 다시 치료로 복귀했다. 엘리자베스는 그가 살기 바라며 유기농 허브차, 피쉬 오일 등 가능한 모든 방법을 찾아다녔다. 존은 엘리자베스에게 가끔은 밤에 움직이지 않고 깬 채 누워 있으면 괜찮다는 생각이 든다고, 그러면 예전처럼 아래층에 내려가 피넛버터 샌드위치를 만드는 상상을 한다고 했다. 존이 그 삶을 얼마나 그리워했을지! 엘리자베스가 그를 잃지 않기를 간절히 바란 것만큼, 그도 살기를 간절히 바랐다.

1995년 6월 초 우리 셋이 다발성 경화증 경주를 해냈을 때, 존은 여전히 강했다. 그리 오래가지는 않았지만. 그는 인터페론/

인터루킨 치료를 지속했다. 그에게 있는 유일한 기회였고, 그 치료를 포기한다는 것은 패배를 시인하는 일과 마찬가지인, 생각할 수도 없는 일이었다. 7월 말, 존의 담당 내과의는 그의 가슴 쪽 피부밑에 약물 주입기를 이식했다. 정맥에 직접 연결된 카테터와 약물을 떨어뜨리거나 주입할 수 있는 포트가 달려 있어, 반복되는 정맥주사로 인한 상처를 방지할 수 있었다. 그의 복부에 축적된 체액이 더 이상 견딜 수 없자, 의사는 체액을 빼내기 위해 그의 복막강에 바늘을 삽입했다. 8월에는 존의 어머니 메리가 그를 돌보기 위해 인디애나에서 왔고, 그의 삶의 시작에 그녀가 해 주었던 것처럼 입까지 음식을 가져다주고, 베개를 정돈해 주며 다시 한 번 그를 보살폈다. 엘리자베스와 나는 할 수 있는 일들을 했다. 우리는 양쪽에서 그를 부축해 욕실로 데려갔다. 그리고 그날이 그가 한 마지막 샤워가 되었다. 나는 종양이 자라고 또 자라 그의 신진대사를 독차지하면서 그의 몸이 얼마나 약하고 수척해졌는지 보았다. 그의 복부는 계속 부풀어 올랐다. 우리는 침대 옆에서 절망적이고 무력하게 죽음을 기다리는 존의 마지막을 함께했다. 그의 몸에서 나온 마지막 오줌이 폴리 백에 진한 호박빛 방울로 천천히 떨어질 때까지. 그는 살고 싶어 하는 강인한 남자였고, 죽는 것은 힘든 일이었다. 9월 중순이 되었고, 끝이 났다.

지금 돌이켜 보면, 그가 성공적으로 150마일이나 되는 다발성 경화증 모금 행사를 끝마쳤다는 사실에, 둘째 날 그렇게나 힘차게 달릴 수 있었다는 것에 다시금 놀란다. 우리는 모두 그가 아프다는 사실을 지극히 잘 알고 있었으니까. 그의 복부가 약간 팽창한 상태임이 이미 육안으로도 보이는 상황이었다. 끝이 다가올 무렵 나는 간이 심각하게 손상되었을 때 복부로 새어 들어가는 체액을 뜻하는 전문 용어 "복수"를 배웠다. 복수가 생기고 나면 존의 모든 장기가 제 기능을 하지 못할 예정이었다. 6월 초에는 우리 중 누구도 그런 가능성을 인정할 수 없었지만 말이다(이미 병이 한참 진행된 후에야 죽음이 다가온다는 사실을 이해하게 된다는 것을 나는 깨달았다). 휴게소에서 찍은 사진은 그의 배가 부풀었음을 보여 준다. 그의 라이크라 사이클링 반바지 아래로 약간의 곡선이 보이지만, 그럼에도 우리는, 행복하게 오렌지를 먹고 있고, 너무나 멋져 보이는 존은, 햇살 때문에 눈을 가늘게 뜬 채 웃고 있다. 행사가 다시 출발하겠다고 알릴 때, 그는 자신의 자전거 앞바퀴에서 부러진 바퀴살을 발견했고, 유능한 자원봉사 정비공이 바퀴살을 교체해 주는 동안 우리는 남아 있었다. 다시 자전거 위에 올라, 그는 큰 소리로 "출발!" 하고 외쳤다. 우리는 전속력으로 달려 다른 사람들이 다음 휴게소에 도착하기 전 그들을 따라잡아 모두를 놀라게 했다. 그는 죽음과 상대하려 하지 않았다.

    7월 초 나의 새 자전거가 도착했을 때, 나는 존과 함께 달리는 것을 가장 먼저 생각했다. 엘리자베스와 나는 존과 함께 그의 집에서 출발해 미스틱강을 지나 돌아오는 경로를 계획했다. 우리는 부드럽게 언덕을 내려가 미스틱강을 따라 조용하고 아름다운 시골길을 달렸다. 하지만 시내로 진입하자 존은 멈추자고 말했다. 우리는 노천카페에 앉았다. 그는 하얗게 질려 녹초가 되어 있었다. 다시 자전거를 타는 것은 불가능해 보였다. 존이 친구에게 전화하자 그 친구가 SUV를 몰고 나타났다. 끝이 잘려 버린 그날의 라이딩이 존과 함께한 나의 마지막 라이딩이었다.

◊

텔레비전에서 〈투르 드 프랑스〉를 시청하며 내가 배운 단어가 있다. "카테고리 외hors catégorie", 즉 분류를 넘어섰다는 뜻이다. 오르막의 길이와 각도를 포함한 여러 요소를 고려해 범주화하는 분류 시스템을 넘어서는 극도로 험한 알프스와 피레네산맥 구간이 여기에 해당한다. 믿음을 넘어선 어려움, 측정을 넘어선 어려움.

존은 자신의 추도식에서 딜런 토마스Dylan Thomas의 시 「고사리 동산Fern Hill」을 읽어달라고 청했다. 시의 화자는 "사과나무 가지 아래 내가 젊고 안락하던" 시절의 "푸르른 황금빛의 시간"을 상상하며 시작하고, 그날들이 찬란하고 눈부시게 아름답고 섬세한 묘사 속에서 드러나도록 한다. 아아, 마지막 연의 호화스러운 숙명론 속에서 "고사리 동산"은 삶에서 죽음으로 전환된다.

> 아무것도 상관없었다, 어린양의 하얀 날들에는,
> 시간이 나를 데려가더라도
> 내 손그림자에 실어 제비들이 북적이는 다락 위로,
> 언제나 떠오르는 달 속으로,
> 잠으로 실려 갈 때도
> 나는 시간이 높은 들판과 함께

날아가는 것을 들어야만 하고
그리고 아이 없는 땅에서 영원히 달아나
농장에서 깨어나야 함을.
오 시간의 방법이 내려준 자비 속에
나는 젊고 안락했다,
시간은 나를 푸르른 채 죽어가도록 두었다
비록 나는 사슬에 매인 채 바다처럼 노래했지만.*

 어린 시절 존은 인디애나의 농장에서 할아버지와 많은 여름날을 함께 보냈다. 그의 어머니가 자란 곳이기도 했던 그 농장의 넓은 대지를 담은 항공 사진은 존의 집 벽난로 옆에 걸려 있었다. 놀랍도록 푸르르고 완만하게 펼쳐진 들판이 농가와 헛간과 그 옆의 숲을 둘러싸고 있었지만, 존도 존의 형제도 토지를 경작하기를 원치 않아 땅은 결국 다른 사람들에게 넘어갔다. 존은 그가 아는 모든 방법을 동원해 죽음에 맞서 싸웠지만 소용없었다.
 0—슬픔 없음—부터 10—상상 가능한 최악의 비통함—까지 이르는 고통의 척도로 슬픔을 측정할 수 있을까? 아니. 고통도 슬픔도 정량화할 수 있는 방식으로 겪어낼 수 없는, 무엇에도 견줄 수 없는, 그저 남는 것이다. 카테고리 외.

---

* Dylan Thomas, "Fern Hill" (1945), in *The Poems of Dylan Thomas*, New Directions, 1952; available at *Poets.org*, http://www.poets.org/poetsorg/poem/fern-hill, accessed July 20, 2015(딜런 토마스,「고사리 동산」).

9. 제퍼슨 클라크 크로스비

2010년 1월 5일, 나의 오빠 제프가 세상을 떠났다. 당시 그는 57세였고 다발성 경화증으로 거의 전신이 마비된 상태였다. 머리를 좌우로는 움직일 수 있었지만 베개에서 들어 올리지는 못했고 그의 팔다리, 손, 몸통은 움직이지 않은 지 오래였다. 어쩌면 그가 걸린 요로 감염증이 쇠약해진 몸으로 감당하는 데 무리였을 수도 있고, 다른 이유였을 수도 있다. 아무튼. 그의 심장이 산소를 실은 피를 순환시킬 만큼 강하게 내보내지 못하면서 5일에 걸쳐 그의 폐에는 체액이 차오르기 시작했다. 5일간 그의 숨결은 점점 더 가빠졌고, 숨 쉴 때마다 가래가 그르렁거리는 소리가 그의 싸움이 끝날 때까지 계속됐다.

부모님으로부터 제프가 다발성 경화증 진단을 받았다는 것을 처음 들었을 때, 나는 스물일곱 살이었고 제프는 스물여덟 살이었다. 제프의 아내 베스가 둘 사이의 첫아이 커스틴을 분만한 지 몇 달이 채 지나지 않은 시점이었다. 사실, 어머니와 아버지가 처음 전화상으로 이야기했던 것은 제프가 병원에서 몇 가지 검사를 받는 중이라는 내용이었다. 라켓볼 코트에서 측면으로 움직이려고 하면 점점 분명하게 드러나는 사실인데, 왜 제대로 다리를 제어할 수 없는지 알아내기 위해서라고. 제프는 어떤 운동이든 늘 탁월하게 잘하는 데 익숙했고 경쟁을 대단히 즐기는 편이었다. 그는 강했고, 몸의 균형이 훌륭했으며, 손과 눈의 협응력이 기막히게 좋았다. 하지만 뭔가가 잘못되었다. 검사는 끝도 없이 이어졌고, 여러 가지 가능성은 연이어 아닌 것으로 판명났다. 그리고 부모님은 다시 전화를 걸어 제프가 치료법이 없는 진행성 자가면역 질환을 진단받고 퇴원했다고 말했다. 그의 면역 체계는 이온이 지나가는 신경세포의 축삭을 감싸는 수초에 공격을 개시했다. 수초는 절연 피복이 전선을 감싸듯 전하를 둘러싸고 있다. 염증과 흉터는 경화증으로 이어지며, 이는 조직의 기능을 파괴하는 병리학적 경화를 뜻한다. 신경계는 건강한 수초 없이는 제 기능을 하지 못한다.

나는 당연히, 책을 샀다. 1980년대 초는 구글이 정보를 얻는 방법을 바꾸어 놓기 한참 전이어서 나는 그 병에 대해 아는 것이 전혀 없었다. 책을 절반쯤 읽고 덮었다. 책의 어조는 낙관적이며, 진단받은 지 얼마 되지 않은 사람 앞에서 가차 없이 명랑해 환자에게 다가올 고통과 어울리지 않았다. 실명, 정신 착란, 신체 협응력과 힘 상실, 마비, 욕창, 성기능 장애, 요실금, 배변 장애, 경련, 그리고 조기 사망, 아마도 장기부전으로 인한, 아마도 50대에. 끔찍하게 무서웠다. 각 환자마다 병의 경과는 다르고, 제프의 경우 어떻게 진행될지는 알 방도가 없었다. 일부 환자들은 간헐적으로 다발성 경화증을 앓는데, 발병 후 신경계가 신경망을 재편함으로

써 손상된 부분을 보상하려 하며 회복이 따르지만, 다시 그다음 발병이 이어진다. 발병이 반복될 때마다 기능이 상실되고 완전히 회복되지 않기에 시간이 흐를수록 필연적으로, 하지만 느리게 하향 궤도에 접어든다. 반면 또 어떤 환자들은 급속도로 악화되어 몇 년 안에 죽는다. 어떤 환자들은 더 느리게, 하지만 꾸준히, 호전되지 않고 악화된다. 누구도 끔찍한 증상을 모조리 다 겪지는 않는다. 제프는 실명하지도 않았고, 신경계 통증을 겪지도 않았으며, 착란이 오지도 않았다. 그 반대로 수년 동안, 제프와 전화 통화를 할 때면 아무 이상이 없다고 믿기가 더 쉬웠다. 하지만 그의 안에 있던 병은 끈질겼고, 그는 하루하루 더 아파졌다. 20대 후반에조차 나는 "50대"가 우리에게 너무 빨리 다가올 것을 알았다.

◊

제프가 병을 진단받았을 때, 그는 막 로스쿨을 졸업하고 디트로이트의 연방 판사 재판연구원으로 명망 있는 일자리에서 막 일하기 시작한 참이었다. 커스틴이 태어나고 제프의 재판연구원직이 끝난 시점에 제프와 베스는 다발성 경화증과 함께 살기 시작했다. 그 시절의 사진을 보면 제프는 베스 옆에 가까이 서 있거나 커스틴을 품에 안고 있고 겉으로는 몸이 불편한 기색조차 보이지 않는다. 하지만 그는 비틀거렸을 것이고, 쪼그리고 앉아 있다가 일어서는 데 어려움이 있었을 것이다. 제프와 베스 앞에는 선택권이 있었다. 제프는 디트로이트에서 확실히 자리 잡은 노동법 전문 로펌에 입사할 수 있었다. 제프가 법대생일 때 보조로 일했던 곳이

기도 하고 파트너 변호사들은 캐딜락을 몰며 하루 종일 일하는 곳이기도 했다. 아니면 제프는 펜실베이니아의 작은 도시 랭캐스터에서 일반 변호 업무를 보는, 파트너가 세 명뿐인 작은 회사에 취직할 수도 있었다. 두 회사 모두 그의 다발성 경화증에 대해 알았다. 펜실베이니아의 일자리는 그가 어머니 쪽의 확장된 가족, 즉 이모, 삼촌, 사촌들의 단란함 속에 들어갈 수 있음을 의미했다. 우리와 모든 명절을 함께 보냈던 그들 거의 모두가 랭캐스터 가까이에 살고 있었기 때문이다.

제프네는 랭캐스터에 있는 회사를 선택했고 어머니가 자랐던 작은 마을이자 랭캐스터로부터 10마일 정도 떨어진 리티츠로 이사했다. 또한 제프와 내가 속속들이 알았던 하얀 벽돌집을 삼촌으로부터 구입하기로 결정했다. 할아버지가 지은 사우스 브로드가 40번지에 위치한 그 집은 어머니의 유년 시절이 담겨 있었다. 집의 뒤쪽에는 한때 아버지의 검은 말 프린스의 거처였던 마구간이 있었는데, 그곳은 우리가 어렸을 때 이미 차고로 바뀐 지 오래였는데도 여전히 희미하게 마구간 냄새가 났다. 커다란 뒷마당에는 우리가 자라는 내내 수많은 파이를 채워준 사우어 체리나무가 있었다. 제프와 베스는 큰 유홀(화물운송) 트럭과 폭스바겐 밴 두 대―한 대는 그들의 것, 나머지 한 대는 어머니와 아버지의 것―에 모든 짐을 다 실었다. 나도 이사를 도와주러 갔고 가족 전부가 우리의 작은 캠핑카를 타고 국토를 횡단해 리티츠로 운전했다. 디트로이트를 떠나 기벨, 크라이빌, 헤스 로펌에서 일하고, 어머니가 자랐던 집을 사고, 우리 가족이 여러 세대에 걸쳐 예배를 보던

리티츠 형제의 교회에 다니기로 한 선택은 다발성 경화증이라는 사건과 그가 마주한 불확실한 미래의 영향을 받아 내려진 결정이었다. 가족 사이에서, 익숙한 공간에서, 부성, 가족, 봉사하는 소박한 삶의 방식을 소중하게 여기는 파트너들과 작은 회사에서 일하는 것이 낫다는 선택. 캐딜락은 없는. 형제의 교회와 같은 삶의 방식.

수년간 제프는 월요일부터 금요일까지, 8시부터 6시까지 일했고 토요일에는 오전 근무를 했다. 베스와 제프는 아이를 하나 더 가졌고 '콜린'이라 이름 지었다. 교사 자격증이 있었던 베스는 리티츠의 사립 여학교인 린든홀에서 시간제 강사로 일했다. 베스는 장 보고, 요리하고, 청소하고, 아이들을 돌보는 주부였다. 심지어 처음에는 제프의 셔츠를 다려주기까지 했다. 지금도 여전히 그렇게 생각하지만 당시에도 내게 분명해 보였던 것은 제프가 그렇게 일할 수 있었던 이유는 베스의 노동 덕분이라는 사실이었다. 제프의 능력이 약화되면서 아이들이 아직 어리고 제프도 여전히 많은 것을 할 수 있던 그 시절이 제프에게는 황금빛의 날들이었으리라 생각한다. 어떻게 아닐 수 있을까? 사진 속 제프는 젊은 아버지로서 누리는 영광 속에서, 자지러지게 웃는 아들 콜린을 공중으로 던지고 받으며 놀아주고 있다. 혹은 랭캐스터 카운티의 조용한 시골길에서 몰고 돌아다니던 레몬 라임색 2인승 MGB 컨버터블의 운전석에 앉아 있고, 원래 짐칸이었던 공간을 개조한 뒷좌석에 아마빛 머리카락을 지닌 아이들이 벨트를 매고 있다. 풀을 뜯던 소들이 느릿하게 올려다보고 바람 한 점 없는 공기에서는 거름과

건초 냄새가 난다.

처음 리티츠로 이사했을 때, 제프는 강했고 할 수 있는 것도 많았다. 낡은 마구간 뒤편의 골목길에 있는 유홀 트럭에서 찍힌 사진에서 티셔츠에 반바지 차림을 한 제프는 레드윙 레이스업 작업 부츠를 신고 트럭 짐칸에 서서 뛰어내릴 태세를 취하고 있다. 갈색 수염을 기르고, 강렬하고 아름다운 푸른 눈에 근육질의 체격을 갖고 있는 제프는, 정말 잘생겼다. 그는 매우 강해 보였는데, 사실 정말로 강했다. 그때에도 이미 다발성 경화증을 앓고 있었지만. 그 후 제프는 MGB의 클러치를 더 이상 조작할 수 없어 차를 팔아야 했다. 그는 지팡이를 쓰기 시작했다. 제프와 베스는 그가 차를 대던 프린스의 마구간으로부터 걸어오는 길이 너무 길게 느껴지자 새로운 집을 찾기 시작했다. 그들은 리티츠에서 랭캐스터의 더 오래된 교외에 위치한 단층집으로 이사했다. 그리고 서 있기가 너무 힘들어지고 걷기가 어려워지다가 가끔은 아예 걷지 못하자, 접이식 휠체어가 필요해졌다. 그는 항상 휠체어를 쓰기 시작했는데 그러던 어느 날 휠체어에서 빨간색 폭스바겐 밴으로 이동하는 것이 불가능해졌다. 그는 다른 밴을 샀다. 이번에도 빨간색이었지만 아쉽게도 폭스바겐은 아닌, 그의 필요에 맞춰 개조한 대형 셰비였다. 그는 운전대의 손잡이를 움켜쥐는 방식으로 차를 조종했고 조절판과 브레이크는 운전대가 연결된 지지대의 좌측 레버로 제어했다. 제프는 종일 휠체어에 있었기 때문에 셰비에는 휠체어 리프트를 설치했다. 운전자 좌석이 있던 빈 공간 바닥에는 휠체어 고정 장치(15.3cm x 25.4cm x 6.4cm)를 설치했고, 제프가 고정 장치의 클램프에 휠체어 하부의 볼트가 걸릴 때까지 조심스럽게 휠체어를 움직이면 휠체어는 딸깍하는 소리와 함께 바닥에 결합되었다.

◊

이 모든 변화를 겪었음에도 제프는 여전히 "자기 자신"인 채로 건강해 보였다. 그는 의자에 똑바로 앉았고, 출근할 때면 정장을 입고 넥타이를 맸으며, 수월하게, 심지어 의기양양하게 계단을 쿵쿵 내려가거나 도로 경계석을 넘어 올라가는 기술을 뽐냈다. 몇 년이 지난 후, 랭캐스터 종합병원에서 사회복지사로 일하는 사촌 바브가 지나가는 말로 제프가 달라 보인다고 했고 나는 의식적으로 그를 새삼스레 보려 노력했다. 바브의 말이 맞았다. 40대가 되면서 제프의 복근은 약화되었으며, 한때는 수영복을 입고 여름의 태양 아래 구릿빛으로 빛나던 근육질 몸은 데어리 퀸의 녹아내리는 아이스크림처럼 아주 천천히 무너져 내리기 시작했다. 이제 제프는 조이스틱으로 조종할 전동 휠체어가 필요했다. 나는 그의 마비 속도가 빨라지는 것 같았지만, 이는 어쩌면 단지 내가 제프를 일 년에 기껏해야 두세 번 보기 때문일 수도 있었다. 전화로 듣는 그의 목소리는 변함없었다. 다음에 제프를 만나러 갔을 때, 나는 제프가 겨드랑이 아래에서부터 가슴 위까지 지나는 벨크로 벨트를 착용하고 있음을 알아차렸다. 밖에서 돌아다니고 일을 볼 때는 꼭 그 벨트를 매야 했고, 앉으면 앞으로 바로 고꾸라질 것이기에 그는 벨트 없이는 운전할 수 없게 되었다.

제프의 결혼 생활이 잘 풀리지 않고 별거에 들어갔을 때 나와 자넷은 제프를 보러 갔었다. 내가 사고를 당하기 두어 해 전의 일이었다. 베스는 아이들과 집에 남고 제프는 랭캐스터에 몇 없는 접근성이 보장된 임대 아파트로 거처를 옮겼다. 높은 창문이 하나 달린 작은 지하 스튜디오였다. 모든 상황이 급작스럽게 악화된 것 같았다. 제프가 혼자 살기 위해 필요한 도움을 그러모으고 있을 때 내가 함께 지냈던 적이 있었다. 제프는 통화 중이었는데 듣자 하니 상대가 어떤 종류의 도움이 필요한지 물은 모양이었다. "음, 우선, 옷을 입고 벗고, 침대에 들어가고 나올 때와 화장실에서의 거의 모든 부분에서 도움이 필요합니다. 면도하고, 이 닦고, 변기에 앉았다 일어날 때도……." 제프가 읊고 있는 목록을 들으며, 나는 불현듯 그의 삶을 다른 방식으로 이해하게 되었다. 나는 제프가 얼마나 많은 도움에 의존하게 되었는지 알지 못했거나 알고 싶지 않았던 것이다. 그가 베스와 공유하던 안방(온전한 접근성이 보장된 신축 화장실이 딸린)에서 매끈하게 일할 준비가 된 상태로 나오기까지, 변호사다운 모습의 공적 개인으로서 제프를 만들어 내기 위한 그 노동은 보지 못했다. 나는 그저 제프가 그 사람이길 바랐다. 그가 더는 소근육 운동 기능을 요하는 일은 **아무것도** 할 수 없으며 독립적으로 휠체어를 타고 내리는 능력도 상실했음을 제대로 깨닫지 못했던 것이다.

신경계가 더욱더 치명적으로 경화된 병변을 형성하면서 제프의 크고 작은 근육은 동시에 무너졌다. 이토록 파괴적인 육체적 쇠퇴에 수반되는 친밀하며 비가시화된 모든 노동은 친밀성의 복잡한 역사였을 것이 분명한 24년간의 결혼에 당연히 중대한 문제였을 것이다. 내 관점에서 그 관계를 다시 이야기하고 싶은 생각은 없다. 어떤 참을 수 없이 부정적인 잉여가 그들을 이혼으로 이끌었든 두 사람의 성인기에 큰 영향을 미친 다발성 경화증은 객관적으로 점점 더 무거운 짐이 되었고 침실과 욕실에서의 사생활은 그 무게를 짊어졌다. 제프가 용변을 보도록 이동시키고, 샤워 벤치에 앉도록 도왔다가 다시 옮겨주고, 세면대 옆으로 휠체어가 이동하도록 제프가 조이스틱을 조종하는 것을 기다려준 다음, 그의 칫솔에 치약을 짜 주고 이를 다 닦을 때까지 기다렸다가, 부종이 생기지 않도록 그가 착용하는 초압박 무릎 양말을 신기고, 외장 카테터를 그의 성기에 밀어 넣고 다리에 부착된 백에 연결한 후, 드디어 **마지막으로** 옷을 입힌다. 제프가 더는 베스와 함께 살지 않고 내가 그를 도와주기 전까지 이 모든 일들은 나에게 보이지 않았다.

　자넷과 내가 방문했을 때 기관에서 오기로 했던 요양보호사가 아직이면 내가 그를 도와주곤 했다. "자, 티나. 여길 말아 올리면 돼. 콘돔 낄 때 하듯이 그냥 씌우면 돼." 나는 제프를 바라보았다. 제프는 나를 바라보았다. "나한텐 쓸모없는 비유잖아, 이 바보야." 우리는 웃고 또 웃었다. 그에게 몸과 관련한 도움을 주면서 우리는 가까워졌다. 나는 제프의 몸이 변했고 또 지속적으로 변하리라는 것을 상세히 이해하게 되었다. 그는 점점 더 많은 도움이 필요할 것이었다.

　제프는 세상을 떠나기 4년 전 쓴 에세이에서 도움을 요청하는 것이 그에 응하는 사람에게 어떻게 선물이 될 수 있는지에 대해 이야기했다. 당신이 휠체어에 앉아 있으면, 사람들은 도와주기를 원한다. 가끔은 묻지도 않았는데 다가오기도 한다. 만일 제프가 아무런 도움도 필요하지 않다면, 조용히 정중하게 가급적 알아서 하겠다고 말할 것이다. 점점 할 수 있는 일이 적어지면서 제프는 지원을 요청하는 것이 누군가에게는 베푸는 기쁨을 누리는 기회가 될 수 있음을 깨달았다. 그는 전혀 모르거나 아주 조금밖에 모르는 사람에게도 거리낌 없이 도움을 청했다. 제프는 자신에게 도움이 필요하다는 것을 부족함으로 개념화하기보다 많은 사람이 그저 그의 어려움을 덜어주기 바란다는 것을 인식하고 그것에 주목했다. 제프가 쓴 짧은 에세이 「나는 요청의 중요성을 믿는다」는 지역 공영 라디오 방송의 '내가 믿는 이것' 시리즈에서 방송되었다. 이 글에서 제프는 자신이 어떻게 점진적으로 거스를 수 없는 흐름 속에 더 의존적이 되었는지 이야기했다. 에세이를 쓸 당시 제프는 코를 긁을 수조차 없는 상태였다. 이미 팔을 들어 올릴 수 없었고, 손은 아무것도 할 수 없게 된 지 오래였기 때문이다. 그럼에도 그는, "요즈음 내가 가진 힘 중 유일하게 점점 더 커지는 힘은 요청의 힘뿐이다. 정말 가장 중요한 힘이다. 나는 내 질병이 아니며, 이 질병은 내 일부일 뿐임을 나는 요청으로부터 배웠다." 타인의 삶에 대한 제프의 공감 어린 관심은 사람들을 그에게 끌어당겼고, 자신의 필요에 대한 그의 솔직함은 대부분 불쾌함이 아닌 매력으로 다가왔다. 자신이 할 수 없는 일들을 받아들이는 그의 태도가 그를 다른 사람들이 돕고 싶은 사람, 친구가 되고 싶은 사람으로 만들었고, 질병은 파괴적인 힘을 지님에도 불구하고 부차적인 것이 되었다.

에세이를 썼을 무렵 제프는 모라비안 매너의 요양 병동에서 지내고 있었다. 모라비안 매너는 지속적 돌봄을 제공하는 요양 보호 시설로 제프가 24시간 돌봄이 필요한 시기가 되었을 때 사촌 바브의 도움으로 들어가게 된 곳이다. 이 시설은 형제의 교회처럼 17세기 독일에서 박해받아 나온 개신교 교파인 모라비아 교회가 운영하는 곳이었다. 병동 건물은 리티츠 형제의 교회 바로 옆에 있어서 제프가 그곳에 살았을 때는 일요일 아침에 휠체어를 타고 교회에 갈 수 있었다. 요청의 중요성에 대해 쓸 때쯤에는 일어나 앉을 에너지를 모으는 일이 점점 더 힘겨워졌기 때문에 제프는 침대에서 더 많은 시간을 보내야 했다. 휠체어에 타더라도 더는 조이스틱을 쓸 수 없어서 휠체어로 옮겨 앉을 의욕이 없었기 때문이다.

제프는 일생을 이동성을 위해 싸웠고, 요양 병동에서조차 그 싸움을 멈추지 않았다. 어느 날 제프는 인터넷에서 캘리포니아에 사는 기술공학자가 개발한 새 휠체어에 대해 알게 되었다. 조이스틱이 아니라 입 속의 압력을 이용해 조정하는 휠체어로, 교정기 비슷한 마우스피스를 혀를 써서 좌우와 앞뒤로 움직이게 할 수 있다고 했다. 수십 년 동안 주일 학교에서 활동했던 제프는 그 휠체어에 대해 교인들에게 이야기했다. 휠체어는 4만 달러였다. 주일 학교 학생들이 앞장섰고, 리티츠 형제의 교회 신도들은 구청의 도움을 받아 제프에게 그 휠체어를 사주었다. 얼마 지나지 않아 제프는 평신도 설교를 펼치며 예수가 절뚝거리는 남자에게 침상을 거두고 일어나 걸으라 명했던 베데스가 연못의 기적에 그 선물을 비유했다. 그 휠체어는 "우리 형제들 몸의 행동을 통해 그리스도의 가르침을 드러내"고 있다고 제프는 신도들에게 말했다. 그리스도 안에서 형제자매들의 관대함은 제프가 계속 움직일 수 있도록 하겠노라고 약속했고 이는 제프의 마음을 헤아리기 힘들 정도로 어루만져주었다. 공교롭게도, 반복된 기술적 오류로 휠체어를 사용하기가 어려워졌고 마우스피스가 보내는 신호가 병원의 무선 호출 시스템에 방해가 된다는 사실이 밝혀지면서 제프가 병실 밖에서 휠체어를 쓸 수 있는 시간은 엄격하게 제한되고 말았다. 휠체어가 제프의 작은 공간에 부담이 되어 버리긴 했지만, 동료 회중의 관대함에 깊이 감사하는 그의 마음은 여전했다. 제프는 믿음을 잃지 않았다.

◊

내가 다쳤을 때 매너의 요양 병원에 입원하기 바로 직전이었던 제프는 나를 만나러 병원에 올 수 있었다. 침대 발치에 있던 그의 휠체어가 아주 희미하게 기억에 남아 있다. 그에게는 어마어마한 노력이 드는 일이었을 텐데 그렇게 해 준 그를 사랑한다. 이후, 내가 상실한 모든 것에 대해 이해하기 시작하면서 나는 제프와 내 체현의 명백한 대칭에 갈수록 더 섬뜩해졌다. 그가 자신에 대해 "사지마비"라고 부르는 것을 처음 들었을 때를 기억한다. 나에게는 무서울 정도로 무력감을 의미하는 단어였고, 그에게는 천천히 다가간 단어였다. 제프는 손의 기능을 잃은 후에도 한참을 일했지만, 질병 때문에 법률 회사에서 은퇴할 수밖에 없게 된 후에서야 자신을 언급하며 "사지마비"라는 진단명을 썼다. 그가 직접 "사지마비"라고 말한 것은 다발성 경화증으로 인해 그가 직장 생활을 끝냈다는 사실을 인정하는 데 도움이 된 것 같다. 제프는 나의 유일한 형제였다. 어머니는 노화로 점점 기력을 잃고 쇠약해졌다. 종종 휠체어를 타기도 했다. 나의 아버지는 13년 전 세상을 떠났다. 운동 능력이 뛰어나고 강했던 제프의 몸이 점점 능력을 잃어가는 수십 년간 나는 건강하고 활동적으로 살았고, 몇 년 동안은 가족 중 유일하게 능력 있는 몸을 가진 사람이었다. 병원에 누워서, 이제 "사지마비"가 내게도 해당된다는 것을 어렴풋이 알게 되었다. 비록 나의 정신은 그것이 사실이라고 믿기에는 너무나도 납득하기 어려운, 우연의 일치 같은 그 유사성에 몸서리쳤지만 말이다.

10. 폭력과 성스러움

　알다시피 제프는 나보다 겨우 한 살이 많았고 나는 여자아이들의 취미라 인정받은 것들에 관심을 가져 본 적이 없었기에, 나는 때때로 우리가 쌍둥이라고 상상하곤 했다. 내가 남자아이였으면 좋겠다고 생각하지는 않았고, 고도로 발달한 환상도 아니었던 걸로 기억한다. 제프와 내가 옷도 비슷하게 입고 내내 같이 놀았다는 점을 설명하는 쉬운 방법 정도였을 뿐이다. 또한 내가 제프에게 가졌던 경쟁심을 설명하는 하나의 방법이기도 했다. 초등학교에 들어간 이후로 집에 돌아오면 나는 어쩔 수 없이 입어야 했던 원피스나 치마를 벗어 던지고 티셔츠와 청바지로 갈아 입기만을 고대했다. 캠핑길에 마주한 둑으로 막은 강이나 호수에서 아버지는 우리 둘에게 동시에 수영을 가르쳐 주며 원 없이 물에서 놀아주곤 했다. 우리는 둘 다 야구 글러브를 가졌는데 그의 글러브 손목 스트랩에는 검은 매직펜으로 **제프**, 그리고 내 것에는 **티나**라고 써 있었으며 아버지는 우리 모두에게 공 던지는 법을 가르쳤다. 아버지가 실톱으로 나무 새총을 만들어 주었을 때, 나는 **티나**라고, 그는 **제프**라고 낙인을 찍었다. 우리는 돌을 채운 캔을 목표

물로 놓고 누가 가장 정확하게 맞혔는지 경쟁했다. 몇 년 후 아버지는 지하에 있던 자신의 작업장에서 스케이트보드를 잘라 우리가 보드에 레이싱 줄무늬를 칠하게끔 도와주었다. 그러고 나서 쇠톱으로 롤러스케이트를 절반으로 잘라 바퀴를 보드에 볼트로 고정했다. 어느 여름 우리는 그 보드를 매일같이 탔다. 우리는 야구공과 방망이를 함께 썼고 밖에서 몇 시간 동안 계속 테더볼을 하거나, 공이 어디로 들어가는지 안 보일 정도로 어두워질 때까지 슛을 쏘거나 농구 게임 홀스HORSE*를 했다. 아버지가 만든 지하 탁구대에서는 엄청난 탁구 시합을 벌였다. 우리는 다른 모든 것에서 그랬던 것처럼, 상당히 대등한 경기를 펼쳤다. 카누의 후미에서 똑바로 나아갈 수 있도록 J자로 노 젓는 방법을 배웠으며, 부모님은 우리에게 정정당당하게 겨루고 탐나는 자리는 번갈아 가며 앉아야 한다고 가르쳤다. 우리는 이웃집 아이들과 뒷마당에서 깡통 차기를 했고, 주니아타 캠퍼스의 올러홀 옆 빈 주차장에서 대충 만든 막대기와 테니스공을 가지고 "자전거 폴로" 게임을 했다. 우리는 주니아타 대학교에서 한 블록 떨어진 곳에 살았고 보도, 주차장, 통로, 캠퍼스의 운동장은 모두 우리의 놀이터였다. 우리는 매일 기술, 협응력, 힘, 민첩성, 지구력을 요하는 놀이를 했다.

    우리는 거의 항상 몸을 쓰며 놀았고 거의 언제나 경쟁했다. 차 안에서 심심할 때면 아버지가 가르쳐 준 반사신경 게임을 했

---

* 참여자가 자유롭게 규칙을 정해 수행한 후 슛을 던지고, 성공할 경우 나머지 참여자들은 그대로 따라한다. 처음 실패할 경우 H를 받고 이후 HORSE 철자를 완성하는 사람이 지는 게임이다. —옮긴이.

다. 제프가 손바닥을 위로 향하도록 뻗고 나는 그 위 그의 손이 닿지 않는 위치에 손바닥을 아래로 향하게 뻗는다. 그러면 제프가 번개처럼 재빠르게 (양)손을 뒤집어 내 손등을 찰싹 때린다. 가끔 제프가 감쪽같이 움직이는 시늉을 해서 내가 공연히 손을 피하면, 그 벌칙으로 손등을 한 대 맞았다. 내가 그의 손을 맞지 않고 피하는 데 성공하면 이제 **나에게** 공격권이 넘어왔다. 우리는 그 놀이를 둘 다 손이 바닷가재처럼 붉은색이 될 때까지 계속했다. 결국 서로 밀치고 주먹질하는 상황으로 치닫곤 했다.

"거긴 **내** 쪽이야." 제프는 선을 넘으려고 도발하면서 손을 선 위에 올렸다. 나는 그를 밀쳤다. 그는 싸울 태세를 하고는 내 팔 위쪽을 한 대 쳤다. "아파! 하지 말라고 했다!" 나는 으르렁거리며 주먹을 꽉 쥐고 그의 허벅지를 때렸다. 우리는 차 앞좌석에 있던 아버지가 눈치챌 때까지 그렇게 치고받다가, 심한 날은 아버지가 그 자리에서 당장 차를 세우겠다고 엄포를 놓을 때까지 계속했다. 그제야 우리는 조용해졌다.

거의 모든 면에서 제프와 나는 정말 똑같이 대우받았다. 우리는 용돈도 동일하게 받았다. 한 주에 기본 25센트로 시작해 병 하나당 2센트를 받을 수 있는 보증금으로 보탰고, 수입과 지출은 매주 3x5 색인 카드에 기록했다. 용돈의 대가로 우리는 가사일에 대한 책임을 똑같이 지녔다. 우리는 "당번"을 정해 번갈아 가며 두 블록 아래 있는 작은 식료품점에 심부름을 가고, 저녁 식사 차리기를 전담했다. 조금 더 큰 후에는 토요일에 놀러 나가기 전 각자 방을 청소해야 했다.

만일 서로 심하게 감정이 상하면, 둘 중 누구나 다툼의 최종 중재자가 될 어머니나 아버지에게 "불만을 제기"("말하기"의 심각성을 명심하라고 이런 이름을 붙였다)할 수 있었다. 게다가 우리는 우리 가족이 "회사"이며, 주방에 있는 어머니의 책상 서랍에 보관하는 하나의 "회사 지갑"이 있다고 배웠다. 우리 가족의 교육 철학은 우리가 자신을 민주적인(비록 위계가 있었지만) 조직체의 일부로 이해하라고 북돋았다. 이성이 우세해야 한다, 그건 아버지의 생각이었을 것 같다. 어머니는 드러내놓고 한 번도 말하지는 않았지만 가족으로서 우리는 **언제나 이미** 화해한 상태이며 우리 사이의 불화는 기독교적 관용과 용서로 사라졌다는 느낌을 심어주었다. 그래서 우리는 이성과 기독교적 사랑에 복종함으로써 갈등을 피할 수 있다고 배웠다.

그래도 제프와 나는 늘 싸웠다. 레슬링을 하거나 권투를 하는 척할 때는 때때로 재미로 싸웠고, 때리고 밀칠 때는 진짜로 싸웠다. 모든 놀이가 싸움으로 번지지는 않았지만, 그래도 항상 싸웠던 것은 기억난다. 거친 놀이가 심각해질 때도 있었는데, 비록 우리가 명백히 싸우더라도 머리나 얼굴을 가격하는 것에 대해서는 무언의 금기가 존재했다. 주먹을 쥐고 손발 부위는 어디든 **세게** 때리는 것은 허용했다. 우리는 정말 몸싸움을 심하게 했다. 집 안 곳곳에서 추격전을 벌이고, 문을 쾅 닫거나 발을 잽싸게 넣어 문을 못 닫게 막고, 소란을 피우다가 진짜 적대감으로 변할 때까지 싸웠다. 내가 먼저 공격한 경우가 더 많았던 것 같다는 생각이 든다. 두세 살 즈음에는 내가 제프보다 키가 더 컸던 게 확실하다. 대학교 1학년을 마치고 돌아와서야 제프는 나보다 더 커졌고 확실히 더 강해졌다. 모르는 사람들은 여자아이인 내가 첫째라고 여기는 일이 꽤 흔했고 제프는 그 혼동을 진심으로 참기 어려워했다.

아무리 추운 날씨에도 절대 바지를 입고 등교할 수 없었던 초등학교를 다니면서, 나는 제프와의 유사성을 더는 그리 강렬하게 느끼지 않았다. 하지만 그 생각이 나의 무의식 속에 살아 있었던 데는 우리 가족 구성이 크게 기여했다고 생각한다. 가정에서 우리를 편애 없이 똑같이 대했고, 교회와 대학의 공동체적 에토스가 우리 부모님의 양육을 지배하던 평등이라는 가족적 이상을 강화했다. 우리는 둘 중 누구도 우위에 있지 않다는 것을 이해하도록 길러졌다. 제프와 내가 쌍둥이일 수도 있다는 나의 어릴 적 생각은 어쩌면 어린이처럼 이 논리를 확고히 했기 때문일지도 모른다. 제프와 나는 같은 옷을 입고, 같은 장비를 갖추고, 같은 놀이를 하고, 대등하게 겨뤘다. 한 명이 받은 것을 나머지 한 명도 받았다. 고로, **우리**는 같았다. 쌍둥이가 그렇게 보이듯이. 여자아이들은 남자아이보다 열등하게 여겨졌기 때문에, 나는 자신을 위해 소년됨의 특권을 요구했다. 우리 가족은 별난 데가 있었다. 작고 보수적인 중부 펜실베이니아 마을에서 대부분 가족이 종종 드러내던 재세례파 기독교적 가치와 몇몇 중요한 지점에서 차이를 보였기 때문이다. 감사하게도 제프와 나를 크로스비 회사의 하급 사원으로 대하려 했던 우리 부모님은 나의 신체 능력과 재능을 칭찬했다. 하지만 규범적이고 이분법적인 젠더가 만드는 차이에서 간단히 벗어날 수 있는 방법은 없었고, 아버지는 (내 생각에는 어머니보다 더) 남자고 오빠인 제프보다 내가 신체적으로 더 크고 공격적이라는 사실에 곤혹스러워했다. 어머니와 아버지는 확실히 짜증스러워했고, 서로 조금이라도 이기기 위해 종일 밀치고 떠밀고 난리를 치는 우리 때문에 가끔은 심각하게 걱정하기도 했을 것이다. 그러다 결국 정말 큰 싸움이 벌어졌다. 어쩔 도리가 없었다.

적어도 르네 지라르René Girard는 그의 메타심리학적 역사 인류학 저서인 『폭력과 성스러움Violence and the Sacred』에서 그렇게 주장했다. 이 책이 남긴 핵심 주장보다 작은 논평 하나가 내가 지금부터 하려는 말과 관련이 있다.* 지라르는 하나의 폭력 행위가 다른 폭력을 불러오는 방식에 주목하고 차이의 힘을 이용하는 것만이 살인과 복수의 끝없는 순환을 막을 수 있는 유일한 방법이라 상정한다. 각 폭력 행위는 이전 행위의 모방이기 때문이다. 다른 말로 하면, 유사성이 문제다. "다름이 부족한 곳에서는, 폭력이 위협한다"라고 그는 썼다. "질서, 평화, 풍요로움은 문화적 차이에 달려 있다. 격렬한 대립을 일으키는 원인은 차이가 아니라 차이의 소멸 때문이다." 나는 이 부분에서 구약에 나오는 형제들, 즉 카인과 아벨의 죽일 듯한 대립 관계, 혹은 탁월함과 아버지의 축복을 두고 싸우던 쌍둥이 에서와 야곱을 떠올렸다. 쌍둥이는 "무차별적인 폭력의 전령"이라 여겨지기 때문에 특히 두려움을 일으킨다.

---

* René Girard, *Violence and the Sacred*, Johns Hopkins University Press, 1972/1977, p. 28(르네 지라르, 『폭력과 성스러움』).

완전한 균형은 유지될 수 없고 폭력의 전조가 되므로, 정의는 윤리적 차이를 만들기 위한 힘의 불균형을 필요로 한다. 사법제도라는 승인된 폭력과 복수라는 승인되지 않은 폭력 사이에 근본적인 차이를 두는 식으로, 어떤 "초월적 지위"를 도입하는 것만이 폭력의 순환을 끝낼 수 있다.

◊

생의 마지막 한 달, 전립선암으로 죽어가던 아버지는 부엌 식탁에 가족들을 모아 놓고 말했다. 아버지는 아주 오래전에 일어났던 일을 사과하고 싶어 했다. 제프와 나에게 "끝까지 싸워라"라고 말했던 그날의 일을. 아버지의 말을 듣자마자 바로 우리는 그 사건이 아득한 어린 시절의 일이며 잊은 지 오래라고, 아무런 정신적 상처도 남기지 않았다고 장담했다. 적어도 내 입장에서는 사실이라기보다 희망사항에 가까웠던 말인 것 같다. 그날 부엌에서 나는 어린 시절의 싸움을 충분히 또렷하게 기억했지만, 나의 아버지와 그의 아들이 나에게 얼마나 깊은 상처를 주었는지는 나 스스로도 인정할 수 없었다.

사건은 이랬다. 토요일 아침 일찍부터 제프와 나는 1층 안방 맞은편에 위치한 아버지 서재의 안락의자에서 놀고 있었다(아마 제프가 열한 살, 내가 열 살이지 않았을까?). 어머니와 아버지는 아직 자고 있었다. 우리 중 하나가 "그만 좀 해! 귀찮게 하지 마, **저리 가!**" 하며 마구 밀치며 싸우고 있었는데 갑자기 아버지가 벌거벗은—아버지는 벌거벗고 잤다—채 뛰어 들어와 우리를 거실로 끌어냈다. "싸울 거면 끝까지 싸워라." 아버지가 소리쳤다. "끝까지 싸워, 끝까지. 끝장날 때까지 싸워 봐라." 목욕 가운을 두르고 흐느끼면서 "켄, 그만 해. 제발 그만 해요" 하며 애원하던 어머니에게 그보다 더 고통스러운 일은 거의 없었을 것이다. 하지만 제프와 내가 몹시 화가 난 채 먼저 기세를 잡기 위해 주먹질하고 달려들면서 더 격해진 그 싸움을 말릴 방법은 없었다. 그렇게 얼마 동안 치고받고 싸웠는지는 모르겠다. 그 싸움의 세세한 부분은 생각이 나지 않는다. 내가 뒷걸음질치다가 피아노 의자에 걸려 넘어졌고 어느새 누워 있었는데 제프가 내 위에 올라타 어깨를 잡고 바닥에 머리를 찧으려고 했다는 것 말고는(아니면 이미 했었나? 두어 번 정도?). "이거 놔! 놓으라고!" 나는 결국 울면서 말했다. "내가 졌어." 싸움은 끝났다. 내가 항복하자마자 제프는 날 놓아줬고 나는 2층 방으로 뛰어올라가 문을 잠갔다. "티나, 티나. 나와 봐. 티나, 제발 이야기 좀 하자. 아래로 내려와. 응?" 어머니는 거듭 설득했지만 나는 대화를 거부했고 문 근처에도 가지 않았다. 우리가 서로를 용서하고 화해하길 간절히 바랐던 어머니는 계속 찾아왔다. 나는 아니었다. 굴욕감을 느낀 나는 문을 열지 않았고, 화해할 준비가 되어 있지 않았다. 내가 어쩌다 다시 방문을 열고 가족에게 돌아가게 되었는지는 모르겠다.

◊

내가 기억한 그대로였을까? 그 장면에서 아버지는 정말 벌거벗고 있었을까? 그렇다면 너무나—어떻게 말해야 할까?—프로이트적이다. 아버지는 정말로 꼭 그렇게 "끝까지 싸워" 보라고, 당신 아들이 승리할 때까지 싸우라고 요구했을까? 당신 딸이 울면서 "내가 졌어"라고 할 때까지? 아내의 울먹이는 애원에도 불구하고? 누가 알겠는가? 하기야, 알 방법도 없고. 중요한 것은 그게 바로 내가 기억하는 장면이며, 다 같이 모인 가족들에게 아득한 과거의 일이며 잊은 지 오래라고 분명히 말한 장면이라는 것이다. 지금은 다르게 생각한다. 정신분석학자 자크 라캉Jacques Lacan의 말을 빌려 그 장면을 분석하면 아버지는 쌍둥이를 구별할 정도로 충분히 강력한 "초월적 지위"를 가진 아버지의 법을 체현했고, 나와 제프의 차이와 남자아이로서 그의 우월성을 확실히 함으로써 우리를 최종적으로 분리했다. 나는 그가 내 위에 올라타서 나를 꼼짝 못하도록 하고 마구 때릴 때 그 우월성을 확실히 느꼈다. 그는 말 그대로 내 위에 있었다. 아버지는 결국 자식들 사이의 관계가 적대적인 것과 때로는 내가 제프보다 우세한 것을 견디지 못했다. 그래서 여성 위의 남성이라는 단순하고 위계적인 이분법, 근본적(이라고 여겨지는) 성차를 나타내는 이분법의 보편적(인 것으로 여겨지는) 차이를 확고히 했다. 그리고 자신의 맏이인 아들에게 응당 주었어야 하는 것을 주기 위해 싸움을 명했다.

젠더는 내 아버지의 손에 들린 둔기였다. 그렇지만 젠더는 물론, 남성적인 소년과 여성적인 소녀를 만들어 내기 위해 훈육하고 처벌하는 단순한 문제가 아니다. 사실 나의 부모님은 내가 여자아이용으로 나오지 않은 옷이나 장난감을 원할 때 지지해 주었다. 내가 무겁고 투박한 작업용 부츠나 하이탑 컨버스 올스타 스니커즈, 카우보이 부츠, 데님 재킷을 원하는 것도 용납했고, 남자아이들과 동네 축구나 야구를 하는 걸 말리려고 한 적도 한 번도 없었다. 부모님은 언젠가 생일선물로 내가 간절히 원했지만 가질 수 없다는 걸 알았던 장난감 총을 생일선물로 사주기도 **했다**. 부모님은 우리가 살던 작은 마을의 엄격하게 보수적인 사회적·정치적·윤리적 규범을 따르는 데에 그다지 관심이 없었고 자식들에게도 그 점을 충분히 명확히 전달했다. 그럼에도 소녀됨에 대한 나의 톰보이적 저항은 복잡한 노력을 요했고, 내가 원하는 옷을 입고 마음대로 놀게 해 주었던 나의 부모님은 나를 여자아이로 식별하기 위한 여성성을 명령하기도 했다. 나는 등허리 중간까지 내려오는 긴 머리를 하고 있었고(항상 포니테일로 단단하게 묶긴 했지만), 일요일에 교회에 갈 때는 예외 없이 원피스를 입어야만 했다.

◊

초등학생이 끝날 무렵 벌어진 그 싸움은 사춘기의 집중 공격 속에서 겪을 시련의 전조였다. 규범적 여성성을 가진다는 것은 책을 엉덩이가 아닌 앞으로 들고 가는 것—7학년이 되자 맞닥뜨린 많은 무언의 규칙 중 하나—을 의미했다. 6학년 이후 **아무도** 자전거를 타고 학교에 가지 않았다. 어색하게 책더미를 안고, 핸드백이 어깨에서 팔꿈치로 흘러내리는 걸 느끼며 학교까지 걸어가다 보면, 핸드백이 다리에 자꾸 부딪혀 타이츠에 구멍을 내기 일쑤였다. 어머니는 대학생 때부터 줄곧 단발머리를 유지했고 내게 우아한 여성스러움의 내막을 전수하는 데 별 도움을 주지 않았다. 중

학생 때 가장 친했던 친구들은 다운타운에 있는 헌팅던의 다른 초등학교에 갔던 두 여자아이였다. 그녀들은 겨울에 농구를 하기 위해 학교 운동장에 쌓인 눈을 기꺼이 치우고 캐치볼을 나만큼이나 좋아했는데도, 나보다는 여성성을 가꾸는 데 재주가 있는 것처럼 보였고 9학년이 되자 둘 다 미심쩍게도 남자친구 만들기에 성공했다. 나에게 젠더는 일종의 유체이탈을 경험하는 것이었으며, 고등학교에 들어가 학교 스포츠팀에서 뛸 때만 마음이 편안했다. 거기에도 여성성이 침범했다. 필드하키 유니폼은 속바지 위에 입는 킬트였고, 농구 유니폼은 튜닉에 벨트를 두른 후 안에는 역시 속바지를 입어야 했다. 하지만 상관없었다. 나는 팀 동료들과 열심히 뛰었고, 이기려고 경쟁 중이었으며, 유니폼 등번호 등이 다 있었으니까! 남자팀은 "헌팅던 곰고양이"인데 반해 여자팀은 "헌팅던 곰냐옹이"라고 불렸지만, 뭐라고 부르든 학교에 스포츠팀이 있는 것으로 족했다. 하지만 타이론 근처의 그리어 사립여고가 원정왔을 때, 경기 전 락커룸에서 "괴상한queer 그리어가 왔다"라고 구호를 외쳤던 것은 후회한다. "퀴어"가 자부심의 상징으로 다시 쓰이기 훨씬 전의 일이었다.

◊

제프와 내가 함께 담긴 사진 중 내가 늘 좋아하던 게 있다. 촛불이 켜진 생일 케이크를 앞에 놓고 나란히 앉아 있는 사진이다. 1973년 8월 13일, 헌팅던 근처 형제의 교회 캠프에서 함께 일하던 여름, 제프는 스물한 살 생일을 맞이했다. 내 스무 살 생일이

고작 3주 뒤였기 때문에 케이크는 우리 둘 다를 위한 것이었을지도 모른다. 적어도 나는 그렇게 생각한다. 우리 둘 다 8월 말에 각자의 길을 가게 될 예정이었고 어린 시절 어머니는 종종 우리의 생일을 합동으로 축하하곤 했으니까. 그해 여름 제프는 블루 다이아몬드 캠프의 지도원이었고 나는 "물가의 감독", 일명 안전 요원으로 작은 호수에서 호숫가와 수영하는 지역, 카누와 카누를 정박해 두던 부양식 부두를 감독했다. 컬러 사진 속 나는 짙게 그을린 피부에 햇빛에 바랜 금발의 곱슬머리가 어깨까지 닿아 있고 커다란 은색 링 귀걸이를 달고 있다. 여름 캠프 때문에 역시 그을린 제프는 어깨까지 오는 갈색 머리를 포니테일로 끌어올려 묶은 모양이다. 우리는 어머니가 축제가 있을 때마다 꺼내서 거실에 펴 놓던 접는 티크 테이블에 나란히 앉아서 웃으며 카메라를 바라보고 있다. 수십 년간 나는 이 사진을 보며 우리가 기막히게 닮았다고 생각했다. 똑같은 푸른 눈, 강한 코, 뚜렷한 입술, 선명한 턱선. 미소까지 아주 많이 닮았다.

나는 그 사진을 앨범에서 찾은 후 나무 액자에 넣어서 서랍장 위에 올려두었다. 제프가 떠난 지금 다시금 그와 함께 있다고 느끼고 싶은 마음이었다. 나는 그의 죽음을 애도했고, 그가 살아 보지 못한 삶, 다발성 경화증이 없는 삶, 느리게 파괴되는 몸을 견디지 않아도 되는 삶, 결국 몸이 마비되는 것으로 끝나지 않는 삶을 애도했다. 그 사진에는 캠프에서 여름을 보내고 강건한 몸을 한 젊은 우리가 있다. 나는 안전 요원이 하얀 의자에 올라가기 전, 매일 이른 아침마다 수영을 했다. 바깥쪽 부표를 따라 크롤 영법으로 천천히 왕복했다. 제프는 매주 각기 다른 야영객들과 함께 가까운 산의 화재감시탑까지 하이킹을 갔다. 화재감시탑의 금속 계단을 올라 꼭대기까지 올라가면 중앙 펜실베이니아의 숲으로 뒤덮인 농지의 아름다움을 굽어볼 수 있었다. 완연한 성인이 되기 직전의 우리는 너무나 건강하게, 잠재력을 지닌 채 빛나고 있다. 이 풋풋한 생일 사진을 보고 있자니, 내가 목이 부러져 나이 오십에 사지마비가 되리라는 것은 말할 것도 없고, 나의 활기차고 잘생긴 오빠가 신경계 질환에 시달리다 사십 대에 사지마비가 될 거라는 게 불가능하게 느껴진다.

　제프를 만나러 갔던 어느 더운 여름날, 우리는 그의 밴을 타고 볼일을 본 후 돌아왔다. 나는 소파에 늘어져 가죽에 뺨을 대며 열을 식히다가 맞은편 휠체어에 앉아 있는 제프를 쳐다봤다. 어떻게 견디는 걸까, 나는 의문이었다. 종일 휠체어에 앉아서 소파에 대자로 드러눕지도 못하는데. 장거리 운전을 한 후 다리를 쭉 펴지 않고 어떻게 견디는 걸까? 밴에 타기 위해 들어 올려지기를 기다려야 하고, 한 번에 두 걸음씩은 절대 가지 못하는데 세상을 천천히 사는 것을 어떻게 견디는 걸까? 어떻게 신체적으로 그렇게 단조롭고 둔감해진 촉각으로 사는 것을 참는 걸까? 손으로 무언가 쥐는 느낌을 잃는 것, 손을 사용할 수 없는 것, 말 그대로 자신의 서명을 잃어 버리는 것은 얼마나 끔찍할까! 몇 년 후, 병원 침대에 누워 이제 내가 저 질문들에 답을 내려야 한다는 생각이 떠올랐다. 쉰 살의 일격 한 번에, 제프의 쌍둥이가 되는 나의 상상은 마침내, 사악하게 실현되었다. 마비가 젠더를 이겼다.

◊

아주 오래전에 읽었던 지그문트 프로이트의 에세이「운하임리히Das Unheimliche」, 영어로는「언캐니The Uncanny」가 기억났다. 나는 아주 오래전으로 되돌아가, 특정한 시간의 주름 안에서 끔찍하게 변한 채 살고 있는 기분이 들었고, 그 상황을 이해하도록 도와줄 무언가를 찾고 있었다. 프로이트의 에세이는 공포 장르의 거장, E.T.A. 호프만E.T.A. Hoffmann의 소설이 자아내는 효과를 다뤘다. 호프만은 익숙한 가족의 풍경을 마치 거울을 통해 보듯이 소름 끼치고 위협적인 장면으로 만든다. 한때는 익숙하고 안전했던 것이 낯설고 불안한—'운하임리히', 문자 그대로 "집과 같지 않은"— 것이 된다. 호프만은 다양한 종류의 그림자 형상이나 도플갱어를 등장시킴으로써, 혹은 독자가 즉각적으로 알아볼 수 있는 일상적인 환경이었다가 이제는 무서운 인물이 살고 있는 묘하게 어긋난 공간을 묘사함으로써 무슨 일이 일어나고 있다는 불확실한 긴장감을 조성한다. 죽지 않는 시체, 유령, 좀비는 살아 있는 동시에 죽어 있는 공포의 생명체이지만, 더 두려운 것은 지하 세계의 냄새를 풍기며 평범한 일상이어야 마땅한 영역을 침범해 오는 익숙한 이들이다. 실종 상태로 사망했다고 추정되던 군인이 돌아오지만 그가 사랑하는 사람들은 그를 알아보지 못한다거나, 친숙한 가정이 어딘지 모르게 이상해지고 그 이상함은 분명히 존재하지만 간신히 인지 가능한 정도이기에 더 위협적이다.「환상특급: 트와일라잇 존The Twilight Zone」의 에피소드들이 종종 이런 식이며, 에드가 엘런 포Edgar Allen Poe의 공포소설도 때때로 동일한 논리로 작동한다.

    프로이트는 운하임리히에 대한 연구를 '집과 같은, 친숙한'이라는 뜻을 지닌 반의어 하임리히를 분석하는 데서 시작한다. 여기서 우리는 놀랍게도 프로이트가 꽤 중요하게 여겼던 사실을 발견하게 되는데, 하임리히는 **그 의미 안에** 반의어를 지닌다는 사실이다. 하임리히는 '친숙한, 집과 같은, 편안한'이라는 뜻이지만 **또한** 감추어진 것, 집에서 보이지 않거나 숨겨져 있는 것을 뜻하기도 하기에 가정은 위협적인 비밀이 머무는 장소로 바뀐다. 하임리히와 운하임리히는 같은 이야기를 하는 것이다. "비밀로 남겨지고 숨겨져 있어야 했던, 하지만 알려진 모든 것은 언캐니한 것이다." 운하임리히는 "우리가 오래전부터 잘 알던, 한때는 아주 친숙했던 무언가로 돌아간다". 하지만 이는 죽은 자를 되살리는 분석을 통해서만 가능하다.* 프로이트에게 운하임리히는 정신생활을 드러내 주는 것이었다. 당신은 의식적으로 자신을 이성적이고 문명화된 생명체라고 자부하지만, 인정하기에는 지나치게 역겹고 추한 생각들이 억압된 채 당신이 살아가는 삶에 깊은 영향을 미친다. 당신이 모르는 사이, 당신은 이중 스파이인 셈이다. 정돈된 성인의 삶을 성취하고 지켜가기 위해 당신의 무의식에는 망각해야 하고 의식적 사고 너머에 남겨두어야 하는 모든 것들이 모여 있다.

    여기에서 정통 프로이트 분석을 할 생각은 없다. 다만 아이

---

* Sigmund Freud, "The 'Uncanny'"(1919), *MIT.edu*, http://web.mit.edu/allanmc/www/freud1.pdf, 3, 1-2, accessed June 28, 2015.

양육은 필연적으로 생각이 미치지 않는 생각들을 만들어 내기 마련이고, 그 생각들은 후에 꿈과 환상 속에서 다른 모습으로 가장하여 다시 나타나게 되어 있다. 나의 아버지는 당신의 아들이 싸우고 이기길 원했던 것처럼 보이고, 나의 다정한 어머니는 나를 현명하게 사랑하지는 않았을지도 모르지만 너무나 잘 사랑해 주었다. 내 친구 하나가 곧 청소년이 될 자신의 아들에 대해 이야기 했듯이, 그녀가 할 수 있는 일은 최선을 다하는 것뿐이며 이후 모든 것을 스스로 해결해 가는 일은 아들의 몫임을 깨달았다고 했던 것처럼 말이다. 내가 명확히 하고 싶은 것은 나의 부모님과 오빠는 내게 잘해 주었고 나도 마찬가지였다는 점이다. 나는 어렸을 때도, 그리고 지금도 나의 가족을 사랑한다. 그럼에도 이 문제에 대해 필립 라킨Philip Larkin은 이렇게 썼다.

「이 시로 해 주시오」

그들이 너를 망쳐 놓은 거야, 네 어머니랑 아버지 말야.
일부러 그런 건 아닐지 몰라도, 어쨌든 그래.
자신들 결함들로 너를 가득 채운 다음
추가로 조금 더 넣었어, 너한테만 특별히

하지만 그들도 나름대로 망쳐졌던 거지.

"fuck"의 상스러운 앵글로색슨 에너지가 시의 3연에 걸쳐 이어지며, 첫 행의 긴장감을 그대로 유지하고 있다. 당신의 부모는 문자 그대로, 그리고 은유적으로 당신을 "망쳐fuck you up" 놓는다. 이 세상에 데려와 놓고 결국 망가진 채 내버려 둔다. 가혹한 언어는 이 손상을 실존주의적인 것이라 상정한다. 짧고 단순한 평서문 두 개 속에 인간의 불가피한 고통을 단언한다. 4보격이 전통 발라드, 전래동요, 대중음악의 4박자 행과 함께 상스러운 언어를 강화하며, 1~2연에서 집요하게 반복되는 단음절 단어들로 인해 리듬은 가차 없이 집행된다. "추가로Ex'tra"만이 유일한 예외로— 말하자면, "너"가 부모의 결함뿐 아니라 뭔가를 더 물려받는 것을 확실히 하기 위해 추가로 음절을 넣은 것이다.

　　중복문으로 구성된 시의 2연을 따라가다 보면, 필연적인 상처는 대를 이어 전해지는 문제가 된다. "하지만 그들도 나름대로 망쳐졌던 거지"로 시작해 자식을 망치는 양육을 한 부모를 위해 변명하기보다 여러 세대를 아우르는 더욱더 암울한 관점으로 나아간다. 시의 운율은 계속 가차 없이 투박하다. 이 시를 처음 읽었을 때 정신분석 상담을 받는 중이었던 나는 이 시가 내게 말을 걸고 있음을 알았다. 「이 시로 해 주시오」는 모든 가족은 망가졌고, 고개를 돌리는 곳마다 행복한 가족의 모습이 묘사되는 것은 어쩌면 불가피한 고통에 대한 보상일지도 모른다는 것을 말해 준다. 이 시가 실존주의적 황량함을 통해 그토록 내게 즉각적으로 와 닿았던 이유는 당시 내가 애정이 넘치는 가족의 친밀함 속에서 어떻게 고통받았는지 이해하려고 애쓰는 중이었기 때문이다. 이 친밀감은 적대감을 억압하는 데 기대고 있었기에 분노, 질투, 탐욕,

욕정, 나태―죽음에 이르는 죄와 용서받을 수 있는 죄의 모든 목록―와 같은 것을 공공연하게 말하지도 해결하지도 못하게 했다. 라킨의 시선을 잡아끄는 외설성은 너무 가혹해 보여서 나의 다정한 가족에게 적용하기는 힘들어 보인다. 하지만 나는 이 시를 외웠고 지금 당장 암송할 수도 있다.

시의 마지막 연인 3연에서는 망쳐진 존재라는 실존주의적 드라마를 요약하는데, 어휘 선택에 현저한 변화가 보인다.

> 인간은 인간에게 비참함을 물려준다.
> 해안 지층의 대륙붕처럼 깊어진다.
> 될 수 있는 한 빨리 빠져나오길,
> 아이는 절대 갖지 말고.*

시는 "인간Man"이라는 원대한 추상과 3음절의 앵글로 노르만어 "비참함mi'ser y"에 도달한다. 시의 어조는 이전보다 격식을 차린다. 비참함은 직유를 통해 심화되고, 마지막 두 행에 걸쳐 명령법으로 우리를 인도한다. 딸 하나 아들 하나를 가진 내 친구와 다르게 이 시의 화자는 동사의 어떤 의미를 적용하든 아이를 "망칠" 생각이 없다. 화자의 세계에서는 아주 대단하게 무언가를 망치지 않고 아이를 가질 수 있는 방법은 없다. 나는 보통 낙관적인

---

* Philip Larkin, "This Be the Verse"(1971), in *Collected Poems*, Farrar, Straus and Giroux, 2001; available at *Poetry Foundation*, http://www.poetryfoundation.org/poem/178055, accessed September 15, 2012.

기질의 소유자이지만, 이 경우 나 역시 화자와 같은 생각이다. 나는 아이를 갖지 않았다.

어머니와 아버지는 행복한 결혼 생활을 누리다 보니 자신들의 삶의 방식이 그저 **그들**에게만 최선이 아니라 **모두**에게 최선이며 충만한 삶을 살기 위한 유일한 방식인 것처럼 믿게 되었을지도 모른다는 생각이 들었다. 내가 자라는 동안 우리 가족은 사진을 잘 보관하는 편은 아니었지만 집에는 부모님의 결혼식 날 찍은 사진들이 담긴 하얀색 앨범이 있었다. 포즈를 취하고 찍은 공식 사진들 사이로 자연스럽게 찍힌 사진이 한 장 있다. 그들은 서로의 얼굴을 바라보며 고개를 뒤로 젖힌 채 웃고 있다. 제인은 손을 뻗어 켄의 손을 잡으려고 한다. 어느 시점에 어머니는 사진 아래 주석을 달았다. "기쁘고, 기쁘고, 기쁜 날! 이날이 드디어 왔다!" 그들이 그토록 기다렸던 날이었던 것이다. 그 사진을 볼 때마다 그들이 행복해서 나도 좋다. 그들은 서로의 존재에서 기쁨을 찾았지만, 나에게는 숨 쉴 공기를 남겨두지 않았다.

부모가 자식들의 안녕을 얼마나 바라는지는 헤아리고도 남아서, 아버지가 당신 아들 결혼식 전야제에서 나에게도 결혼하고 "적절한 때에" 아이를 갖길 바란다고 말했을 때 나는 놀라지 않았다. 둘 중 어느 것도 내 미래에는 없다는 것을 절대적으로 확신했지만. 제프와 나는 둘 다 대학교를 막 졸업한 상황이었다. 나는 뉴욕 로체스터에서 이틀 동안 결혼식 전 이런저런 일을 처리하며 가족과 함께 보냈다. 그날 일찍 어머니가 바느질하고 있던 신부 들러리 드레스의 밑단을 올릴 위치를 확인하기 위해 그걸 입어본 나는 베스의 부모님 집에서 갑자기 도망치듯 뛰쳐나왔다. 그 드레스는 짧은 퍼프 소매가 달린 잔꽃 무늬의 푸른 모슬린이었는데, 자세나 몸의 움직임으로 보아 나는 영락없는 미식 축구 수비수 같았다. 나는 엉엉 울면서, 또 자신의 격한 감정에 놀란 상태로, 너무나 비슷비슷해서 도저히 구분할 수 없는 교외의 똑같은 집들 사이를 헤매며 돌아다녔다. 그 드레스에 대해 **그렇게** 많이 생각하지는 않았다고 확신한다. 그리고 내 비참함에 대해서도 어떤 결론에 도달하지 않았던 것으로 기억한다. 돌이켜 생각해 보면, 제프의 결혼식이 있던 주말은 온통 정동affect으로 가득했다. 스스로 인정하고 싶지 않았던, 어디에도 소속되지 못한다는 뿌리 깊은 무언의 감정 자체였다. 나는 물론 결혼하길 원하지 않았고 지금도 여전히 그렇다. 결혼은 국가가 기록하고 집행하는 계약이며, 국가는 그 계약에 근거해 사회적 재화를 분배한다. 결혼은 많은 여성이 공장에서, 사무실에서, 종일 사람들 시중을 들던 식당에서 퇴근한 후 다시 시작되는 악명 높은 무임금 "2교대"인 가사노동에 그녀들을 옭아매는 구속이 된다. 내가 도대체 왜 결혼을 원하겠는가?

나는 이 모든 것을 속으로만 삼켰다. 뭐든 에둘러서 말하는 우리 가족의 특징을 생각해 보면, 어릴 적 제프와 나 사이의 놀이나 다툼이 늘 격렬하게 신체적이었던 것은 어쩌면 당연한 일일지도 모른다. 나는 그의 자리를 차지하고 싶었고, 그가 나보다 아주 약간 나이가 많을 뿐이고, 나만큼 크지 않았는데도 맏아들로서 누렸던 막연한 특권들을 모조리 누리고 싶었음이 분명하다. 제프는 그것 때문에 꽤 언짢아했다. 서로를 앞서려는 진짜 싸움은 수년간 치열한 경쟁을 야기했다. 하지만 나이가 들면서 그 싸움은 희미해졌고 나는 레즈비언 페미니즘에서 나만의 자아 감각을 찾았다. 제프는 스물한 살에 결혼했고 나는 아직 그 상서로운 나이에 이르지 못했다. 결혼 선물을 가득 실은 작은 유홀 트레일러를 몰고 떠나는 제프와 베스를 보면서, 저기 우리 집안의 총아가 간다고 생각했던 기억이 난다. 나는 정말로 그 모든 것들을 원하지 않았기 때문이다. 오히려 반대로, 나는 스테레오 스피커를 포함해 내가 가진 모든 것이 폭스바겐 버그에 다 들어간다는 사실에 만족했다. 1974년 8월, 나는 그의 결혼과 관련한 모든 것들이 그를 중요한 사람으로 만드는 동시에 나를 우습게 만들었다는 사실에 개의치 않다고 생각했다. 지금 와서 생각해 보니 나는 제프가 가진 것을 원하는 동시에 원하지 않았다. 이성적으로 보면 완전히 말도 안 되는 모순이지만, 무의식적 사고와 공공연히 발설하지 않은 감정의 측면에서는 완벽하게 일치한다. 가족과 함께하는 삶의 기저에서 요동치는 무의식은 이성이 미치는 범위를 훌쩍 넘어선다. 제프는 좋은 성적으로 로스쿨을 졸업하고, 변호사 시험을 통과해 변호사가 되었다. 제프와 베스는 첫 아이를 가졌다. 그리고 내가 대학원을 졸업할 때 즈음 다발성 경화증이라는 끔찍한 현실과 다발하는 경화성의 수초 파괴가 제프를 쓰러뜨렸다. 좋든 나쁘든 우리의 관계를 쌓아 올렸던 경쟁이 급작스럽게 끝나고 나는 승자가 되었다. 부전승으로. 터무니없는 소리라는 걸 알지만, 내 말이 바로 그거다. 제프를 나에게서 젠더보다 더 뿌리 깊게 갈라놓은 것이 다발성 경화증이었고, 이는 많은 점을 시사한다. 나는 "이기고" 싶었지만 그런 방식으로는 아니었다. 그런 승리에 기쁨은 없었거니와 나만 건강하게 잘 지낸다는 죄책감까지 느낄 수밖에 없었다. 몇 개월에 한 번씩 제프를 만나러 갈 때마다 우리의 차이는 점점 더 분명해져 갔고, 시간이 성큼 흐르는 만큼 변화는 눈에 띄었다. 아마 그래서 내가 우리 사이에 강력한 가족 유사성이 있다는 생각, 생일에 찍은 사진에서 너무 분명히 드러났던 우리의 유사성에 더 집착했는지도 모르겠다. 나는 그 생각을 꼭 붙들고 있었다. 그 사진은 나를 언제나 행복하게 했다. 일정 정도는 분명, 잘생긴 제프의 후광을 누리는 게 좋았기 때문이기도 할 것이다. 나는 다리 근육이 위축되고 상체 근육은 쇠약해지며 서서히 꼿꼿한 자세를 잃어 가는, 그의 몸에 일어나는 변화를 보는 것이 슬펐다. 제프의 병세가 더 악화될수록, 그가 점점 더 나와 달라질수록, 제프를 도울 수 있기를 바랐다. 그가 나와 같기를 바랐다.

아아, 그럴 리가. 우리는 영원한 유사성 속에서 서로를 비추는 쌍둥이가 아니었고, 쌍둥이였던 적도 없었다. 우리의 삶은 다른 궤도를 그렸고, 내 목이 부러진 이후에도 계속 다른 길을 갔다. 처음에 제프와 나는 각자의 휠체어에 앉아 있었다. 하지만 곧 자리에서 일어나는 것이 그에게는 지나치게 힘든 일이 되었다. 제프의 병원 침대 옆에서 휠체어에 앉아 있는 내 사진이 보여 주듯이. 이런 변화에도 불구하고 제프는 너무나 활기가 넘치는 사람이어서 나는 그의 죽음이 임박했으리라고는 생각하지도 못했다. 그의 죽음에 대한 충격이 말 그대로 내가 제프를 어떻게 보는지 결정적으로 바꿔놓은 것처럼 보일 정도다. 나의 무의식이 인정했던 것보다 우리는 항상 더 달랐다. 그가 살아 있을 때는 깨닫지 못했지만, 그 차이의 증거는 생일 사진에 바로 드러나 있었다. 우리는 언캐니할 정도로 닮은 것이 아니다. 아니다. 이목구비가 매우 비슷하긴 해도, 얼굴 골격은 닮지 않았다. 내 얼굴은 어머니처럼 둥근 편이고, 제프는 아버지처럼 각이 진 얼굴이다. 강력한 가족 유사성은 그저 그뿐이다.

◊

어머니는 2008년 10월에 세상을 떠났다. 우리는 기다렸다가 2009년 7월 어느 아름다운 날, 주니아타 평화 예배당에 어머니의 유골을 뿌렸다. 워싱턴 D.C.의 베트남 참전용사 기념비를 설계한 장소 특정적site-specific* 건축가 마야 린Maya Lin이 디자인한 곳이었다. 숲길을 따라 오르다가 아무 표지도 없는 흙길에 들어서면 둔덕 위에 넓은 벌판이 펼쳐진다. 풀과 야생화가 커다란 원 모양으로 베어져 있고 그 중심에는 직경 6미터 정도의 작은 원이 91센티미터 깊이로 파여 있다. 안쪽 풀은 바닥 가까이 바짝 깎여 있다. 풀이 난 내부에는 사각 화강암 덩어리들이 지면과 같은 높이에 원을 그리며 놓여 있어서, 그 위에 앉아 전경과 배경 사이의 고요한 나무와 산을 받아들이며 쉬도록 초청한다. 여름 곤충들이 풀밭에서 윙윙거리고 숲에서는 새소리가 들린다. 풀과 야생화 사이로 넓

---

* 장소 특정적 예술이란 주변 환경과의 관계 속에서 작품의 의미와 형식이 만들어지는 예술을 의미한다.—옮긴이.

은 길이 나 있고, 크고 부드러운 화강암 디딤돌들이 약간의 거리를 둔 채 언덕 위부터 숲까지 이어져 있다. 바닥에 평평하게 놓인 화강암 원반 덕분에 아래쪽 원과 공간적으로 연결된 사적인 명상 공간이 완성된다. 1990년 5월 동틀 무렵 우리가 케네스 와드 크로스비의 유골을 뿌렸을 때, 어머니는 아버지가 "세계로 돌아갔다"라고 말했고 나는 울며 홀로 언덕을 올라, 이른 새벽의 고요한 빛 속에서 저 돌을 찾아 숲으로 달렸다. 예배당 전체는 매우 단순하고 매우 아름답다. 제인 밀러 크로스비의 분자는 이제 수년 전 사랑하는 켄의 유해를 받아들였던 그곳의 공기, 흙, 물과 섞였다. 제프의 얼굴을 보고 함께 시간을 보낼 수 있었던 마지막 날은 어머니를 기억하기 위해 가족들이 모인, 어머니의 유해를 자연에 돌려보낸 따뜻한 7월의 어느 날이었다. 1년 후, 가족들은 제퍼슨 클라크 크로스비 유골의 일부를 가지고 같은 장소를 찾았다. 저 멀리 애팔래치아 산맥의 굽이치는 능선이 내다보이는 평화로운 언덕의 풀 사이로 바람에 실려 사라질 수 있도록. 언제가 될지 모르겠지만, 분명히 헌팅던에 다시 갈 날이 올 것이다. 어머니 옆에서 다년간 요양보호사로 일하며 어머니와 서로를 아끼는 동반자였던 캐시가 나를 데려가리라. 가족에 대한 기억 또한 내게 얼른 돌아오라 재촉한다. 내가 얼마나 가족을 사랑했는지 너무나 생생하게 의식하는 동시에 내가 스스로 멀어지기를 택했기에 혼란스럽기도 했다. 제인, 켄, 제프는 떠났다. 나의 기억 속에서 나는 스스럼없이 그들과 더 가까워지고, 그들을 새롭게 본다. 나는 제프의 쌍둥이가 아니다. 내가 생각했던 것만큼 그와 닮지도 않았다. 그 깨달음 덕분에 그를 있는 그대로 볼 수 있게 되었다. 그리고 그것 또한 다른 상실이다.

11. 장이 이끈다

"나 화장실 가야 해. 지금." 아침 식사 후 둘러앉아 커피를 마시던 주방 식탁에서 제프가 휠체어를 돌리며 진짜 다급하게 말했다. "난 원래 커피를 거의 안 마셔. 문제가 될 수 있어서. 커피를 마시면 장운동을 하게 되거든." 그는 복도를 따라 휠체어를 밀며 초조하게 설명했다. 다발성 경화증은 제프에게서 괄약근 조절 능력을 앗아갔고, 자넷과 나는 화장실에 제때 도착하려는 제프가 느끼던 불안을 함께 느꼈다. 나는 제프의 뒤에 자리 잡고 겨드랑이 아래에 손을 넣어 그의 몸을 지탱했으며, 자넷은 무릎을 잡은 후 있는 힘껏 그를 변기 위로 앉히려고 애썼다. 알고 보니 바지를 내리고 몸을 옮기기 시작하자마자 그의 장이 배변을 시작한 터라 제프가 실제로 변기에 앉았을 때는 이미 엉망으로 뒤범벅되어 있었다. 제프의 속옷과 바지에 똥이, 바닥에도 똥이, 변기 시트 전체에 덕지덕지 똥이 발라져 있었다. 변기로는 별로 들어가지도 않았다. "정말 미안해." 제프는 좌절감과 분노 속에서 거듭 말했다. 그러고는 조금 차분해진 목소리로 말했다. "치우기 힘들 텐데 미안해. 이럴 때마다 **정말 싫어. 정말 싫다고.** 엉망진창이네! 이래서 내가

장 프로그램을 할까 생각 중인데, 한번 시작하면 그걸로 끝이라서."

나는 제프에게 그의 똥을 치우는 게 아무렇지도 않다고 안심시키는 데 집중하느라 그에게 "장 프로그램"이 뭐냐고 묻지 않았다. 이에 대해 전혀 아는 바가 없었고 그가 더 쇠약해지는 걸 받아들이고 싶지 않았기 때문이다. 그때 나는 제프의 바지와 속옷을 벗기고 샤워실에서 똥이 제일 많이 묻은 부분을 씻어내 자넷이 세탁기에 던져 넣을 수 있도록 넘겨줘야 하는 상황이었다. 나는 바닥, 변기, 제프의 엉덩이를 최선을 다해 닦느라 바빴다. 정말 엉망진창이었지만 제프를 사랑했기 때문에 치우는 일은 아무래도 상관없었다. 다발성 경화증이 그의 삶을 너무 힘들게 한다는 사실이 슬플 뿐이었다. 마흔여덟이라는 나이에 제프는 유아에서 어른이 되며 거쳤던 배변 훈련으로 다시 돌아가게 된 것이니까. 제프가 산뜻한 속옷과 깨끗한 바지를 입도록 도와주면서, 나는 어머니가 화장실에서 우리의 더러워진 기저귀를 애벌빨래 하던 걸 생각했다. 이제 그의 장은 다시금 믿을 수 없고 때로는 통제 불가능한 것이 되어 버렸다. 제프처럼 사는 것은 상상할 수도 없다고, 나는 속으로 생각했다. 정말로 상상할 수도 없다고.

"장 프로그램"이 무슨 뜻인지 제대로 알아보지 않았기 때문에 나는 여전히 그게 뭔지 잘 모른다. 그래서 제프가 대변 활동을 조절하기 위해 언제부터 완하제와 관장제를 사용하기 시작했는지도 모른다. 재활 병원에서 **나의** 장 프로그램을 접하게 된 후에야 제프에게 닥쳤던 상황을 납득했다. 다발성 경화증은 맨 처음에는 그의 다리를, 그다음에는 그의 손과 팔과 상체 근육을 못 쓰게 했고, 그의 장기를 통제하는 신경회로를 천천히 약화시켰다. 여러 해 전에 제프의 폐는 더는 공기를 내뿜을 수 없이 약해졌고 그는 사랑스러운 바리톤 목소리로 노래하는 것도 서서히 멈추었다. 나는 앞날이 걱정이었다. 폐 기능 약화, 음식 섭취 시 흡인 위험, 호흡기의 공포가 기정사실이 될 것이었으므로. 제프의 장은 처음에는 아주 미세하게, 이후에는 눈에 띄게 활동이 느려지다가 이제 장을 움직이려면 변덕스러운 커피가 주는 자극보다 더 강한 것이 필요했다. 그 무렵 제프는 모라비안 매너의 요양 병동에서 지내고 있었고, 완하제에서 관장제로 이어지는 격일제 프로그램에 전적으로 의지하고 있었다. 완하제를 전날 밤 투여한 후 장 프로그램의 당일 관장제를 투여하는 방식이었다. 간호사는 그의 몸을 뒤집고 관장제를 직장에 주입한 다음 항문에도 꽉꽉 눌러 넣고 다시 몸을 뒤집어 침대용 변기 위에 눕혔다. 대략 30분쯤 후에 약품이 작용하면 수동으로 변을 제거한다. 그는 더 이상 "밀어내지" 못하기 때문이다. 그러면 간호사는 침대용 변기에서 그의 몸을 약간 돌린 후 장갑을 낀 손가락을 항문에 삽입해 남은 변이 없는지 확인한다. 만일 간호사가 뭔가를 감지하면 재빨리 손가락으로 원을 그리며 움직여 수동으로 직장의 근육을 자극해서 장을 완전히 비우기 위한 수축을 유발시킨다.

"장이 이끈다." 어디서 알게 된 표현인지는 모르겠지만 두 어절로 된 이 단순한 문구는 단순한 진실을 말한다. 치과의사였던 매기의 할아버지는 손녀들이 아프다고 칭얼대면 "열이 없으니 똥만 누면 괜찮다"라며 일축했다. 체내 노폐물을 없애지 못하면 죽는다는 건 분명한 사실이다. 하지만 그렇게 과장된 비교로 묵살해 버림으로써 아무것도 아닌 것처럼 무시하면 그 중간에 있는 모든 괴로움은 어쩌나? 나의 장은 운동 중이고 체온은 정상이지만 나는 전혀 괜찮지 않다. 지금 나의 장은 어마어마한 정신적·감정적·육체적 골칫거리이기 때문이다. 사실 장 프로그램을 생각하면 종종 겁에 질린다. 그건 **내** 일이고, 불가피하고, 불쾌하고, 철저하게 지저분하다. 하지만 나를 가장 괴롭히는 것은 나의 끈질기고 잊을 수 없는 미래에 끈질기고 잊을 수 없는 장 프로그램이 없을 리가 **없다**는 단순한 사실이다. 내 몸의 미래는 지금보다 더 나빠지는 것만 남았다.

물론 장 "실수"는 뭐가 됐든 몹시 당혹스럽다. 성공적으로 기저귀를 뗐는데 어쩌다 부주의하게 바지에 똥을 눈 유아에게 물어만 봐도 알 수 있다. 게다가 소리 없이 악독한 냄새가 나는 방귀를 방출하고 시치미 떼 본 적 없는 사람이 누가 있을까? 알다시피 나는 척추 부상 이전에도 장내 가스에 시달렸다. 한 번은 자넷과 유홀 트럭을 몰고 아리조나에서 코넷티컷으로 향하던 길에 커피를 마시러 맥도날드에 들른 적이 있었다. 계산대에서 돈을 내면서 나는 조용히 세계에서 가장 구린 방귀를 뀌었다. 나를 응대해 주던 점원이 주위를 훑어보더니 누구에게랄 것도 없이 말했다. "이 끔찍한 냄새는 뭐야? 우웩. 뭐가 썩거나 죽은 것 같은 냄새네." 정말이지, 나는 그 굴욕을 자백할 수 없었다. 이렇게 극적인 장면이 아니더라도 당신도 비슷하게 방귀를 부인해 본 경험이 적어도 한 번은 있으리라 생각한다. 하지만 부분적으로 마비된 장 근육을 달고 살거나 그런 누군가를 돌보고 있는 것이 아니라면, 당신도 장 기능과 마비에 대해 내가 목이 부러지기 전 알았던 것 이상으로 알기는 어렵다.

제프는 이제 변을 보지 않는다. 그는 죽었다. 하지만 나는, 멀쩡하게 살아 있고 한결같은 일정에 맞춰 대변을 본다. 이틀은 쉬고, 둘째 날 밤에 강력한 약초 완하제 세 알과 대변 연화제를, 셋째 날 아침에 관장제를 주입한 후 한두 시간, 최악의 경우에 심지어 세 시간가량 변기 위에 앉아 있다가 다 된 것 같으면 손가락 자극으로 끝낸다. 모든 일이 잘 풀렸을 때의 이야기이다. 가끔은 모든 일이 잘 안 풀릴 때도 있다. 작년에는 둘째 날에 장이 너무 묵직하게 느껴졌고 거의 **지금 당장** 일을 봐야 한다는 확신에 다다른 적이 두 번 있었다. 그날 밤까지 버텨 보려고 했으나 어려웠다. 두 번 다 자정 즈음에 도움을 요청해야만 했는데 한 번은 자고 있는 도나를 깨웠고, 또 한 번은 자넷이 자러 갈 시간이 지나 버린 상황이었다. 변을 본 후에는 샤워를 해야 하기에 아무도 새벽 2시 30분 전에 잠자리에 들 수 없었다. 나는 다른 모든 근육처럼 괄약근을 느낄 수 있고 힘을 줄 수도 있지만, 밀려 나오는 대변을 막을 정도로 신경이 통하지는 않는다. 내가 얼마나 무력감을 느끼는지 상상도 못할 것이다.

어린아이가 훈련과 칭찬을 통해 경험하는 가장 의미 있는 승리는 대변을 가리는 것이다. 여기에는 "밀어내는" 능력과 괄약근 조절 능력이 중요하다. 배변할 때 일어나는 일은 다음과 같다.

직장에 변이 쌓이면 내부 압력이 올라간다. 높아진 직장 내 압력은 항문관 벽을 벌려 배설물이 관으로 들어가도록 한다. 배설물이 들어가면 골반 기저근이 항문관 벽을 더 수축해서 벌어지게 한다. 항문관으로 변을 내보내며 직장은 짧아지고 연동파가 대변을 직장으로부터 밀어낸다. 항문에는 내괄약근과 외괄약근이라는 두 개의 수축 근육이 있어서 대변을 배출하거나 막아주는 역할을 한다. 대변을 내보낼 때는, 골반가로막 근육이 밀려 나가는 대변 위로 항문을 고정시켜 항문관의 탈출(몸 밖으로 밀려 나오는 것)을 방지한다.*

이 복잡한 과정을 바로 우리는 모든 유아에게 조절하라고 요구하는 것이다. 실패할 경우 "사고"라는 완곡어법을 사용하면서 말이다. 그럼에도 아이는 사고가 중립적이지 않고 자신의 책임으로 기록되리라는 것을 안다. 프로이트는 이에 대한 이해를 중요시하며 아이가 통제력을 천천히 가져야 함을 강조한다. 실제로 정신분석 이론은 라캉의 언어유희에 따르면, 날 것의 "오믈렛"까지 거슬러 올라간다. 갓 태어난 아기의 뇌는 여전히 자라고 있고, 두개골 역시 완전하지 않다. 아직 다 형성되지 않은 아기는 천천히, 아주 천천히 어른의 손에 다루어지며—요리되며—자란다. 아기의 몸은 최초의 응시 단계에서 자신의 모든 구멍에 대한 특별한 관심을 통해 반복적으로 구별된다. 배변 훈련에 성공한 유아는 어른

---

* "Defecation," *Encyclopedia Britannica*, http://www.britannica.com/EBchecked/topic/155613/defecation, accessed November 29, 2014.

의 세계와 그 속의 신비로운 명령과 보상에 대해 이해하는 과정에 있다.

◊

시시콜콜한 이야기를 쓰다 보니 "너무 과한 정보"라는 함축적 표현이 생각난다. 실로 그러하다. 하지만 알다시피, 점잖은 자리에서 변을 보는 이야기를 꺼내지 않더라도 쾌변은 진정한 만족을 준다. 이런 대화 규범에도 불구하고, W. H. 오든W. H. Auden은 쾌변의 쾌락에 대해 10연짜리 시 「집의 지리학The Geography of the House」을 써서 친구이자 한때 연인이었던 크리스토퍼 이셔우드Christopher Isherwood에게 헌정했다. 오든은 우리 모두 변을 잘 볼 때 기분이 좋다는 사실로 시를 시작하며, "환호를 보내야지 대자연/여사, 원시의/ 쾌락을 주신 그녀에게"라고 말한다. 시를 전개하며 화자는 배변 훈련 작업을 성인이 된 이후의 창조성과 연결하는 정신분석학적 통찰력에 도달한다.

> 요강에서 들어 올려져,
> 유아는 어머니로부터
> 처음으로 세속적 찬사의
> 공정한 말을 듣는다
> (…)
> 모든 예술은 이 최초의
> 만드는 행위로부터 나온다

예술가에게는 사사로운 것
만드는 자는 인생을 산다
탈-나르시스-화된
오래가는 대변을
수단을 골라서
낳기 위해 애쓴다.

뒤로 갈수록 시는 결말에 다다른다.

지구 어머니여, 우리의
내장을 긍휼히 여기시고
사는 동안 뚫려 있도록,
우리의 정신도 정화해 주시고,
우리에게 싸구려 호텔의
심술궂고 나약한 괄약근의
노망난 늙은이가 아닌
제왕의 결말을 주옵소서.

    오든은 시 전체에서 관용이라는 주제를 구현하며, "내장을 긍휼히"라는 표현을 통해 자애롭고 너그러운 감정을 내장 깊은 곳으로부터 느낄 수 있도록 한다. "대자연/ 여사"는 삶의 필수인 기능에 쾌락을 자애롭게 부여한 인류의 "지구 어머니"가 된다. 오든은 이 찬양받지 못한 일생의 쾌락으로부터 겉치레를 벗겨 버린 결과를 전개하여 창조성 자체와 연결시킨다. 당신이 매번 아침 식사 이후 "갈" 때마다 당신은 (무의식적으로) 당신의 최초 돌봄자를 기쁘게 했던 무언가를 만드는 만족감을 기억한다. 그리고 모든 예술가는 마음속에서 다른 것을 생각하며 만든 무언가인, "탈-나르시스-화된/ 오래가는 대변을" 창조하기를, 남들에게 진정한 가치를 인정받는 것을 만들기를 바란다. 이 시는 우리의 장을 통제하는 어머니/타자를 향한 쾌락이 "모든 예술"의 동기가 된다는 점을 기꺼이 상기시킨다. 예술적 창조는 예술가의 무의식적인 육체적 삶에 크게 의존하기 때문이다. 화자는 지구 어머니에게 실금 없는 노년을 기원하며 장의 통제력을 잃는 것을 빈곤한 삶과 연결시킨다. 마지막 연은 시의 도입부에서 언급한 "원시적 쾌락"과 현재의 순간으로 되돌아간다.

> 마음과 몸은 서로 다른
> 시간표를 달린다.
> 우리의 아침이 여기를
> 찾아와서야 우리는
> 케케묵은 어제의 걱정을
> 놓아둔 채 잊고 온다,
> 우리의 모든 용기로 직면한다
> 이제 무엇이 될 것인가.*

* W. H. Auden, "The Geography of the House"(1964), in *Collected*

오든은 미래로 시선을 돌리며 부정사 "될 것인가to be"로 시를 끝맺는다. 독자는 존재의 동사와 함께 남겨진다. 나는, 너는, 그/녀는. 우리는, 당신은 그들은, 무엇이 될 것인가. 정말이지, 장이 이끈다.

배변 활동은 삶 그 자체이기에 제프가 장을 조절하는 통제권을 잃고 싶지 않았던 것은 당연하다. 완하제나 관장제의 라벨을 읽으면 식물에서 추출한 것이든 실험실에서 생산한 것이든 화학약품이므로 정기적으로 사용할 경우 장 기능을 잃을 위험성이 있다고 경고한다. 몸 안에서 노폐물을 이동시켜 밖으로 배출하는 기능을 상실하고 화학적 자극에 의존하게 된다는 뜻이다. 중추신경계 손상 때문에 장 프로그램을 시작하면, 관장을 하고 변기 겸용 의자에 앉아 있는 것이 당신의 돌봄 루틴 중 일부가 되어 죽음이 닥치기 전까지는 끝나지 않는다. 제프가 화학약품에 의존하는 날이 오기 전까지 가능한 한 오래 버티려고 했던 것이 이해가 간다. 하지만 그는 내가 뒤처리를 도왔던 일과 비슷한 사고를 점점 더 많이 겪었다. 그는 "나약한 괄약근을 가진" 상태가 되었고 변화는 불가피했다.

제프는 수년에 걸쳐 상황에 적응하기 위해 했던 다른 여러 가지 선택과는 질적으로 다른, 장 프로그램을 시작해야 할 필요가 있음을 분명히 경험했다. 더는 안정적으로 수동 휠체어를 밀 수

Poems(1976; London: Faber and Faber, 1994); available at *Poem Hunter*, http://www.poemhunter.com/poem/the-geography-of-the-house/, accessed July 20, 2015.

없게 되었을 때 제프는 "얼른 전기 의자에 앉고 싶었다니까"라며 농담했다. 그의 말이 지닌 어두운 이면에는 상실감이 있었지만 전동 휠체어 자체는 그의 삶의 질을 향상시켰다. 그의 몸을 더 잘 받쳐주는 데다 더 편안했고, 속도도 더 빨랐다. 그는 곧 조이스틱을 능숙하게 다뤘고 내가 뛰어서 뒤쫓아 오게 하는 걸 즐겼다. 반면 장 프로그램은 농담할 수 있는 일이 아니었다. 그저 상실만을 알리는 소식이었다.

제프가 자신의 몸에 대해 어떻게 느끼는지에 대해, 우리가 더 많이 이야기를 나누었으면 좋았으리라 생각한다. 특히 그가 은퇴하고 난 후에 말이다. 이혼의 아픔을 달래기 위해 그는 새로운 사람을 만났고, 한동안은 잘되어 가는 듯했지만 관계는 아주 빠르게 악화되었다. 제프가 연인과 점점 더 강도가 높아지고 반복되는 다툼으로 괴로워했기에, 내가 사고를 당하기 전 몇 년 동안 우리는 그 지지부진한 관계에 대해 이야기하며 많은 시간을 보냈다. 다툼의 주된 주제 중 하나는 미래에 대한 것이었다. 제프의 연인은 그의 급격한 신체적 쇠약을 비관적으로 바라봤기에 제프의 타고난 낙관적인 인생관은 그와 상충했다. 제프는 점점 더 커지고 되풀이되는 소모적인 의견 차이에 대해 털어놨다. 하지만 우리는 무자비한 질병과 점점 더 할 수 없는 일들이 늘어나는 상태를 어떻게 **느끼는지에** 대해서는 거의 언급조차 하지 않았다. 그리고 내 목이 부러졌고, 다시 오빠를 챙길 여력이 생겼을 때 그는 요양원에 들어간 상황이었다. 나는 쌍둥이처럼 마비된 우리의 상황에 대해 공포를 느꼈고, 우리가 곧 심각한 마비 환자가 필요로 하는 일상적이고 친밀한 돌봄에 대해서만 이야기를 나눌까 봐 겁이 났다. 돌봄을 준비하는 것이 얼마나 어렵고, 때때로 돌봄받는 것도 얼마나 어려운지에 대해 말이다. 나는 그의 장 프로그램이나 나의 장 프로그램에 대해 절대 이야기 나누지 않겠다고, 그의 카테터나 나의 카테터에 대해, 그의 요로 감염증이나 나의 요로 감염증에 대해, 그의 폴리 백이나 나의 폴리 백에 대해 말도 꺼내지 않겠다고 맹세했다. 똥오줌과 맺는 새로운 관계를 어떻게 느끼는지에 대해서는 말할 것도 없고 말이다.

제프는 세상을 떠나기 6개월 전 쯤, 내게 보낸 이메일에 완하제와 관장제를 쓰고서도 침대에 똥을 싸는 경우가 너무 많고, 심지어는 일을 다 보고 난 후에 또 똥이 나올 때도 있다고 썼다. 몸을 일으켜 옷을 입는 것이 제프에게 갈수록 더 고된 일이 되었고 그의 활동지원사에게도 마찬가지였기 때문에, 자리에 앉혀진 직후 바지와 휠체어의 쿠션을 더럽히는 일은 그에게 깊은 좌절감을 안겼다. 옷을 입히고 휠체어에 앉히려고 그 고생을 했는데 이렇게 다시 엉망진창이 되다니! 제프는 내 장 프로그램이 어떻게 되어 가는지 궁금해했다. 나는 그에게 모든 걸 소상히 말했고, 그는 이제 나와 달리 힘을 줘서 대변을 항문관으로 밀어낼 수 없다는 끔찍한 사실에 대해 이야기했다. 그의 삶이 끝날 무렵 제프의 몸에서 노폐물을 제거할 수 있는 유일한 방법은 관장제의 화학약품과 손가락 자극뿐이었으며 가끔은 그것으로도 부족했다. 그래서 우리는 이렇게, 마침내, 그의 장 프로그램과 나의 장 프로그램에 대해 자세히 의논했다.

◇

2009년 새해 전야에 제프를 보러 모라비안 매너에 갔을 때, 자넷과 나는 우스꽝스러운 모자와 뿔피리를 챙겼다. 제프와 함께 다가오는 2010년을 축하하고 새해 첫날을 미식축구 경기 관람으로 꽉 채운 하루를 보내기 위해 준비했던 것이다. 제프의 주치의가 독서 모임 회원들이 오는 날 맥주 여섯 팩을 마실 수 있도록 처방전을 써주겠다고 해서 우리는 팝콘에 맥주까지 사 갔다. 우리는 엄청난 충격을 받았다. 원래 다른 가족을 볼 거라고는 전혀 기대하지 않았는데 모퉁이를 돌자마자 한창 걸음마를 배워 쉬지 않고 돌아다니던 저스틴과 그 뒤를 쫓아 복도를 뛰어 내려오는 커스틴이 보였던 것이다. 커스틴은 엉엉 울며 우리에게 겨우 말했다. "아버지가 죽어가요. 울혈성 심부전으로 죽는대요. 간호사가 방금 말했어요."

나는 믿을 수가 없었다. 요양 병동에 들어가면서 제프의 이미 망가졌던 연애는 확실히 정리되었고, 덕분에 제프는 베스와 관계를 회복하는 데 큰 진전이 있었다. 베스는 이틀 전 전화를 걸어와 제프가 요로 감염증에 걸린 것 같다고, 과거에도 수없이 해 왔던 대로 항생제를 먹고 많이 자고 있다고 알려주었다. 평생 제프가 심장에 문제가 있다는 말은 한 번도 들은 적이 없었기 때문에 나는 커스틴이 하는 말을 이해할 수 없었다. 랭캐스터로 운전해 가며 나는 우리가 앞서 겪었듯이 제프가 감염에서 완전히 회복했을 거라고 기대했다. 요로 감염은 카테터를 사용하는 사람이라면 누구에게나 친숙한, 오랜 적수이다. 게다가 제프는 바로 며칠 전까지만 해도 크리스마스 기념 가족 행사에 두 번이나 참석할 정도로 건강했다. 그보다 조금 이전인 12월 중순에 그가 보낸 연하장에서도 이제 몇 달 남지 않았다는 기색은 전혀 비추지 않은 채 미래에 대해 이야기했다. 나중에 지난 며칠을 되돌아볼 시간을 가진 커스틴은 제프가 크리스마스 저녁 식사 때 커스틴이 들어 주던 병맥주를 마시며 맥주를 기도로 흡인한 게 거의 확실한 것 같다고 말했다. 제프는 급작스럽게 몸을 틀며 기침하려고 했지만 횡격막이 더는 충분히 수축하지 않는 상태여서 그저 테이블에 앉아 숨을 헐떡였다고 말이다.

우리가 제프의 방에 들어갔을 때, 침대에 기대어 누워 숨쉬기조차 힘들어 보이던 제프는 이미 말을 할 수 없었고 푸른 두 눈을 이쪽저쪽으로 움직이고 있었다. 어떻게 그가 죽어갈 수가 있나? 이렇게 눈으로만 의사소통하면서? 우리는 제프에게 말을 걸고, 그를 만지고, 우리가 그를 얼마나 사랑하는지 말했지만 그는 대답할 수 없었다. 바로 얼마 전까지만 해도 얼마나 조리 있게 말을 잘했는데! 하루아침에! 몇 달 후, 영문학 박사 학위를 받기 전 간호사로 일했던 일레인은 치명적으로 손상된 제프의 심장이 산소를 실은 피를 충분히 순환시키지 못했고 그의 몸은 그저 숨을 들이쉬고 내쉬는 것만으로도 모든 에너지를 끌어모아야 했다는 사실을 내가 이해하도록 설명해 주었다. 그게 바로 아주 순식간에 말을 하지 못하게 된 이유였다. 그날 일찍이, 제프의 상태가 급속도로 악화되고 있다는 것을 확신한 간호진은 그의 주치의를 호출했고, 주치의는 제프에게 직접 물어볼 수 있었다. "상황이 안 좋아지면

병원에 가길 원합니까?" 제프는 아주 명확히 대답했다. "아니오." 제프가 미리 작성해 두었던 사전 의료 지시서에서부터 일관됐던 그 명확함은 그가 원하는 치료 수준에 대한 의학적 결정을 우리가 고민하지 않도록 해 주었다. "아니오"라고 대답했을 때, 제프는 자신이 목숨을 연명해 줄 비상 처치를 원하지 않으며 거부한다는 사실을 알았다.

안쓰럽게도 콜린은 아버지가 죽어간다는 전화를 받고 발티모어에서부터 운전해서 달려왔다. 아버지에게 입을 맞추고 사랑한다고 말하고 다른 사람들과 함께 극심하게 고통스러운 아버지의 마지막 호흡을 지켜보기 위해 온 것이었다. 저렇게 힘겹게 숨을 쉬면서 얼마나 버틸 수 있을까? 제프의 침대 옆 휠체어에 앉아 밤을 지새우다 보니 어느새 새해가 밝았다. 자넷은 내 옆에 앉아 있었고 우리는 눈을 감고 서로에게 기대었다. 커스틴과 콜린은 물리치료실 매트에서 불안하게 잠이 들었고 베스는 제프의 침대 발치의 바닥에 놓인 담요 위에서 졸고 있었다. 자넷과 나는 이른 아침 호텔로 갔는데 그곳에는 우리가 무얼 상상하며 왔는지를 아프게 상기시키는 모자, 뿔피리, 얼음이 다 녹아 버린 얼음통에 담긴 서비스 샴페인이 우리를 기다리고 있었다. 정신을 차리고 되돌아볼 수 있게 되었을 때, 나는 몇 달 전 제프가 내게 장 프로그램에 대해 주었던 정보가 그의 몸이 정말로 멈추고 있다는 증거였음을 깨달았다. 그리고 그 과정은 이제 믿기 어려울 정도로 빨라져서 우리가 그날 아침 다시 제프를 보러 갔을 때 그는 눈을 뜨고 있었지만 아무것도 보지 못했다.

혈액 순환 장애는 서서히 그의 온몸에서 생명을 앗아가고 있었다. 숨쉬기는 점점 더 어려워졌고 끝없이 올라오는 뻑뻑한 점액을 통과하느라 숨 쉴 때마다 그르렁거리는 소리가 났다. 울혈성 심부전으로 인한 울혈성 점액이 제프의 입과 코로 쏟아져 나올 때도 있었다. 호흡 치료사가 한두 번 그의 목과 폐에서 점액을 흡입해 제거했지만, 제프의 몸이 점액을 계속 만들고 있어서 별 효력은 없었다. 의료 프로토콜에 따르면 환자는 장 프로그램을 특정 횟수 이상 연기할 수 없다고 관장제를 가져온 간호사가 알려주었다. 하지만 제프의 유언에 따라 커스틴은 의학적 조언을 거부했다. 제프가 임종하기까지 나흘이 걸렸지만, 그는 마지막 장 프로그램을 면할 수 있었다. 마지막 날들에는 언제나 가족 중 한 명이 그의 곁을 지켰고 많은 친구가 마지막으로 그를 안아주기 위해 들렀다. 찬송가와 기도가 끊이지 않았다. 나는 제프의 고통에 마음이 찢어질 듯 아파서 한 번은 그의 머리맡을 지키다가 고개를 들고 울면서 말했다. "팸, 기도해 줄래요?" 팸에게 기도를 청한 것은 그녀가 제프의 목사였고 나는 제프가 위기를 헤쳐 나가고 있다는 확신을 절실히 원했기 때문이다. 나는 어찌해야 할 바를 몰랐다. 제프가 좋아하는 음악을 들을 수 있도록 커스틴과 콜린이 그의 컴퓨터 재생 목록을 반복해 트는 동안, 내가 제프에게 주려고 크리스마스 선물로 사 온 고성능 로지테크 컴퓨터 스피커는 알록달록한 포장지에 리본이 묶인 채로 바닥에 덩그러니 놓여 있었다. 모라비안 매너의 직원들이 제프의 방 밖 복도에 설치한 접이식 테이블은 곧 음식으로 가득 찼다. 어린 시절 스톤 형제의 교회를 다니던 시절 각자 집에서 가져온 음식으로 차리곤 했던 저녁 식사와 비슷했지만 아무런 기쁨도 느끼지 못했다. 제프의 죽음에 대한 기억으로 나는 여전히 힘들다. 비록 아티반과 중간에 이식한 모르핀 펌프가 그의 고통을 덜어주고 있다고 확신했지만, 그의 죽음은 마치 천천히 물에 빠지는 것처럼 느껴졌다. 나는 아직도 마음이 아프다.

    마음과 몸은 정말이지, "서로 다른 시간표를 따른다." 제프의 육신은 이제 없고, 비록 유해도 일부는 그의 교회의 추모 정원에 묻혔으며 일부는 평화 예배당 풀 속으로 흩어졌지만, 그는 마음속에 생생히 남아 있다. 바람이 데려간 그의 몸의 잔해는 비에 쓸려 지면으로 들어가 하천을 지나 바다로 나가, 또 어디로 갔는지 누가 알겠는가. 제프는 아마 분명히 내 몸 안에 남아 있을 것이다. 그는 틀림없이 내 부서진 장과 부서진 심장 속에서 살고 있다. 내 몸의 다른 부분에도 그의 기억이 담겨 있다. 달리고, 자전거를 타고, 뛰어오르고, 회전하고, 잡고, 던지고, 치고, 조준하고, 쏘고, 붙잡고, 뒹굴다가 놓아주던 어린 시절의 행복한 기억들이. 제프를 기억하는 일이 왜인지 나의 사지마비가 된 몸을 견딜 수 있도록 도와주는 것도 같다. 다치기 전 나는 제프처럼 사는 게 어떤 것인지 상상하지 못했고, 지금의 나처럼 살아가는 게 어떤 것인지 내가 언제나 이해할 수 있는 게 아니라는 점도 알게 되었다. 그렇지만 나는 살아간다. 오든이 상상하듯, "만족스러운/ 똥 덩어리"를 내보내면서 장은 인생을 이끈다. 비록 "똥 덩어리"를 내보내는 기쁨은 영원히 내 삶에서 사라졌지만, 내 장은 여전히 노폐물을 배출한다. 내가 절대로 하지 않으리라 생각했던 일이었지만, 나는 제프에게 배변 생활에 대해 설명하는 편지를 썼고 그는 답장을 보냈다. 이 서신은 삶의 필수 기능에 대한 실용적인 대화였고 고상한 것과는 거리가 멀었다. 아마 이런 시를 쓴 오든은 인정했을 것이다. "우리가 무언가 고차원적인/ 생각에 빠져들려 할 때/ 쪼그라드는 이미지를 보내주시오/ 갑자기 뒤가 마려운 전-/ 지전능한 선지자의 찡그린 얼굴처럼." 능력을 상실한 몸마음의 조건 속에서 살아가는 수많은 이야기가 공유하는 기승전결에도 불구하고, 오든의 심상은 장애가 심오한 통찰력이나 고차원적 이해로 우리를 이끈다는 행복한 생각을 비웃고야 만다. 장애를 이야기하는 서사 구조는 어려움을 겪는 주체가 고통스러운 시련을 거쳐 살 만한 순응으로 접어들며 교훈을 얻는, 승리의 어조를 띄는 경우가 다반사다. 믿지 마라. 내 삶의 많은 부분은, 특히 내 배변 활동은, 도저히 믿기 힘들 정도니까.

12. 나는 당신의 육체적 연인이야

매기는 병실 문을 열고 들어오며 말했다. "당신은 아름다워." 나는 그 말을 믿지 않았지만, 그럼에도 그런 말을 해 주는 매기를 사랑했다. 9년 전 매기는 나의 학생이었는데, 이제 우리는 친구가 되었다. 나는 매기가 시집을 내기 시작했을 때부터 그녀의 시를 읽었고 그녀가 작가로 성공하는 것을 보며 깊이 만족했다. 내가 재활 병원에 있을 때 매기는 격주 주말마다 뉴욕에서 나를 보러 오기 위해 매번 차를 빌려 미들타운까지 운전했다. 그리고 주말 토요일 오후부터 일요일 아침까지 매기는 '병원에서 벗어나 있을 시간이 필요했던' 자넷과 교대해서 내 곁을 지켰다. 매기는 웨슬리언 대학교에서 일 년간 강의를 맡아 미들타운으로 이사를 왔고 내가 퇴원한 후 몇 달이고 도움과 지지를 아끼지 않았다. 그 시간 동안 매기 역시 상실을 겪었다. 그녀는 깊은 사랑이 배신당한 공허한 흔적이라는, 자신과 어울리지 않는 고통을 감내하는 중이었다. 나는 사고 전에도 매기를 사랑했지만 이 년간 강렬하게 고조된 친밀감으로 그 사랑이 더 돈독해졌다. 매기는 작가이자 교육자로 그 당시 우리는 섹스, 욕망, 몸들, 상심, 언어, 사랑, 시……

세상만사 모든 것에 대해 이야기를 나누었다. 나는 고통으로 망연자실한 상태였다. 신경학적으로 파괴된 나의 몸은 황무지였다. 나는 비애로 가득 차 있었다. 그러나 그 시기 나는 매기의 친구였기에 괴로움을 잠시나마 잊고 나아질 수 있었다. 나는 영원히 매기에게 고마워할 것이다.

내게 보낸 여섯 쪽짜리 장문의 서정시「병원에 드리운 후광 Halo Over the Hospital」의 다음 구절에서 매기는 재활 병원에서 우리가 나눈 이야기를 재현한다(후광은 2003년 11월의 어느 날 병원 건물 주변 나무의 선명한 노란색 잎사귀에 비친 햇빛이 만든 것이었다).

나중에 나는 침대에 앉아
당신에게 잠시 이야기했지
나의 발작적 연애 관계에 대해, 그 사람에 대해
내가 사랑에 빠지지 않으려고 애쓰는
당신은 우리가 집으로 가서 섹스했냐고 묻고,
나는 했다고 하고
당신은 행복해하고, 나는 **섹스하다**라는 단어가
당신의 와이어를 넣은 입에서 나오는 방식을 사랑한다,
마치 욕망이란 절대
멈추거나 괴롭혀서 없앨 수 없는 것처럼,
마치 **섹스하다**는 언제나 금속 숲에서
보글보글 솟아날 것처럼.
나는 당신에게 조금 더 말해 주고

당신은 말한다,
섹스하기에는 좋고 미래 계획에는 나쁘고
당신은 말한다 내 욕망을 부끄러워할 필요가 없다고
섹스에 대해서도, 언어에 대해서도
당신은 말한다 나이 오십에 배웠다고
둘 다 필요하다는 것을,
함께, 당신과 J는 둘 다를 가졌다고.
정말로 행복했다고. 당신은 울면서 말한다
내가 생각할 수 있는 전부는 우리가 한 번 만든 행복은 다시 만들 수도 있는 것 아닌가
그리고 나는 당신은 그럴 걸 알기에 그렇다고 말한다

   섹스한다는 것을 생각하면 여전히 기분이 좋다. 내 생각에 이 말의 앵글로색슨적 솔직함은 "사랑을 나눈다"는 온건한 표현보다 섹스의 기쁨에 더 가깝다. "성관계를 갖다"에서 드러나는 소유격의 위상은 완전히 틀린 것이다. 당신이 섹스를 소유하는 만큼 섹스도 당신을 소유하기 때문이다.
   자넷과 나는 빠르고 험난한 물살을 헤치며 다시 한 번 단단한 삶을 일구었다. 하지만 돌이킬 수 없는 비애는 여전히 강력한 힘으로 남아 있고 나는 매일 그 깊은 비애를 느낀다. 나에게 섹스는 과거와 너무나 다른 것으로 변해 버려서, 내가 아무리 애를 쓴다 해도 상실을 받아들일 수가 없다. 두 번 다시는 오르가슴을 느낄 수 없다고 명하는, 죽은 감각을 가지고 사는 삶에 내가 어떻게 만족할 수 있을까? 특히 손의 힘과 촉각 인지가 심각하게 손상된 상태로 어떻게 생활할 수 있을까? 섹스의 느낌이 얼마나 그리운지! 온몸의 모든 분자, 모든 원자, 모든 원자 구성 입자, 모든 힉스 입자가 욕망을 따라 움직이는 기분이 얼마나 그리운지! 나의 손은 강하고 유능했으며, 나는 그 손을 섹스할 때 아주 효과적으로 썼다. 이제는 아니다. 나는 내 몸을 아무렇지 않게, 흔쾌히 움직일 수 없다. 침대에서 돌아누울 수조차 없다! 우선 모로 누운 자세에서 앉듯이 몸을 구부리고, 한쪽 다리를 다른 쪽 다리 위로 꼰 다음 돌아누울 방향의 어깨 너머로 고개를 돌리고, 내 무게를 지탱하도록 그쪽 팔을 뒤로 뻗고 나머지 팔로 무릎에 꼰 다리를 걸어서 몸으로 끌어당겨 다시 누워야 한다. 그러면 엉덩이가 돌아갈 것이다.

내가 이토록 통절한 상실감을 느끼는 이유는 자넷과 내가 정말로 스릴 넘치는 성생활을 즐기며(정말 좋아하는 표현이다) 살았기 때문이다. 우리가 연인이 된 이후로 한참 동안, 우리는 푸톤을 소파로 가장하기보다 거실 바닥에 펴서 깔아 두었다. 이야기하다가, 책을 읽다가, 텔레비전에서 미식축구를 보다가 섹스하는 일이 잦았기 때문이다. 스릴은 최고조에 오르면 떨어지기 마련이라서, 우리가 "푸톤 생활"이라 부르던 것이 무한정 계속될 수는 없었다. 얼마 후 우리는 푸톤을 좀 더 대중적인 자세로 되돌려 놓았다. 하지만 진정한 스릴은 사그라지지 않았다. 스릴은 언제나 쓸 수 있는, 재생 가능한 자원이 있다는 흥분되는 가능성 그 자체, 사랑과 욕망이 서로 얽혀 증폭된다는 확신에 있었으므로.

눈을 뜨면…… 당신은 어렴풋이 깨닫는다
기억났기 때문이다 당신의
몸이 감옥이 되어 버렸음을. **나 겁이 나**, 당신은 말하고
그러더니 **나 슬퍼, 마비되어서 너무 슬퍼**,
하여 나도 슬프다
당신은 눈물을 닦을 수가 없다 당신의 손이
움직이지 않아서, 나도 눈물을 닦아줄 수 없다
움직인다는 것은 너무나 갑작스러워서, 이제 모든 것은
아주 천천히 진행되어야만 한다. 그래서 우리는
젖은 수건을 당신의 눈 사이에 두고 눈물은
위로 적셔져야만 한다
(…)

집에 있는 모두가 당신이 괜찮은지 알기를 원한다
당신은 "괜찮지" 않다,
당신은 마비되었고 엄청난 고통을 겪는다
모두가 계속 묻는다,
그녀가 다시 걸을 수 있을 거라 생각해?
하지만 정말 문제는 그게 아니다……
보아하니 척추는 내장과 피 그것 말고도 거의 모든 것을
작동시킨다, 기적과도 같은, 다친
젤리 코드. 당신의 온몸은 갑자기 시들고 투명하다
우리는 전극이 장착된 근육의 움직임을 볼 수 있다

당신은 삼두박근에는 있고, 이두박근에는 없고,
왼쪽 허벅지는 반응하지만
오른쪽 허벅지에는 운이 따르지 않는다*

매기의 시는 병원에서 보낸 몇 달간 내 상태가 어땠는지 너무나 생생하게 상기시키고 신체적 불능 상태, 불분명한 공포, 끝없는 슬픔을 다시 한 번 겪게 한다. 내가 어쩌다 이런 몸이 된 것일까? 어떻게 이렇게 되어 버린 것을 견딜 수 있었을까? 어떻게 영혼을 파괴하는 이 고통을 감수하며 살아가는 것일까? 나조차 내 몸이 이렇게 혼란스럽고 두려운데 도대체 어떻게 다른 사람이 나를 욕망할 수 있을까?

처음부터 나는 발바닥에서 정수리까지 감각이 있었다. 몸의 윗부분으로 갈수록 감각은 더 또렷했다. 예를 들어 내 얼굴에는 아치형 고정 장치가 달렸음에도 불구하고 예전처럼 모든 것을 인식했지만, 손은 사정이 전혀 달라서 헐거운 주먹 모양으로 말린 채 펼 수 없었다. 한때는 섬세하면서도 정확하게 연인의 클리토리스를 어루만지며 그녀의 모든 반응을 감지하던 손끝과 그녀의 보지를 채울 수 있던 손가락을 이제는 쓸 수 없을뿐더러 감도도 줄어들었다. 자넷은 침대 옆에 의자를 당기고 앉아 가끔은 내 얼굴 한쪽에 손을 얹어 두곤 했다. 나는 그녀의 피부 감촉과 손의 압력

---

* Maggie Nelson, "Halo Over the Hospital," in *Something Bright, Then Holes*, Soft Skull Press, 2007, pp. 46-47, pp. 44-45(매기 넬슨, 「병원에 드리운 후광」).

을 예전처럼 느낄 수 있었다. 그녀는 종종 침대 위에 놓여 있는 내 손을 가져가 자기 손 안에 꼭 쥐고 있기도 했지만 나는 그녀의 손을 잡으며 응답해 줄 수 없었다. 함께 걸을 때 자넷의 손을 잡는 것은 내가 적극적으로 누리던 체화된 쾌락이었다. 나는 그저 그녀를 만지고 싶었다.

나의 "인격"에 대해 의문을 품게 될 때, 나는 만일 우리의 입장이 뒤바뀌고 치명적 부상을 당한 것이 자넷이었다면, 나는 여전히 그녀를 사랑하고, 만지고, 섹스하고, 무슨 일이 있어도 그녀의 연인이 되기를 원할 거라고 스스로 말하곤 했다. 그럼에도…… 나는 너무나 변해 버렸고, 자넷보다 훨씬 더 많이 나의 실존적 존재에 대해 의구심이 들었다. "나는 당신의 육체적 연인이고 당신의 육체적 연인이 되고 싶어." 자넷은 나에게 말했다. 정확히 저렇게, 몇 번이고 말했지만 나는 여전히…….

자넷은 120호실 바로 그곳에서 내 침대로 올라왔다. 그녀는 문을 닫고 침대 한쪽으로 다가와 침대 사이드 레일을 내린 후 올라와 내 뒤에 누웠다. 나는 그녀가 앉아 있던 의자 쪽을 바라보며 옆으로 누워 있었다. 자넷은 팔을 내 몸 위에 두르고 손은 내 가슴 위에 올린 후 내 몸 전체에 자신의 온몸을 밀착시켰다. 우리는 그렇게 누워 있었다. 언제든 문이 열리고 누군가가 들어올 수 있었기 때문에, 우리는 함께 잠들지 않았다. "들킬까 봐" 창피해서가 아니라 직원이 어색한 상황에 처하는 걸 자넷이 원하지 않았기 때문이다. 우리는 환자 침대에 들어가 함께 눕는 것이 눈살을 찌푸리게 할 만한 일임을 잘 알고 있었다. 더욱이 카테터를 삽입하고 위장 튜브를 달고 있는 환자라면 더. 하지만 자넷은 잠시가 아닌 꽤 한참을 내 뒤에서 몸을 밀착한 채로 있었다. 일어난 후에는 내 앞으로 와서 입을 맞추고 말했다. "나는 당신의 육체적 연인이야."

◊

사랑과 절대적인 욕망을 발견한 이후로 나는 줄곧 섹스하는 것을 좋아했다. 헌팅던 지역 고등학교 10학년부터, 나와 내 친구 무리는 괴롭힘을 당했다. 우리는 (1960년대 말 어휘로) "프릭freaks"이었고, 학생 대부분은 "이성애자straight"였다. 몇몇 분노가 많은 학생은 학교 식당에서 거리낌 없이 우리를 조롱하고 비웃었다. 내가 복도를 지나갈 때면 그들은 꿀꿀 소리를 냈고, 남자아이들은 사물함으로 밀쳤다. 주차장이 빌 때쯤이면 지나가는 차 안에서 위협적인 욕설이 들렸다. 부모님이 고등학교에서의 마지막 학년을 건너뛰고 나를 주니아타 대학교 신입생으로 입학시키는 해결책을 제시하게 된 결정적 순간이 언제였는지 정확하게 기억나지 않는다. 나는 주니아타 대학교를 다니면서 다른 대학교로 편입을 준비할 수 있었다. 대학교 입학 전 여름, 나는 연인인 여자와 시간을 보내기 위해 고등학교 시절 친구들에게서 떨어져 나왔다. 그녀는 주니아타 대학교에서 4학년이 되기 전 마지막 여름을 헌팅던에서 보내러 온 좌파이자 활동가 지식인의 작은 모임에 속해 있었다. 내가 그들을 얼마나 이상화했었는지! 나는 그들처럼 되고 싶었고, 그들과 함께 있고 싶었다.

공교롭게도 나는 특별히 한 여자만을 원했다. 여름에서 가을로 접어들면서 나는 일기를 쓰기 시작했다. 친구들과 나눈 우정에도 불구하고 나는 이 세상에서 혼자라고 느끼며 일종의 진이 빠지게 하는 실존적 외로움을 느꼈다(당시 실존주의를 공부했기 때문에 나는 알 수 있었다. 그리고 열일곱 살이었으므로, **정말로** 알 수 있었다.) 일기를 채운 많은 부분이 외로움에 대한 것이었다. 외로움이라는 단어를 그 노란색 리갈패드 위에 얼마나 자주 반복해서 썼던지. 그 기록은 뭐랄까, 일종의 파토스로 뒤덮여 있었다. 특히 외로움loneliness의 철자를 계속 틀렸기 때문에. 한겨울 언젠가 "나는 레즈비언일까"라고 썼던 기억이 난다. 이전에는 한 번도 해 본 적이 없던 생각이었다. 하지만 캐시와 함께 있고 싶다는 나의 욕망이 너무나 끈질겼기에 그런 생각이 불쑥 떠올랐다.

어쩌다 그렇게 되었는지는 잊었지만 나는 캐시가 주말에 델라웨어에 있는 부모님 집을 방문할 때 같이 갔다. 우리는 캐시의 방에서 지냈고 더블베드에서 함께 잤다. 침대에 함께 누워 있는데 캐시의 팔이 움찔하는 것이 느껴져 무슨 문제가 생긴 줄 알고 그녀의 얼굴을 쓰다듬기 위해 팔을 뻗었다. 사실 캐시는 괜찮았다. 잠에 빠져들면서 그녀의 몸이 움직인 것뿐이었고, 지금은 나도 몸이 그럴 때가 있다는 것을 알지만 그때는 나의 무지가 욕망을 부추겼다. 그녀는 깨서 내 쪽으로 몸을 돌렸고 우리는 만지고 이야기하고 키스하며 밤을 보냈다. 모든 것이 꽤 순수했지만 상당히 흥분되기도 했다. 나는 내가 사랑에 빠졌고 더 많은 것을 원한다는 것을 알았다. 당시에는 무엇인지 개념화하지 못했는데도 격렬히 욕망했던 성적 쾌락에 다가가는 것만은 확실했다. 자유연애를 하는 시절이었기에 캐시에게 남자친구가 있고 그가 나와(부모님이 구해 준 "학생용 방"에서) 복도 하나 정도 떨어져 산다는 사실은 중요하지 않아 보였다. 캐시는 한 번도 여자 연인을 만나본 적이 없었다. 나는 연인 자체를 한 번도 가져본 적이 없었다. 그 모든 게 아무 상관없었다. 그녀는 여자 룸메이트와 함께 아파트에서 살았으며 바닥에는 매트리스가 깔려 있었는데 그걸로 충분했다. 중요했던 것은 키스하고 만지는 일, 곧 더 모험적으로, 그리고 욕정에 가득 차서 서로를 탐색하며 이어지는 사적인 대화에서 느끼는 친밀함이었다.

내가 섹스와 섹스가 만들어 내는 특유의 친밀함을 매우 좋아한다는 사실을 알게 되었다. 여자들과 섹스하기를 좋아한다는 것이 부끄럽지 않았고, 그 후 8년간 여성들이 자주, 자주는 아니어도 쉽게, 우정에서 성적 파트너로 건너가고 또다시 우정으로 돌아오는, 비독점관계non-monogamy를 표방하는 젊은 레즈비언 페미니스트 공동체의 복잡하게 얽힌 관계망 속에서 수많은 연인을 거쳤다. 그 시절 나는 욕망에 따라 움직이는 사람이었다. 섹스는 흥미진진한 동시에 위안을 주는, 즉각적인 친밀함 같은 것을 제공했고 누군가 나를 원한다는 거부하기 힘든 소중한 감각도 경험하게 해 주었다.

섹스는 내가 혼자가 아니라는 확신을 줬지만, 연인과 서서히 반복되는 일상을 보내다 보면 다른 사람에게 관심이 생기곤 했다. 알고 보니 나는 친밀함이 안정적 관계의 정형화된 패턴으로 접어들기 시작하는 것을 견디지 못했다. 나는 내가 늘 다른 사람에게 눈을 돌리는 변덕스러운 욕망을 가진 사람이라는 것, 남겨지기보다 떠나는 사람이라는 것을 알게 되었다. 나는 아마도 여전히 외로움의 철자를 틀리겠지만, 꼭 제대로 써야 할 필요도 없었다. 젊은 시절의 나와 이렇게 멀어지고 나니 성인이 된 나의 삶을 힘들게 했던 패턴이 또렷이 보인다. 특히 익숙함이 필연적으로 무언가 가족적인 것으로 변하게 되리라는 나의 (무의식적인) 두려움과 모순되는, 친밀감에 대한 욕망을 볼 수 있었다. 길고, 가끔은 격렬하고, 대체로 어렵고, 그리고 확실히 때늦은 배움 후에야 나는 섹스에 대한 사랑과 오랜 시간에 걸쳐 형성된 친밀감을 통합할 수 있었다.

◊

자넷을 만나고 나는 2,579마일—처음 만났을 때 우리 사이의 거리였다—이 우리를 갈라놓을 때조차 기꺼이 섹스하고도 남을 연인이 생겼다. 자넷은 아리조나 대학교에서 수업을 하러 가는 길에 내게 메시지를 남겼다. "있잖아, 당신은 놀라운 사람 성 크리스티나St. Christina the Astonishing 같아. 어젯밤에 그녀에 대해 읽었거든. 성 크리스니타는 12세기 벨기에 사람인데, 광야에서 박해자들을 피해 숨어 있을 때 기적적인 가슴 덕에 살았대. 처녀인데다 굶주렸는데 가슴에서 우유가 나왔던 거지. 올리브오일이었다고 하는 사람도 있어. 놀라운 사람이지. 근데 자기에 비하면 아무것도 아니야. 집에 가면 다시 전화할게. 거기 시간으로 7시쯤 될 거야." 자넷은 방금 스무디를 산 가게 바로 옆 공중전화로 전화를 걸었다

(그녀는 캐롤라인 워커 바이넘Caroline Walker Bynum의 책『거룩한 만찬과 거룩한 금식: 중세 여성들에게 있어서 음식의 종교적 의미Holy Feast and Holy Fast: The Religious Significance of Food to Medieval Women』를 가르치고 있었다). 그날 밤, 나는 자넷과 전화로 하는 섹스가 나를 과호흡하게 할 정도로 흥분시킨다는 걸 알게 됐다. 오래전부터 내 젖꼭지가 크고 놀랍도록 민감하다는 것은 알았지만, 내 젖꼭지의 참다운 영광을 발견하게 해 준 사람은 자넷이었다. 그녀는 나를 황홀하게 했다.

    나는 평생 몸으로 세상을 헤쳐 나갔고 가끔은 커다란 기쁨으로 나의 길을 하나하나 만지고 느끼며 살아왔다. 자넷과 함께 있으면 말하고 섹스하는 것이 온전히 뒤얽힐 때까지 나의 욕망과 두려움, 희망과 약속, 그 모든 말이 저절로 찾아왔다. 자넷과 함께인 나는 지금 이 순간에도 몸이라는 껍데기를 버리고 신의 곁에 있기를 갈망했던 금욕적인 성 크리스티나와 거리가 멀다. 나는 성인은 아니지만, 젖꼭지에 관해서라면 확실히 놀라운 사람 크리스티나가 맞다. 목이 부러지고 무수한 신경 경로가 파괴되었으나 몸의 손상은 가슴뼈 **아래로** 가속화된다. 안정감 있는 지지대 없이는 앉아 있을 수 없고 침대에서 몸을 돌릴 수도 없지만, 나의 아름답고 놀라운 젖꼭지는 그 어느 때든 늘 어려움 없이 꼿꼿하게 서 있을 수 있다.

    6년간 자넷을 사랑하면서 모리스 메를로 퐁티Maurice Merleau-Ponty의 말을 빌자면 "성적 세계 앞에 [나 자신을] 기투project하는" 새로운 방법을 배웠다.* 나는 섹스의 즐거움을 배웠다. 이제는 진부한 표현이지만, 우리의 성생활에 대한 진실을 간결하게 전달하는 말이다. 대화는 성적 쾌락을 고조시키고 깊은 이해를 가능케 한다. 말은 중요하다. 사고 전 우리가 연인이었던 6년간 그렇게 대화를 나눈 것이 정말 다행이라 생각한다. "지각의 현상학" 연구에서 메를로 퐁티는 인간에게 존재란 "끊임없는 육화a perpetual incarnation"라고 주장한다. 사물과 타자가 끝없이 상호작용함으로써 펼쳐지는 삶의 여정에서 오늘날의 당신이 만들어진다. 갓난아기 때부터 돌봄 제공자들의 말은 당신에게 밀려 들어오고, 그들의 손길이 당신을 어르고 달래는 과정에서 당신의 신체 지도는 천천히 모습을 드러낸다. 그리고 다른 사람 말고 한 사람에게만 이유 없이 끌리는 어른이 된 현재 모습이 되는 것이다. 성욕은 아는 것에 저항하고 설명을 넘어서는 영역이기 때문에, 섹슈얼리티는 근본적이며 환원 불가능하다고 메를로 퐁티는 주장한다. 마음과 몸, 감각과 감각된 느낌, 말과 사물을 구분하는 것은 불가능하다. 메를로 퐁티는 성은 피할 수 없고, 그것의 명령을 완전히 이해할 수도 없기에 "애매모호ambiguous"하다고 선언한다. 『옥스퍼드 영어 사전』에서 그 어원을 찾아보면 흥미로운 사실이 드러난다. "라틴어 'ambigu-us' 의심스러운, 사방팔방 움직이는 (< ambig-ere, < amb- 양쪽으로 + ag-ere 몰고 가다) + ous."*** 섹슈얼리티는 해석 너머

---

* Maurice Merleau-Ponty, *Phenomenology of Perception*, Routledge, 2002, p. 197(모리스 메를로 퐁티, 『지각의 현상학』).
** "Ambiguous," *Oxford English Dictionary*, vol. I, ed. J. A. Simpson and E.S.C. Weiner, Clarendon Press, 1989, p. 386.

에 있기에 당신은 어딘지도, 왜인지도 모른 채 몰려가는 것이다.

섹슈얼리티를 그 자체가 아닌 다른 어떤 것으로 환원시켜서 설명할 수는 없다. 섹슈얼리티는 이미 그 자체가 아닌 무언가이거나, 원한다면 우리의 존재 전부라고 말할 수도 있기 때문이다. 우리가 섹슈얼리티에 개인으로서의 삶 전부를 바치기 **때문에**, 섹슈얼리티는 극적이라고들 말한다. 하지만 우리는 왜 그러는 것일까? 왜 우리에게 우리의 몸은 존재의 거울일까? 몸이 주어진 존재의 하나의 흐름인 **자연적 자아**이기 때문이 아니라면 말이다. 그래서 우리는 우리를 데려가는 힘들이 몸의 힘인지 우리의 힘인지 절대로 알 수 없다. 보다 정확히 말해 그 힘들은 절대 전적으로 몸의 힘이거나 우리의 힘일 수 없다. 자기 자신 안에만 갇힌 섹슈얼리티가 없듯이 섹슈얼리티를 초월할 수도 없다. 누구도 완벽하게 구원받을 수 없고 완벽하게 패배할 수도 없다.*

나의 "주어진 존재의 흐름"이 나를 자넷의 품으로 데려갔다. 자넷과 섹스하고 난 후, 그녀는 가슴 위에 나를 안고 나는 그녀 위에 몸을 뻗고 누워 이야기를 나눴다. 내밀한 이야기들, 이를테면 환한 낮에 이야기하기에는 바래 버릴 듯한 나의 두려움과 욕망에 대해 말했다. 몸을 섞는 것은 때때로 숭고했고, 섹스는 우리 각 인간 존재와의 깊은 씨름이자 말과 몸을 섞으며 우리가 되어 가는 존재와의 씨름이었다. 정말 재미있기도 했다. 나는 자넷에게 그녀 몸의 모든 털을, 얼마나 많은지 무릎 뒤와 팔 아래쪽에도 한 움큼

---

* Merleau-Ponty, *Phenomenology of Perception*, p. 198.

씩 모여 풍요로운 잉여를 만드는 그 털들을 마지막 한 오라기까지 사랑한다고 맹세했다. 서로 만지고 이야기하며 성애화된 주체가 되어가는 동안 자넷과 나는 알 수 없는 미래를 살았다.

◊

2003년 10월 1일, 새 삶이 시작됐다. 다행히도 자넷에 대한 나의 욕망은 전혀 무력해지지 않았다. 내가 원하는 것을 얻을 수 있다는 말은 아니다. 마음은 간절하지만 육신은 약하다. 나는 그녀의 육체적 연인이고, 그녀 역시 나의 육체적 연인이다. 나는 그녀의 욕망을 원하고, 그것을 가졌다. 내가 갖지 못한 것은 그녀의 손길이다. 더 정확히 말하면, 그녀가 나를 만지면 나의 뇌는 그것을 압력으로 인식하지만 나의 몸은 손이 닿지 않는 상태로 남아 있다. 자넷이 나를 만지기를 원치 않는다거나 내가 그녀를 만지는 것을 피해서가 아니라 오히려 그 반대에 가깝지만, 그 접촉이 어떤 느낌인지 **내 몸은 알 수 없다**. 뇌가 몸에서 가장 중요한 성 기관임은 사실이지만, 몸의 나머지 부분도 부름을 받으면 가동되어야만 하는 것이다. 5번과 6번 경추부터 아래까지, 한때 신경이 통하던 나의 모든 부위는 아주 제대로 망가졌다. 나는 건드릴 수 없는 사람이 되었다.

"그러니까 크리스티나는 스톤 부치 같은 거예요." 자넷은 자신의 주치의에게 직유법을 빌어 일이 어떻게 돌아가는지 설명했다. "이쪽 세계"** 여성이라면 누구에게든 스톤 부치 레즈비언은 식별 가능한 인물이다. 레슬리 파인버그Leslie Feinberg의 널리 읽힌 소설 속 제스처럼 말이다. 제스는 다른 여자를 보호하고 그녀의 욕망을 만족시킬 수 있는 강한 모습을 보이기 위해, 그리고 때때로 취약해지는 느낌으로부터 자신을 방어하기 위해 "여성의 남성성"(잭 핼버스탬**의 유용한 표현)을 길러온 여성이다.*** 펨 레즈비언은 자신의 성적 반응이 바로 파트너인 스톤 부치가 욕망하는 것임을 이해한다. 부치 여성은 어쩌면 답례로 성적으로 만져지는 것을 원치 않거나, 원하지만 그 기대에 큰 압박감을 느낄 것이다. 자넷이 직유법으로 "크리스티나는 스톤 부치 같은 거예요"라고 했을 때, 그녀는 메타포(은유)를 경유해 틀림없는 진실을 말한 것이다. "문자 그대로"의 의미는 "문자 그대로" 진실을 의미한다. 나는 문자 그대로 만져질 수 없다. 왜냐하면 나의 ㅈㅇㅊㅜㅅㅣㄴㄱㅕㅇㅔㄱㅏ ㅅㅗㄴㅅㅏㅇㄷㅚㅇㅓㅆㄱㅣ ㄸㅐㅁㅜㄴㅇㅣㄷㅏ. 그리고 이건 빌어먹을 비극이다.

학생들에게 비유적 언어에 대해 가르칠 때면, 나는 "메타meta-"는 변화(장소, 순서, 조건 혹은 본질)를 나타내는 접두어이고,

---

* 원문의 표현은 "in the life"로 퀴어 하위문화나 성매매처럼 사회적 약자의 삶의 방식과 관련이 있음을 뜻한다. 또한 미국에서 1992년부터 2012년까지 20년간 방송된 역사상 최초이자 최장수 LGBT 텔레비전 뉴스 매거진 프로그램의 제목이기도 하다.―옮긴이.
** 저자는 책을 집필했을 당시 『여성의 남성성』 작가의 이름인 주디스 핼버스탬Judith Halberstam을 썼는데, 이 책에서는 현재 작가가 쓰는 이름인 잭 핼버스탬Jack Halberstam으로 옮겼다.―옮긴이.
*** Jack Halberstam, *Female Masculinity*, Duke University Press, 1993(잭 핼버스탬, 『여성의 남성성』).

"포phor"는 "이동하다" 혹은 "나르다"는 뜻을 지닌 고대 그리스어 동사에서 파생되었다고 말한다. 우리는 메타포를 응축된 유사성으로 볼 수 있는데, "포"는 하나의 속성을 제자리에서 꺼내 부적절하고, 상관없으며, 생뚱맞고 변혁적인 다른 영역으로 옮겨 놓는다. 자넷의 직유에서 "스톤 부치"는 레즈비언 바 문화의 세계에서 그녀와 함께하는 나의 삶에 관한 무언가를 나타내기 위해 "옮겨졌다." 나를 "스톤"이라 부름으로써, 자넷은 내 몸의 신경학적 불능 상태를 성적인 주체-체위인 스톤 부치로 은유를 사용해 표현했다. **할 수만 있다면 정말 자넷과 다른 방식으로 섹스하고 싶은** 나의 상황을 고려하면, 그건 카타크레시스catachresis―무리수를 둔 비유―이자 씁쓸한 아이러니이다. "나는 결코 스톤인 적 없었다고, 한 번도! 나는 늘 만지고 만져지길 원했어." 나는 항의했다. 그렇긴 하지만 나는 자넷이 뭘 하려고 했던 건지, 왜 은유에 의존했는지 이해했다. 신경학적 파괴는 현상학적 충격을 주었다. 그 충격은 내 몸을 넘어서 뿜어져 나오고, 비유를 필요로 하는 인식론적 난제를 만들어 낸다. 자넷이 우리 둘 다에게 혼탁하기만 한 체화된 삶에 불을 비추고, 에둘러 갈 필요가 있는 어두운 진실에 빛을 밝히기 위해 메타포에 손을 뻗은 것은 놀랍지 않다. 다행히도 언어는 재생 가능한 자원이다. 저 위의 별들에게 감사하게도 우리 둘 다 계속 욕망할 섹스 역시 그렇다.

    뛰어난 작가 안젤라 카터Angela Carter는 동화를 삐딱하게 재의미화한 소설집 『피로 물든 방The Bloody Chamber』에서 "무수한 살과 살이 교차하는 바로크식 천일"의 성적 세계를 소환한다. 그렇게

함으로써 카터는 중동, 페르시아, 남아시아의 고대 및 중세 이야기 모음집 『아라비안나이트』라고도 알려진 『천일야화』를 조용히 인용한다.* 모든 이야기는 동일한 구조화 장치를 공유한다. 왕은 처녀와 결혼하고, 그녀와 잠자리에 들고, 다음날 아침 그녀가 부정한 아내가 될 기회를 가지기 전에 선제적으로 그녀를 처형한다. 세헤라자데는 결혼식 날 밤 왕에게 이야기를 시작하지만, 서사를 끝맺기 전에 중단함으로써 이 운명을 피한다. 이야기의 다음이 궁금한 왕은 그녀를 살려두고, 다음 날 그녀는 같은 일을 반복하고 다른 이야기, 또 다른 이야기에 기대어 목숨을 부지한다……. 그래서 세헤라자데는 살아남고 왕의 욕망도 여전히 살아서 남는다. 만일 섹스가 언어와 같다면, 언어도 섹스와 같다. 각각의 구조화 체계(문법, 몸)를 갖고 있으며, 무한히 서술을 만드는 게 가능하다(문장, 성적 행위). 둘 다 말하는 주체에 의해 활력을 얻을 때 가장 충만하게 살아 있다. 둘 다 바른 용법에 대한 참고도서와 지침이 있다. 나에게 가장 중요한 것은 섹스와 언어가 둘 다 살아 있고 활기 넘치며, 내가 이미 살아본 삶과 내 앞에 펼쳐진 삶을 연결해 준다는 것이다. 내가 앞으로의 삶에 용감히 대면하려면, 한때 내 삶이었던 것에 가까이 다가갈 수 있어야만 한다.

---

* Angela Carter, *The Bloody Chamber*, Penguin, 1979/1993, p. 19(안젤라 카터, 『피로 물든 밤』).

13. 수요와 공급

"그러면 당신이 원하는 이 많은 걸 어떻게 다 할 생각인 거야?" 자넷이 신랄하게 물었다. "어떻게 다 하겠다는 건지만 말해 줘." 병원에서 퇴원한 지 얼마 지나지 않은 어느 날 밤, 자넷은 거실에서 내 휠체어를 밀고 있었고 우리는 싸우는 중이었다. 일주일 전에는 거대한 굴착기가 뒷마당에 커다란 진흙 구덩이를 냈고 그러는 와중에 가꾼 지 얼마 안 된 화단을 뿌리째 뽑아 버렸다. 바로 그날 오후, 마비된 내 삶에 필요한 것을 제공해 주기 위해 엄청나게 큰 시멘트 트럭이 (놀랍게도) 후진으로 진입로에 들어온 후, 우리가 증축하는 건물의 토대가 될 시멘트를 부어 놓았다. 집은 우리가 샀을 때의 모습은 온데간데없었고 우리가 즐기던 마당도 사라져 버렸다. 나는 제정신이 아니었고 그건 우리가 상상했던 삶이 아니었다. "모르겠어." 나는 말했다. "그냥 원해. 원한다고."

그때 나는 거실 앞 창문의 블라인드가 똑바로 되어 있기를 원했다. 블라인드의 평형이 맞지 않으면 신경에 거슬렸기 때문이다. 나는 블라인드 조작 장치가 망가진 건 아닌지 알기를 원했다. 나는 블라인드 문제를 해결하길 원했다. 정렬이 어긋난 것이 자넷에게는 아무렇지 않았기 때문에 그녀는 인식도 못했을 수 있지만, 이제 나는 자넷이 머릿속에 지고 다니는, 무한히 늘어나기만 하는 해야 할 일의 목록에 블라인드 문제를 추가하길 요구하고 있었다. 나는 자넷의 노동을 요구하는 중이었고, 그녀가 명백히 보여 주고 있듯이 그녀를 미치게 하고 있었다. 하지만 내가 "그걸 원해"라고 말하는 순간, 아무런 타당한 이유 없이도 그녀는 싸움을 접었다. 자넷은 나의 열렬한 욕망과 나의 직접적인 행동 때문에 나를 사랑했고, 거기에는 가사도 포함되어 있었다. 나는 다치기 전 해 왔던 것만큼 살림을 맡아 하길 원했고 그게 불가능해진 것이 나에게 어마어마한 상실로 다가왔다. 내가 욕망에 따라 행동하는 것에 얼마나 익숙했는지 자넷도 나만큼 잘 알고 있었다.

◊

나는 수리 일을 도맡아 했을 뿐 아니라 일하는 방법을 잘 파악했었다. 나는 아버지가 나에게 모두 남긴 공구를 즐겨 사용했다. 아버지가 세상을 떠났을 때, 제프는 마비 때문에 손아귀 힘이 풀린 지 오래인 데다가 이미 지하실에 자기만의 (이제는 쓰지 않는) 테이블 톱과 자기만의 (쓰지 않는) 공구통을 가지고 있었기 때문이기도 했다. 지하실은 아직 완공되지 않은 상태였던 우리 집으로 이사 왔을 때, 나는 커다란 공구 진열판을 사서 모든 것을 걸어 두었다.

미터법과 영국 표준법 관형 박스 렌치 두 세트

미터법과 영국 표준법 관형 콤비네이션 렌치 두 세트

육각 렌치 두 세트

몽키 렌치

슬롯 스크루드라이버 한 세트

필립스 헤드 스크루드라이버 한 세트

장도리

둥근머리 망치

고무 망치

대중소 세 가지 사이즈 바이스 그립

    소켓 렌치(미터법과 영국 표준법 관형), 점화 플러그 렌치, 라쳇 렌치, 조절 가능 렌치, 파이프 렌치, 드릴, 비트, 와이어 절단기, 와이어 피복 제거기, 그리고 나머지 모든 것들은 커다란 빨간색 공구 상자에 넣어 두었고, 작업등과 연장 케이블, 나사와 너트와 볼트, 브라켓, 갈고리, 교체용 문손잡이 같은 하드웨어는 선반에 정리해 두었다. 지금도 기억 속에 잘 정리되어 있는 공구들의 모습이 눈에 선하다.

    나에게는 예전에 일할 때 도움이 되었던 부분에 대한 어떤 고집 같은 것이 있다. 우리 집으로 이사 왔을 때 창문을 세어 보니 서른두 개여서 우리는 블라인드도 서른두 개를 샀다. 하나하나 다 설치해야 했다. 나는 자넷이 없을 때 시작해서 그녀가 돌아오기 전에 일을 끝낼 계획을 세웠다. 창문 세 개를 끝냈을 때 손바닥에 부풀어 오른 벌건 물집에 나는 좌절했고, 아버지가 항상 말하던 격언 "올바른 일에는 올바른 도구"를 기억하며 철물점에 가서 전동 드라이버를 샀다. 그날 늦게, 아주 늦게, 나는 멀찌감치 떨어져서 자넷과 함께 내 솜씨를 감상했다. "우와 그걸 다 했네! 저 블라인드 색이 우리가 고른 페인트 색과 얼마나 잘 어울리는지 봐 봐." 자넷은 감탄하고 내게 입을 맞추며 말했다. "당신은 참 부치고 나는 운도 참 좋지."

비록 내가 느끼기에는 우리 가정에 너무 늦게 찾아온 감이 있지만, 요즘 우리에게는 사랑스러운 노란색의 디월트 무선 전동 드릴, 그리고 표준과 스크루 드라이버용 비트 전체 세트가 있다. 디월트 공구를 만드는 회사 블랙앤데커에서 엔지니어로 일하는 콜린의 선물이었다. 우리 집 시공사도 똑같은 드릴을 쓸 정도로 디월트 제품은 최고라고들 한다. 콜린이 무선 드릴과 관련한 일을 한다고 언급했을 때, 우리는 무선 드릴과 레즈비언 가정생활에 대한 농담을 개발해 두고두고 써먹었다. 섹스에 대한 농담이 아니라, 어떻게 가사를 분담하는가에 대한 이야기였다. 유쾌한 레즈비언 농담은 콜린에게 생소했겠지만, 그는 준비가 되어 있었다. 우리는 모든 참된 레즈비언 가정에는 무선 드릴이 필요하다고 단언하며, 훌륭한 무선 드릴을 디자인해 줄 블랙앤데커맨으로서 그에게 기대를 걸고 있다고 했다. 남자 없이 사는 여자에게 필요한 부치성에 대한 농담이기 때문에—누군가는 남자 일을 해야 하지 않겠는가—, 그가 "알아 듣는" 데는 시간이 좀 걸렸다. 아니, 어쩌면 "모든 일은 부치의 일이다." 나의 왕펨 친구 리사가 한 말이다. 이 진술의 기막힌 역설과 못지않게 기막힌 과장법은 부치-펨의 삶에 대해 곰곰이 생각해 보지 않는 한 읽어 내기 어렵다. 레즈비언 가정은 가사를 단 두 개, 남성의 일과 나머지 여성의 일로 미리 나누는 자명한 문화적 규범으로부터 억압받지 않는다. 딸이 레즈비언 연애 중이라고 말하자 너무 놀라서 비록 농담조이긴 했지만 심각하게 "그러면 잔디는 누가 깎는다는 거냐?"라고 물었다던 한 아버지 이야기를 들은 적이 있다. 글쎄요, 아버지. 더 부치인 쪽이 깎겠지 뭐. 레즈비언 바 문화에서 좋은 부치란 펨을 기쁘게 하려는 열망에서 나온다고 하니까, 모든 일을 부치의 일로 해도 안 될 게 뭐가 있겠어? 그게 리사의 요점이었다.

공교롭게도, 자넷은 부치 같은 펨이고 나는 펨 같은 부치다. 자넷은 지갑을 청바지 뒷주머니에 넣고 다니며 짧은 치마를 입고 4인치 하이힐을 신고도 편하게 걷는다. 나는 여자화장실에서 거기는 남자(나)화장실이 아니라는 말 수도 없이 들었지만, 귀걸이와 스카프가 많고 정장과 넥타이는 없다. 젠더는 우리의 업무 분담에 확실한 지침이 되지 못한다. 척수 손상으로 장애를 갖게 되기 전에는, 병뚜껑을 여는 것부터 테라스를 만들기 위해 돌을 들어 올리는 것까지 힘을 요하는 모든 일이 내 몫이었다. 우리의 폭스바겐에 뭔가가 걸려서 범퍼가 차체 프레임으로부터 떨어져 나와 고정해 놔야 했을 때, 그 밑에 기어들어가 강력 접착테이프를 써서 임시방편이지만 붙여놓기도 했다. 카약 적재용 캐리어는 차 지붕에, 차 뒤편에는 자전거 캐리어를 설치했다. 나는 항상 오토바이를 탔다. 공과금을 납부하고 씀씀이를 기록했다. 나는 요리를 즐기고 자넷이 부엌 식탁에 앉아 내게 책을 읽어 주는 동안 우리의 모든 식사를 준비했다. 장을 봤고 거의 항상 저녁 식탁을 차렸다. 나는 1950년대 후반 주니아타 대학교 가정경제학과에서의 소임을 마치고 우리 집으로 퇴역한 작은 키친에이드 믹서기로 계란 흰자를 끝이 뿔처럼 설 때까지 휘저어서 조심스럽게 옥수숫대에서 발라낸 달콤한 알갱이와 섞었다. 그 결과는? 어머니 어깨너머로 봤던 그대로 뜨거운 철판에 반죽을 부쳐 만든 아주 담백하고도 맛있는 옥수수전이 완성됐다. 나는 빵을 굽기도 했고, 가볍고 얇은 파이 크러스트도 만들었으며, 자넷과 함께 있을 때면 저녁을 위한 요리를 즐겼다. 나는 단추를 달았고 역시나 같은 가정경제학과에서 퇴역해 나에게 온 재봉틀을 사용해 옷을 수선해서 입었다.

내가 저 일들을 한 것은 그 일들이 생산해 내는 것들이 가치 있다 여겼기 때문이었다. 자넷과 내가 같이 살기 시작했을 때, 나는 우리가 가사노동을 공평하게 50대 50으로 분담하면 될 거라 생각했는데, 알고 보니 자넷보다 내가 살림에 더 신경을 쓰고 그 가치를 더 높이 평가하는 것으로 드러났다. 나는 보통의 저녁 식사에서도 촛불을 밝힌 테이블에서 와인 한 잔을 곁들인 좋은 음식을 먹길 좋아했고, 자넷이 뒷정리를 맡아주는 것에 진심으로 감사해 했다. 자넷은 빨래하는 것을 좋아해서 빨래는 그녀의 몫이었고, 나는 인생 처음으로 서랍에 개켜진 속옷을 가졌다. 거실이 외관상 깨끗하게 정리되어 있는 걸 내가 좋아한다는 것을 알게 된 자넷은 그렇지 않았으면 흩뿌려 놓았을 종이를 구석에 몰아두었다. 자넷의 서재를 진공청소기로 밀 때마다 매번 벽장 문을 닫던 나는 어느 날 언제나 변함없이 벽장 문이 열려 있다는 것을 깨달고 그녀에게 그렇게 두는 걸 선호하느냐고 물었다. 놀랍게도 내게는 도무지 이해하기 어려운 일이지만, 대답은 예스였다. 그래서 나는 벽장 문을 열린 채 두고 바닥에 쌓인 책 더미 주변을 청소기로 밀었다. 한 3년이 걸리긴 했지만 우리는 주거 공간에서 함께, 친밀하게 사는 방법을 찾아갔고 그 과정에서 생긴 기대와 행동은 대부분 우리를 행복하게 했다. 만일 개털이 구석에 뭉쳐서 굴러다니는 게 거슬리면 전화 통화를 하면서 주워 올리면 그뿐이다. 만일 블라인드 정렬이 맞지 않고 그게 마음에 안 들면 바로 잡으면 된다. 내가 무언가를 중요하게 여겨서 자넷보다 더 자주 알아차린다면 왜 그녀가 그 일을 해 주기를 바라는가? 반대도 마찬가지다. 물론 부딪힐 때도 있었다. 우리가 서로를 짜증 나게 하거나 실망시키지 않았다는 말이 아니다. 하지만 그런 감정들은 일상의 행복과 만족에 의해 보상되고 예상치 못한 기쁨이 찾아와 별것 아닌 일이 되었다.

◊

우리는 어떻게 그런 더할 나위 없는 행복을 얻었을까? 싸우면서다. **화가 났을 때 화가 났다고** 솔직하게 말하는 것만이 사랑과 행복에 이르는 길임을 나는 알게 되었다. 시인 윌리엄 블레이크William Blake는 그 방법을 보여 준다.

「독 나무」

나는 친구에게 화가 났다
나는 분노를 말했고, 분노는 끝났다.
나는 적에게 화가 났다
나는 그것을 말하지 않았고, 분노는 커졌다.

나는 두려움 속에서 그것에 물을 주었다,
밤낮으로 눈물을 흘리며.
미소 지으며 볕을 쬐어 주었다,
부드럽고 기만적인 술책으로.

그것은 밤낮으로 자랐다.
선명한 사과가 달릴 때까지
적은 빛나는 사과를 바라보았고,
그것이 내 것임을 알았다.

그리고 나의 정원에 슬그머니 들어왔다.
밤의 장막이 드리웠을 때,
아침의 나는 기쁨으로 본다
나무 아래 뻗어 있는 나의 적을.*

---

* William Blake, "A Poison Tree"(1794), *Poetry Foundation*, http://www.

나는 분노를 직접 전하는 데 큰 어려움을 느낀다. 화가 나지 않는 것이 아니라 오히려 그 반대에 가까운데, 나는 분노가 야기할 혼란과 그 분노가 똑같이 되돌아올 것이라는 거의 확실한 사실 때문에 두렵다. 하지만 블레이크의 시가 암시하듯, 불만을 품고 있는 것은 행복에 치명적 해를 끼친다. 자넷에게 화가 날 때, 당연히 나는 그녀를 적으로 본다. 하지만 내 성정 때문에 나는 화가 나거나 "사소한" 일로 짜증이 났다고 솔직하게 말하는 것보다 화를 누르는 것이 더 쉽게 느껴지는데, 그건 기만으로 가는 완벽한 시작이 된다. 저 시의 화자는 그의 적이 죽어 있어서 기쁘다고 말하고 있을지 모르지만, 우리는 잘 알지 않나. 분노는 비옥한 땅이어서 불화의 사과는 기쁨을 파괴한다. 원본이 된 낙원으로부터의 타락이라는 플롯을 복제해 더 큰 불화와 암흑 속으로 당신을 밀어 넣는 시의 서사에서 이것은 틀림없는 사실일 것이다.

자넷과 내가 같은 집에서 산 지 얼마 안 되었을 때 벌였던 싸움 중 하나는 영원히 기억에 남을 것 같다. 무엇 때문에 싸웠는지는 전혀 기억이 나지 않지만, 내가 견디지 못하고 자리를 피해 버렸다는 것만큼은 기억난다. 나는 2층 침대에 올라가 누워 버렸다. 얼마 지나자 계단 꼭대기에 나타난 자넷이 물었다. "원하는 게 뭐야?" 싸움은 계속되고 있었고, 자넷은 걱정스러워서 묻는다기보다는 적극적으로 의견 불일치를 좇는 중이었다. 나는 계속 침묵했

poetryfoundation.org/poem/175222, accessed February 2, 2013(윌리엄 블레이크, 「독 나무」).

고 내가 원하는 것을 표현하는 게 쉽지 않음을 깨달았다. 어쩌면 내가 원하는 것을 문장으로 구성해 낼 만큼 충분히 명확하게 알지 못했는지도 모른다. 어쩌면 알고는 있었지만 내가 그걸 요구하거나, 심지어 요청하거나 의견을 말하는 것조차 양심상 터무니없이 느껴졌을 수도 있다. 아무튼. 요점은 분노를 끝내려면 분노를 말해야 한다는 것이다. 내가 아래로도 줄줄이 계속 거북이*라고 말하면 당신은 웃을지 모르지만 사실이다. 당신의 생각과 느낌은 이미 당신에게 세계를 표현하고 있기에 그 생각과 느낌을 표현할 방법을 강구하는 편이 좋을 것이다. 둘 중 누구도 갈등이 관계를 파괴하는 것을 원하지 않았기 때문에 우리는 열심히 싸움에 임했다. 우리는 둘 다 생산적으로 싸울 수 있기를 원했다. 갈등은 당사자 모두가 받아들일 수 있는 협상 결과가 있을 때 완전히 끝날 수 있다.

◊

그러다 내가 사고를 당했고 우리 가정의 경제는 무너졌다. 내가 자넷에게 의지하며 내 필요를 충족한다면, 내가 원하는 것은 고사하고 파산할 정도로 정말 감당할 수 없는 빚을 지게 될 터였

---

* 원문은 "It's turtles all the way down"이다. 간략히 설명하면 우주에 대한 강연을 듣고 세상이 거북이 등 위에 놓여 있다고 주장하는 사람에게 강연자가 그렇다면 그 거북이는 어디에 있느냐고 묻자, 거북이는 더 큰 두 번째 거북이가 받치고 있고 "그 아래로도 줄줄이 계속 거북이"가 있다고 이야기했다는 일화에서 비롯된 표현이다. 무한후퇴infinite regress 문제를 의미한다.—옮긴이.

다. 서슬이 퍼런 척수 부상 앞에서, 우리는 끝없는 긴축 체제가 되리라는 전망을 받아들이는 수밖에 없었다. 자넷은 진심으로, 전혀 화난 기색은 없지만 끔찍하게 단호한 어조로 말했다. "당신이 원하는 걸 가질 수 없어. 그냥 그럴 수가 없어." 내가 이렇게 저렇게 해 달라고 하는 모든 것에 그녀가 다 응해 줄 방법은 없다. 설령 그녀가 능력이 되더라도 그럴 마음이 없을 수도 있는 데다 확실히 그럴 시간도 없었다. 하루는 또 다른 하루로 이어지므로, 요구는 끝이 없었다.

공급 곡선(생산자가 제공하는 재화)과 해당 재화에 대한 수요 곡선(소비자 욕구)이 정확히 일치할 때, 가상 경제에서는 가치가 완벽한 균형을 이뤘다고 가정한다. 우리의 경우 우리의 필요와 욕구를 충족시키는 데 도움을 주는 이들, 즉 주당 스무 시간 나의 개인 활동 보조를 지원해 주는 간호조무사, 월 열여섯 시간씩 주말에만 일하는 간호조무사, 집을 청소하고, 식료품을 배달하고, 낙엽을 모으고, 눈을 치우고, 낮에 도시에서 개 산책을(나는 개똥을 치울 수 없기 때문이다) 해 주는 이들에게 연간 아주 많은 돈을 지불한다. 이 모든 것은 내가 마비되었기 때문이다. 우리는 이제 이 일들을 우리 손으로 다 해낼 수 없기에, 이들이 판매하는 재화인 아주 많은 시간의 노동력을 사는 것이다. 거실에는 내가 몇 달 전 포장용 테이프로 "수리한" 전등갓이 있는데, 그 후로 줄곧 삐딱하게 걸려 있다. 나는 온라인으로 다른 갓을 사서 이 문제를 해결할 수 있으리라 생각하는데, 여기에는 전등의 부품을 교체하는 것도 필요하다. 노동의 수요는 가정 내에서 공급할 수 있는 한계를 훌쩍 초과하고, 노동력을 사는 것은 우리의 지불 능력과 고용 시장이 제공할 수 있는 것 둘 다에 의해 제한된다. 우리에게는 온갖 방면의 훌륭한 조력자들이 있고, 더 나은 상황은 상상할 수조차 없지만, 여전히 숙련공을 찾지 못했는데 그것은 노력이 부족해서가 아님은 확실하다. 게다가 우리가 필요한 도움을 구매하는 일은 바로 그 일들이 지닌 친밀한 성격 때문에 복잡하고 까다롭다. 어쨌든, 이들은 모두 우리 집에서 사생활이 아닌 사생활을 지원하며 매일 몇 시간씩 머물기 때문이다.

자넷과 나는 우리의 균형을 대체로 회복했다. 그녀가 나의 "일상생활 활동"을 지원하기 위해 정말 많은 일을 하기에 나도 괴로워하지 않고 거실에서 삐딱한 전등이나 블라인드를 볼 수 있다. 예전에 내가 하던 집안일을 그녀가 하는 동안 나는 참을성 있게 기다릴 수 있다. 나는 원하지 않는 법을 배울 수 있다. 하지만 동시에, 어느 정도는 이렇게 강렬하고 본능적으로 무언가를 원하는 이 모습이 그녀가 내게 끌렸던 이유이기도 했음을 안다. 자넷은 일상의 즐거움을 추구하는 나의 욕망과 그 욕망을 실현하기 위해 행동할 준비가 된 모습에 끌렸으므로, 원하지 않음은 내가 원하는 것과 거리가 멀다. 그럼에도 우리의 생활이 지속 가능하길 원한다면 나는 원하지 않음을 원해야 했다. 우리는 이루 말할 수 없을 정도로 운이 좋다. 우리는 안정적이고 좋은 직업을 가지고 있고, 사람을 무기력하게 하는 매일매일의 돈 걱정에서 벗어나게 해 주는 공동 소득이 있다. 너무나 많은 사람이 진정 위태로운 삶을 사는 세상에서, 내가 가진 것의 가치를 모르고 내가 자넷과 누리는 윤

택한 일상을 인식하지 못한다면 나는 바보일 것이다. 나는 바보가 아니다. 하지만 쉽다고 말하지는 않겠다.

14. 우리의 개들

로드아일랜드주 프로비던스 공항에 도착한 항공 화물에서 나는 셰임리스 허시Shameless Hussy를 수령했다. 나는 스물두 살이었고, 한 해 전 대학교를 졸업한 후 처음으로 일해서 모은 돈으로 브라운 대학교의 대학원에 지원 없이 다니기 시작했다. 차도 없었고 프로비던스에 온 지 3주밖에 안 되었지만, 나를 집에서 공항으로, 또 공항에서 집으로 태워 줄 지인을 찾았다. 나를 기다리던 동물 운송용 컨테이너와 함께, 한때의 영광을 뒤로 하고 지금은 가난한 동네가 된 엘름우드로 돌아오기까지는 오랜 시간이 걸리지 않았다. 나는 3층짜리 건물 앞에 내렸다. 바퀴벌레와 사는 법을 배우고, 맞은편에 사는 남자와 복도 끝 화장실을 공유하던 방 두 개짜리 아파트였다. 그 집은 브라운 대학교에서 도시를 가로질러 주 경계를 지나는 고속도로를 지나 2마일 정도 떨어진 곳에 있었다. 나는 짐을 들고 계단을 3층까지 올라 집에 도착했다. 마침내 컨테이너를 열었을 때, 세상에 나온 지 8주밖에 안 된 작은 적갈색 털뭉치가 밖으로 나와 쪼그리고 앉더니 리놀륨 바닥에 오줌을 쌌고, 그렇게 우리는 삶을 함께하기 시작했다.

녀석의 꼬리는 중간에는 털이 없고 끝부분에만 한 뭉치 붙어 있어서, 마치 작은 사자처럼 보였다. 한 배에서 난 새끼 중 가장 약한 놈이었는데, 다른 강아지들이 그 꼬랑지만 빼놓고 다 물어 뜯어 버렸기 때문이다. 테레사(나의 스와스모어 시절 연인)가 워싱턴 D.C.에서 버지니아주 맥린까지 차를 몰고 강아지를 데리러 갔을 때 동기들 중 유일하게 남아 있던 강아지였다. 테레사는 내가 어느 추운 겨울날 록 크릭 공원에서 마음을 뺏긴 이후로 잡종 리트리버를 원한다는 걸 알고 나와 함께 『워싱턴 포스트』의 광고면을 눈여겨보던 중이었다. 나는 강아지의 야외 배변 훈련을 위해 날이 풀리길 기다렸고 대학원 개강에 맞춰 떠나기 전에 복종 훈련을 시작하길 원했다. "지금 당장은 못 데려오는 거 알잖아." 9월 중순 테레사가 전화로 마리당 25달러에 나온 아이리시 세터와 골든리트리버 잡종 강아지 광고에 대해 이야기했을 때 내가 말했다. "내가 학교에 가면 개를 데리고 나가 줄 사람이 아무도 없어! 지금 3층에 사는 데다가 돈도 한 푼도 없어서 돈 주고 누구한테 부탁할 수도 없어. 그냥 학교를 왔다 갔다 할 자전거 하나가 가진 전부인데. 내가 지금 도대체 무슨 수로 강아지 배변 훈련을 하겠어?" 내가 개를 데려올 처지가 아니라는 걸 뻔히 알고 있었던 나는 사흘 후 테레사에게 다시 전화를 걸어서 말했다. "한 마리 남았는지 좀 봐 줘." 이제 나는 빛나는 붉은 털에 늘어진 귀, 사자 꼬리를 가진 작은 생명체를 갖게 되었다. 녀석에게는 이름이 필요했다.

존 D. 록펠러 주니어 도서관 서고에 서서 18세기 영국 문학 수업에서 다룰 존 드라이든John Dryden에 관한 책을 찾다가 문득

"셰임리스 허시"가 떠올랐다. "셰임리스 허쉬"는 초창기 페미니즘 출판사 중 하나였던 작은 출판사의 이름이다. 부유한 백인, 가부장제 사회·문화·경제적 권력의 총집합이라고 할 수 있는, "더 록 the Rock"이라 불리던 도서관에 대한 강력한 해독제가 내게 필요했던 게 분명하다. 브라운은 18세기에 대학 설립에 헌신했던 가문을 기리기 위해 붙인 이름이다. 브라운 집안은 당시 많은 프로비던스 거주민들이 그랬듯 노예 매매에 참여했던 부유한 상인이었다. 북미 삼각 무역에 참여했던 노예선 중 60퍼센트가 프로비던스의 항구에서 출항했는데, 몇몇 해에는 90퍼센트가 넘기도 했다. 브라운은 필연적으로 저 수익성 좋은 무역으로 축적한 재산의 기부와 유증으로 부유해졌다. 도서관에 대해 설명하자면, 부유한 후원자를 기리기 위해 그 이름을 따서 명명했다. 브라운 졸업생인 록펠러 주니어Rockefeller Jr는 말년에 했던 자선 활동으로 잘 알려져 있지만, 러들로Ludlow 학살 사건의 책임이 있던 콜로라도 철강 회사의 지배 지분을 소유했던 것으로 악명 높은 인물이기도 하다. 러들로 학살은 1914년 파업 중이던 노동자들의 천막촌에 불을 질러 대부분 여성과 아이들이었던 사망자 스무 명을 낳은 사건이다. "깨끗한 돈"만 기부받는 대학이 없다는 것은 너무나 잘 알고 있었다. 세상 어디에도 그런 대학은 없기에. 그래도 나는 마음이 편치 않았다. 그곳에서 잘해 나갈 수 있다는 일말의 희망을 가지려면, 이제는 내가 일원이 되어 버린 그 대학으로부터 상상 속에서나마 거리를 둘 필요가 있었다. 나는 워싱턴 D.C.의 활기찬 레즈비언 페미니스트 공동체를 뒤로 하고 떠나왔다. 테레사는 이름부터가 가부장제의 이름짓기 전통에 저항하는 페미니스트 서점 "퍼스트 네임즈 퍼스트First Names First"에서 일했다. **그녀**는 분명 셰임리스 허시라는 이름, 통제할 수 없고, 강력한, 성적으로 흥분한, 말 많고 설쳐대는 여자의 이름을 좋아할 것이었다. 내가 막 두고 떠나온 연인과 공동체, 그들과 나를 연결시켜 주기에 이보다 더 좋은 이름이 뭐가 있겠는가?

그저 우연히, 나를 기쁘게 하려 애쓰는 강아지를 갖게 된 것은 커다란 행운이었다. 혼자였고 외롭던 나는 허시와 함께여서 좋았다. 종일 공부만 하는 것은 아니기에 나는 허시와 기본 명령을 반복해 연습했다. 허시를 풀어놓고 훈련할 때가 되었을 때, 허리 높이의 체인링크 울타리가 둘러쌓이고 잡초가 무성한 큰 묘지까지 한 블록을 걸어갔고, 허시를 안아 올려 울타리를 건너게 해주고 나도 뒤따라 타고 넘어갔다. 큰 묘지였지만 철저하게 울타리가 처져 있어서 허시가 내 말을 듣지 않더라도 잃어 버릴 염려가 없었다. 허시에게 가만히 있는 걸 가르칠 때 나는 묘비 뒤에 숨어 있었고 허시는 너무나도 훌륭하게 가만히 있는 것을 습득했다. 내가 친구를 사귀기 시작할 때까지 한 달 넘게 우리는 서로의 유일한 동반자였다. 물론 허시는 물건을 망가뜨렸다, 강아지니까! 내가 떠나온 세계의 유일무이한 순간 중 단 한 장의 사진, 내가 포수로 뛰었던 소프트볼팀의 사진만을 벽에 붙여 두었는데, 그 사진이 떨어지자 허시는 그것을 찢어발겼고 틀림없이 조각 중 일부는 먹었을 것이다. 허시는 고무나무 하나, 버지니아 울프와 헨리 제임스 문고본 표지, 스와스모어 졸업장의 절반을 먹어 치웠다. 나는 크게 신경 쓰지 않았다. 허시는 좋은 동반자였고, 두 번째 학기 즈음에는 내 자전거 옆 인도에서 나란히 뛸 정도로 자랐으며, 목줄을 풀어줄 때까지 도로변에서 멈추었고 힘겹게 컬리지 힐을 올라가는 동안 나를 기다렸다가 내가 브라운 대학교에서 일하는 동안 참을성 있게 내 자전거 옆에 누워 있었다. 어떨 때는 브라운까지 왕복 4마일을 달렸고 가끔 내가 저녁에 달리기를 하면 또 4마일을 함께 뛰곤 했다. 허시는 탄탄한 근육질의 잘생긴 개였고 사람들은 그 말을 하려고 길에서 나를 멈춰 세우곤 했다.

나는 브라운 대학교의 영문과 박사과정에 합격했지만 아무런 지원을 받지 못했기 때문에, 내가 그들의 우선순위가 아니라는 사실이 분명해졌다. 취업이 불가능해 보이는 극심한 경기 침체를 피해 대학원에 가기로 결정한 같은 처지의 동기들이 꽤 있었고 우리는 모두 자신의 가치를 증명하려 애쓰는 중이었다. 어쩌면 당시 약자로서의 처지가 컨테이너에서 나온 작은 강아지와 나 사이에 한층 더 유대감을 느끼게 해 주었던 것 같다. 허시는 잘 훈련받은 멋진 개로 성장했고 나는 입학 당시의 예상을 넘어서는 강한 학생으로 밝혀졌다. 첫해가 지나자 나는 강의 조교 장학금을 지원받았고 논문을 쓸 때 즈음에는 웰즐리 대학교에서 여성의 고등교육을 지원하기 위해 설립한 일 년짜리 앨리스 프리먼 파머 보조금에 지원해 선정되었다. 이 보조금에는 "미국 내 혹은 해외에서의 학업 또는 연구를 위한 것이다. 수혜자는 선정 당시 26세 이하여야 하며, 수혜 기간 내내 비혼이어야 한다"는 규정이 있었다. 내게는 부담스러운 요건이 아님을 알았고 지원금을 넘어 19세기 페미니스트와 연결된다는 사실에도 기뻤다. 나는 논문을 썼다. "후기 구조주의"의 거대한 물결에 실려, 나는 웨슬리언 대학교의 조교수로 임용되며 훌륭한 일자리를 얻었다. 허시는 내가 교수직을 유지할지 아닐지를 결정하는 정년 보장 심사를 성공적으로 통과하기까지, 육 년간의 여정을 지켜보았다. 그 중대한 이벤트가 지나고 일 년 후 허시는 병에 걸렸다. 허시는 십오 년을 살았는데 비장에 종양이 걷잡을 수 없이 자라는 상황이었다. "여길 보세요." 수의사는 초음파 사진을 가리키며 말했다. "종양이 장기들을 제자리에서 밀어내고 있는 게 보이실 거예요. 하지만 고통스러운 상태는 아닙니다. 아마 2~3개월 남았을 텐데, 점점 약해질 테니 그냥 잘 돌봐주세요." 맙소사, 할 수 있는 게 없다고? 아무것도? 나는 주차장에 세워 둔 차 안에서 내 옆자리에 가만히 누워 있는 허시를 어루만지며 오랫동안 엉엉 울었다. 그리고 열쇠를 돌려 집으로 돌아왔다.

허시가 더는 먹을 수 없자 나는 허시의 죽음을 택했다. 차 뒷자석에 앉아서 수의사가 치사량의 약물을 주입하는 동안 나는 무릎에 허시를 안고 있었다. 허시는 나의 첫 번째 개였다. 직업적으로 자리를 잡아가고 또 변모하는 시기를 거치는 동안 내게 경이로운 육체적 동반자가 되어 주었던 허시를 잃어서 몹시 슬펐다. 하지만 그 끔찍한 순간에도 나는 내가 다른 개와 함께하리라는 것을 알았다.

◊

"오늘이 그날인가요?" 베이브 D.(일명 개 베이브)는 매일 아침 물어봤다. "오늘이 그날이냐고요?" 자넷과 나는 여느 아침처럼 침대에서 시리얼을 먹고 차를 마시며 앉아 있었다. 베이브는 침대의 자넷 쪽 자리에서 뒷다리는 바닥에 두고 앞다리 쪽 몸통을 이불 커버에 올려 놓고 있었다. 거기까지가 베이브에게 허락된 장소였다. 베이브는 다리를 뻗어 왼쪽 앞발을 자넷의 왼쪽 다리에 올려 놓았다. "안 돼." 베이브는 발을 내렸다. 그리고 다시 발을 올렸다. "안 돼." 자넷은 몇 번 더 시달리더니 "내려가"라고 말했고, 베이브는 자기가 자넷을 지배할 수 없다는 것을 또 한 번 학습했다. 베이브는 나에게 와서 조를 만큼 어리석지 않았다. 우리 셋의 무리에서 나는 알파의 위치를 견고하게 지키고 있었고, 자넷은 베타, 베이브는 변함없이 감마였기 때문이다. 그럼에도 베이브는 매일같이, 혹시라도, 하룻밤 사이에 사정이 변했는지 물었다. 베이브 D.는 20세기 최고의 운동선수인 베이브 디드릭슨Babe Didrikson에게 경의를 표하며 지은 이름이었는데, 강아지 베이브는 불굴의 스포츠인이었던 베이브의 이름에 걸맞은 삶을 살았다.

허시가 죽고 이 년쯤 지난 후 나는 다시 신문광고를 들여다 보기 시작했고, 몇 달 후 내가 찾던 것을 발견했다. 흰색 래브라도와 골든리트리버가 반반 섞인, 마리당 50달러인 강아지 새끼들이었다. 강아지들을 직접 보러 가서 나는 마치 허시와 통하기라도 한 것처럼 가장 작은 강아지를 찾았고, 돈을 지불했으며, 강아지 주인이 불렀던 이름인 "타이니"를 품에 안고 걷기 시작했다. 그런

데 처음 봤을 때는 다른 강아지 한 마리의 어깨에 늘어져 있던 베이브가, 제 딴에 내가 최선의 선택이라 판단했는지 조그만 귀를 펄럭거리며 한달음에 나를 따라 달려왔다. 베이브는 귀 끝자락과 머리 꼭대기만 붉은 털이 나고 온몸의 털이 하얀 정말로 매력적인 강아지였다. 반면 타이니에게는 그런 돋보이는 부분이 없었다. 결국 나는 베이브와 함께 집으로 돌아왔다.

우리가 함께했던 처음 삼 년간, 베이브는 지독히도 말을 안 들었다. 베이브가 나를 똑바로 쳐다보고 눈이 마주칠 때면 내 명령에 복종할지 아닐지 간을 보고 있는 게 뻔히 보였다. 근처에 울타리가 쳐진 들판이 없었기 때문에, 나는 밖에서 긴 줄을 이용해 훈련했다. 사람들 앞에서도 "베이브, 이리 와!" 하고 크게 소리쳐 부를 수 있도록 이름을 지어서 다행이었다. 복귀 명령을 몇 번이고 반복해 연습해야 했기 때문이다. 베이브가 나이가 들고 **거의 100퍼센트 믿음직스러워진** 후에는 서둘러 나가야 할 때면 가끔 목줄을 하지 않기도 했다. 물론 어떨 때는 내가 오라고 부르는데도 베이브가 뒤를 돌아보고 달려 나갔고, 나는 그 뒤를 쫓아서 동네 뒷마당들을 가로지르면서, 녀석을 재빨리 어디에 몰아넣을 수 있을지 계산하며 전력질주를 할 때도 있다. 베이브는 큰 재미를 봤지만 내가 결국 자기와 맞붙어 목덜미를 잡아 들면, 크게 혼나리라는 걸 알았다. 제일 상징적인 사건은 이것이었다. 어느 눈부신 가을 오후 수업에 가기 전 베이브가 담쟁이덩굴과 관목 덤불 사이에서 변을 보도록 뒷마당으로 통하는 문을 열었다. 그때는 같이 산 지 이 년 반쯤 되었을 때로 내가 문 옆에서 기다리는 동안 베이브는 목줄 없이 있었다. 베이브는 달려 나갔고 나는 뒤따라 뛰었다. 빠르게 달리던 베이브는 모퉁이를 돌아 사라져 버렸다. 빌어먹을! 나는 이미 늦은 상황으로 베이브가 한 블록 아래 번잡한 거리가 아닌 한 블록 위 대학 캠퍼스로 향했기를 바라는 수밖에 없었다. 집에 오는 길에 나는 베이브의 이름을 부르며 사방팔방 찾아다녔지만 소용없었다. 수색 범위를 넓히기 위해 자전거를 타고 나갈 준비를 하고 있을 때 웨슬리언 대학교 치안 순찰차가 멈춰 섰다. 헐떡거리며 귀를 쫑긋 세운 채, 제복 차림의 경찰관 옆 앞좌석에 행복하게 앉아 있는 베이브가 보였다. 경찰관은 차에서 내려 큰 소리로 물었다. "실례합니다. 이 개가 선생님 개인가요?" 경찰관은 내 전화번호와 주소가 적힌 베이브 목걸이의 인식표를 확인했고, 베이브를 무사히 집으로 데려왔다. "과학센터 2층까지 올라갔더라고요. 학생들은 덕분에 다들 행복했고요. 여기 있습니다." 그는 베이브를 내게 넘겨주었다. 그렇게 제복을 입은 경찰관의 호위를 받으며, 베이브는 집으로 돌아왔다.

베이브가 잘 훈련된 개가 될 거라고, 우리가 오후 달리기를 하러 나가면 내 바로 옆을 지키고 (목줄도 없이!) 언제나 부르면 오는 그런 개가 될 거라고 그때의 나에게 당신이 말했다면 나는 비웃었을 것이다. 그렇지만 베이브는 의젓하게 행동하는 개로 자랐고 나는 베이브를 아낌없이 사랑했다. 베이브의 강아지 시절 사진도 욕하지 않고 볼 수 있게 되었다. 저녁이 되면, 나는 "테니스 공" 놀이를 하러 베이브를 데리고 집 밖으로 나가곤 했다. 베이브는 언덕 아래로 신나게 공을 따라 달려갔다가 입에 공을 물고 돌아왔다. 내 발치에 공을 떨어뜨리고는 다시 하라는 의미였다. 궂은 날씨에는 집 안에서 계단 꼭대기에 앉아 공을 아래로 튕기며 던져 주었다. 아래층에서 베이브는 맹렬하게 뛰어 공을 물고는 두 계단씩 뛰어올라왔다가 다시 아래로 내려가는 행동을 끝없이 반복했다. 오직 덥고 습한 날씨만이 베이브를 지치게 할 수 있었다. 개를 특별히 좋아하지 않는 사람에게는 저런 일상이 참을 수 없이 반복적이고 지루하게 보일 게 분명하지만, 나는 열정과 단순한 행복에 온전히 몰입해 있던 베이브와 함께 우리의 놀이가 가져다주는 익숙함을 기꺼이 받아들였다.

자넷 역시 베이브와 함께 있는 것을 즐겼고, 개를 스스로 훈련해 본 경험이 있어서인지 매일 아침 베이브가 던지는 질문을 아주 분명히 이해했다. 우리는 둘 다 베이브가 아주 재미있는 녀석이라 생각했다. 서로 다른 종들이 모인 무리가 만들어 내는 관계라는 조건을 고려하면, 우리 셋은 관계의 역동이 명확하고 조화로운 하나의 단위를 형성한 셈이었다. 현관문을 열어 놓아도 되는 따뜻한 날이 오면 베이브는 몇 시간씩 앉아서 바람막이 문의 아래쪽을 쳐다보다가 이따끔 급격히 흥분해서 펄쩍 뛰어오르곤 했다. 우리는 베이브가 뭘 하고 있는지 알았다. 베이브는 다람쥐 텔레비전을 시청 중이었다. 언제나 같은 채널, 언제나 같은 프로그램, 언제나 다람쥐였다. 날이 추워지면 문을 닫아야 해서 다람쥐 텔레비전을 꺼야 하는 게 안타까웠다. 집 뒤편에서 배변하도록 줄을 풀어 주었던 어느 날 저녁에 발견한 사실인데, 베이브는 스컹크 역시 만나기를 간절히 꿈꾸고 있었다. 베이브는 일이분 만에 돌아오긴 했지만 가까이 다가오다가 멈춰 서서는 앞다리 한쪽으로 주둥이를 비비고, 다른 쪽 다리로 이어서 비볐다. 무엇인가가 베이브를 괴롭히고 있었다. 더 가까이 다가가니 그게 무엇인지 알 수 있었다. 자넷이 그 장면을 상상한 것처럼, 베이브는 스컹크를 보고 신이 나서 묻고 있었다. **"나 지금 네** 엉덩이 냄새 맡아도 돼? 될까? 응? 응?" 베이브는 정확히 양쪽 눈 사이에 분사당했다. 나는 스컹크 기름에 토마토주스가 효과라는 이야기를 들은 적이 있어서 찬장에 있는 캔이며 주스며 토마토란 토마토는 다 꺼내서 열었는데 그중에는 뉴먼스 오운 마리나라 소스도 포함되어 있어서 자넷이 가까운 편의점에 간 사이 베이브에게 토마토를 쏟아 부었다. 자넷은 블러디매리 믹스 몇 병을 들고 돌아왔고 나는 그것도 베이브에게 들이붓고는 털 위로 문지르려 했다. 베이브에게는 그 후로도 아주아주 오랫동안 스컹크 냄새가 났다. 추천할 만한 처치는 아니었다. 베이브는 다행히도, 분홍색으로 변하지는 않았다.

◊

그 사건은 다행히 우리 셋의 추억으로 남았고, "나 지금 네 엉덩이 냄새 맡아도 돼?"는 우리 개가 얼마나 세상에 열정적으로 접근하는지 보여 주는 대사로서 자넷과 나 사이의 유행어가 되었다. 베이브는 언제나 강아지처럼 희망에 차 있었고, 큰 개로 자랄 조짐을 보였던 큰 발에 맞춰 자라지 않아 여전히 강아지처럼 보이기도 했다. 일 년간 자넷이 캠브리지에 살고 내가 그곳에 방문할 때면 우리는 종종 베이브와 함께 걸어서 하버드 스퀘어에서 조금 떨어진 국수 가게에 갔다. 베이브의 목줄을 야외 의자에 걸어두면, 우리가 음식을 들고 나올 때까지 베이브는 얌전히 앉아서 기다렸다. 우리는 커다란 진열창 너머로 베이브가 지나가는 사람들의 마음을 사로잡아 그들이 가던 길을 멈추고 베이브에게 말을 걸고 귀 뒤를 긁어 주는 것을 지켜보았다. 캠브리지에서 최고로 인기 있는 개라니까, 자넷과 나는 이유 있는 과장을 나눴다. 이런 이야기들이 자넷과 나의 관계에 깊이와 복잡성을 더해 주면서 사회적 단위로서 우리 가족을 풍요롭게 해 주었다. 우리는 혼자가 아니었다. 우리의 삶에는 베이브가 있었으니까. 여기에서 똑똑히 해 두고 싶은 것이 있다. 우리는 베이브를 아이로 생각하지 **않았다**. 그러니 무리라는 사회적 단위 속에서 살아가는 기쁨을 이야기하려는 나의 노력을 다른 것으로 헷갈리지 않았으면 한다. 나는 절대 베이브의 어머니가 아니며, 늘어진 귀를 가지고 있지도 않다. 우리 무리는 두 명의 인간 존재와 개 존재로 구성된, 개 베이브, 그리고 자넷과 내가 함께 가정생활을 꾸려가는 형태였다. 베이브는 우리의 사회적 세계를 확장시키며 달리기를 더 즐거운 일로, 산책을 모험으로, 낙엽 긁어모으기를 놀이로 만들어 줬다. 물고 있던 공을 잔디 깎는 기계 앞에 떨어뜨리고, 멀지 않은 곳에 위치한 숲이 우거진 계곡에 졸졸 흐르는 개울을 포함해 물줄기만 보면 맹렬히 뛰어드는 행동까지도 말이다. 베이브가 물을 털며 뛰쳐나올 때 하체는 검은 진흙투성이였다. 나는 베이브에게 호스로 물을 뿌려 씻기면 됐으니까, 별일 아니었다.

어느 날 밤 나는 베이브가 계단에서 굴러떨어지는 소리를 들고 깼다. 무슨 일이 벌어지고 있는지 알아차리는 데 시간이 좀 걸렸고 거실에 내려가 보니 베이브는 충격을 받아 비틀거리고 있었다. 그때 자넷은 뉴욕에 있었다. 나는 베이브를 바닥에 눕혀 놓고 옆에 나란히 누워서 베이브가 얼마나 훌륭한 개인지 말하고 또 말했다. 잠시 후 우리는 둘 다 잠이 들어 버렸다. 나는 뻣뻣해져서 깨어났고 베이브는 계단에서 떨어져 이마에 혹이 났지만 그것 외에는 지칠 줄 모르는, 열정적인 이전 모습 그대로였다. 그날 무슨 일이 있었는지는 설명할 수 없는 채로 남았다. 몇 년 후 어느 날 밤, 주방에서 자넷과 내가 다 함께 있는 바로 그 자리에서 베이브는 갑자기 발작을 일으켰다. 수의사의 자동응답기는 우리를 웨스트 하트포드의 응급 진료소로 안내했고 자넷이 운전하는 동안 나는 몸을 떨며 움찔거리는 베이브를 무릎에 안고 쓰다듬으며 귀에 속삭였다. 그리고 그냥 그렇게, 발작이 멈췄다. 우리가 십오분 후 차에서 내렸을 때 베이브는 귀를 세우고 꼬리를 흔들며, 다시 본연의 사회적 자아를 완전히 장착한 채 뛰어내렸다. **여러분**을 만나게 되어 **저**는 기뻐요, 베이브는 수의사와 그녀의 보조에게 알렸다. **여러분도 저**를 만나서 기쁜가요? 우리는 발작이 멎었고 별 이상이 없어 보인다는 사실에 감사하는 것 말고는 할 수 있는 게 없음을 알았다. 다음번에는, 하지만, 모든 것이 달랐다.

◊

내가 퇴원하고 집에 온 지 6~7개월이 지난 어느 날 베이브가 차고 뒤에서 일을 보도록 데리고 나갔을 때였다. 내가 천천히 휠체어를 밀면서 데크로 올라가고 있을 때, 베이브는 잔디밭을 지나 내달려 데크가 가장 낮은 지점에서 뛰어올랐다. 그곳에는 베이브가 보지 못한 파이프가 있었고 베이브는 정확히 눈 바로 윗부분 머리를 **세게** 부딪혔다. 그 즉시 경련이 시작되어서 베이브 뇌의 신경회로는 신경을 무력화시키는 전압으로 가득 찼고, 베이브는 혀를 늘어뜨린 채 마당 주변을 경련하며 비틀거리기 시작했고 눈동자는 머리 뒤로 뒤집어졌다.

나는 겁에 질려 바라보다가 어떻게든 베이브에게 다가갈 수 있길 바라며 다시 길을 돌아 내려갔다. 도와주세요 도와주세요 도와주세요 누구 없어요 제발 도와주세요 도와주세요! 휠체어를 돌리다가 나는 경사로를 따라 있는 돌벽 사이에 꼼짝 못한 채 절망적으로 끼고 말았다(지금은 알게 됐지만, 나의 회전 반경은 너무 넓었다). 내가 몸부림치면 칠수록, 내가 베이브를 도울 수 없다는 것은 확실해졌다. 나는 나 자신도 도울 수 없었으니까. 맙소사 맙소사 도와주세요 제발 제발 도와주세요 도움이 필요해요 제 개와 저를 도와주세요⋯⋯. 드디어 이웃집 옆에서 열 살쯤 되어 보이는 아들과 한 여성이 뛰어오는 게 보였다. 그녀는 내 휠체어를 빼내고 집으로 들어갈 수 있도록 도와준 다음 베이브와 함께 아들이 기다리던 바깥으로 다시 나갔다. 나는 완전히 정신이 나간 상태로 수의사 전화번호를 더듬더듬 찾아 겨우 전화를 걸 수 있었다. "누군가 금방 갈 거예요. 우리가 사람 보냈고 지금 가는 길이예요. 거의 다 왔어요, 정말로." 그 사람은 정말로 왔다. 그때 베이브는 이미 발작을 멈춘 상태로 이웃들의 도움을 받아 집에 옮겨진 후였다. 수의사 보조가 베이브를 확실히 진정시킬—효과가 있었다—약물을 주입했다. 감사합니다, 감사합니다. 나는 모두에게 말했다. 감사합니다.

그러고 나서 나는 베이브와 단둘이 남았다. 나는 베이브 곁에 누울 수 없었다. 그저 조용히 자기 침대에 누워 있는 베이브 쪽으로 몸을 기울여 쓰다듬을 수밖에 없었고, 나는 몸을 일으켜서 앉는 자세를 유지해야 했는데 그것도 힘에 부쳐서 쉽지 않았다. 게다가 더 최악은 베이브가 휠체어에 익숙해지지 않았기 때문에 나와 있는 것을 약간 불편해했고, 그 때문에 내가 진정으로 베이브를 위로할 수 없음을 알았던 것이다. 휠체어는 베이브를 불안하게 했다. 그도 그럴 것이, 이리저리 움직이다 멈추고, 또 움직이는 크고 무거운 기계이니까 말이다. 우리 무리는 뿔뿔이 흩어졌고 베이브의 일상은 반년간 극심한 변화와 혼란으로 흔들렸으며, 내가 퇴원해서 집으로 돌아왔더라도 나는 베이브가 알았던 우리 무리에서 알파 위치를 차지하던 그 사람과는 거리가 멀어졌다. 나는 베이브를 다시 만나기를 너무나도 고대했고 자넷 역시 우리의 재회에 기대가 컸다. 불쌍한 베이브. 베이브는 나를 알아보면서도 거리를 유지했고, 신이 나서 나에게 인사하러 달려오지 않았다. 나는 마음이 무너졌다. 예전에 베이브와 나의 관계는 완전히 체화된 관계였다. 개들은 말을 알아듣는 것 못지않게 자세와 몸짓을 통해 우리를 이해하는데, 베이브는 내가 누구인지는 알았지만 이전과 같은 친밀함을 회복하기란 불가능했다. 그 귀중한, 신체적 친밀감을 상실하고 얼마나 울었던지! 베이브가 나에게 애정을 느낄 수 없을 만큼 너무 낯설게 변한 모습으로 돌아오게 된 것은 얼마나 가혹한 운명인지.

 베이브가 머리를 부딪혔을 때 겪은 발작은 몇 달이 지나고 본격적으로 시작된 발작의 서막에 불과했다. 베이브는 며칠마다 발작을 일으켰고 어떤 경우든 몇 분 이상 지속되지는 않았지만, 우리가 할 수 있는 일이 아무것도 없었으므로 그 몇 분은 견디기 너무 힘든 시간이 되었다. 아무래도 뇌종양이 있었던 것 같지만, 매번 신경 폭풍이 지나고 나면 잠잠해지도록 베이브를 도와주는 것 말고는 해 줄 수 있는 일이 아무것도 없었다. 크리스마스에 우리 셋은 자넷이 운전하는 밴에 올라 캠퍼스 부근의 인디언 힐 대부분을 차지하는 커다란 묘지로 향했다. 몹시 추운 날이었지만 화창했다. 베이브는 잘 걸었고 나도 큰 바퀴를 굴리며 무덤 주변을 돌아다니는 것이 나쁘지 않았다. 베이브는 본모습 그대로 열정을 뽐내며 앞서 걸었고 이따금 고개를 돌려 어서 오라고 우리를 재촉했다. 크리스마스 직후 우리는 며칠간 집을 비워야 했다. 다행히도 베이브의 수의사가 일하는 병원이 개들을 맡아주는 서비스를 운영하고 있어서 우리가 집을 비울 때마다 항상 베이브를 맡기곤 했고, 이번에도 의사는 직원들이 베이브의 취약한 상태를 이해하도록 확실히 당부했다. 그들은 베이브를 세심하게 돌보겠다고 약속했다. 며칠 뒤 우리가 집에 도착했을 때는 베이브를 데리러 가기에 너무 늦은 시간이어서, 다음 날 아침 자넷은 눈을 뜨자마자 베이브에게 갔다. 자넷이 혼자 돌아왔을 때 도나는 여느 때처럼 내 일상 돌봄을 지원 중이었다. "베이브가 너무 아파서 집에 못 와. 발작이 너무 잦아져서 진정제를 잔뜩 투여한 상태래. 닥터 브라더스는 베이브가 갈 때가 된 것 같대. 우리 같이 가봐야 해." 우리가 뭘 해야 하는지 의심의 여지가 없었기에 오래 이야기할 것도 없었다. 수의사 보조가 우리가 기다리던 작은 진찰실로 베이브를 데려왔을 때, 베이브는 누가 자넷인지 확실히 구분할 수 있었는지 모르겠지만 그럼에도 자넷이 바닥에 앉아 있던 방향 쪽으로 비틀거리며 나아갔다. 나는 그저 베이브의 머리를 만지기 위해 손을 뻗었다. 베이브의 뒷다리에는 닥터 브라더스가 주사 바늘을 꽂아 넣은 약물 주입기가 달려 있었다. 그리고 우리는 죽은 개와 함께 홀로 남겨졌다. 하얀 털 때문에 나이를 가늠할 수 있는 희끗희끗한 주둥이가 없는, 열두 살보다 훨씬 어려 보였던 우리의 베이브와.

이 일을 회상하니 여전히 마음이 아프다. 내가 병원에서 집으로 돌아온 이후 베이브에 대한 나의 사랑이 신체적으로 너무 큰 좌절을 느꼈던 이유도 있다. 베이브의 죽음을 애도하는 이 순간, 나는 닥터 브라더스의 인도 아래 자넷이 베이브를 부드럽게 안고 흔드는 일에 동참할 수 없었다. 나는 그저 겨우 베이브의 등을 손으로 쓸어주는 게 전부였다. 병원에서 너무나 끔찍하게 변한 상태로 돌아온 이후 베이브와 가까웠던 관계를 상실하고 이미 슬퍼했기에, 이제는 죽음이라는 돌이킬 수 없는 최후 앞에서 눈물을 흘린다.

◊

목시 독시Moxie Doxie는 지금 내 무릎 위에서 잠들어 있는 하얗고 작은 비숑 프리제의 이름이다. 개의 체온이 우리보다 높은 것을 생각하면 최고의 손난로인 셈이다. 나는 목시 독시라는 이름이 진정 탁월하다고 생각한다. 지금껏 초기 근대 영문학을 연구하는 동료들과 특별히 예리한 18세기 학자 한 명만이 이 이름의 라임이 지닌 온전한 의미를 이해했다. "목시Moxie"는 당신도 의심의 여지 없이 알겠지만, "용기, 대담성, 정신"을 의미한다. 단어의 어원은 목시가 집마다 행상을 다니며 팔던 만능 강장제로 불린 19세기 아메리카로 거슬러 올라가 찾을 수 있다. 이 묘약의 이름은 행상을 다닐 정도로 우수성을 지닌 것에 대한 환유를 의미했다. 목시를 팔기 위해서는 목시를 가져야만 하는 것이다. "독시 Doxie"(혹은 doxy, doxye)는 옥스퍼드 영어 사전에서 말하듯 "방랑자들이 쓰던 은어로 거지나 불한당의 결혼하지 않은 정부를 의미. 거지의 매춘부나 계집. 따라서 은어로 정부, 내연의 상대, 성매매 여성; 계집, 연인의 구식 표현"*이다. 요약하면 "부적절한 행동거지의 평판이 나쁜 여자"인 독시는 바로 허시hussy이다.** 셰임리스 허시와 목시 독시는 거의 다르지 않다. 이름만 생각한다면. 그러나 개로서 둘은 달랐다.

* "Doxy," *Oxford English Dictionary*, vol. IV, ed. J. A. Simpson and E.S.C. Weiner, Clarendon Press, 1989, p. 1004.
** "Hussy," *Compact Edition of the Oxford English Dictionary*, vol. I, ed. J.A.H. Murray et al., Oxford University Press, 1971, p. 1353.

목시 독시는 리트리버 종과는 거리가 멀지만, 부드럽고 삑삑 소리를 내는 장난감으로 "가져와" 놀이를 한 판 하기를 즐겼다. 목시는 쓰다듬어지고 귀여움을 받기 위해 수 세기간 길러진 종이다. 16세기 프랑스 왕실이 아꼈던 이 개의 "직업"은 사람들과 어울리며 매력을 뿜내는 것이었다는데, 목시 독시를 보면 정말 그렇다. 6.1킬로그램의 무게에 단단하게 말려 들어간 하얀 곱슬머리, 귀를 기울일 때면 쫑긋 서는 늘어진 귀, 짧은 주둥이, 검은 코, 둥글고 검은 눈까지 모든 것이 몹시 매력적이다. 나는 바닥에 누워서 놀 수 없으니 내 위로 올라올 수 있는 개가 필요했다. 나는 내가 리트리버 선망을 갖게 될까 봐 두려웠지만 그렇지는 않았다. 그날들은 이제 끝났다. 목시는 때때로 내게 장난감을 주고 잡아당기고 던지며 놀자고 조르기도 하고, 맹렬하게 장난감을 흔들다가 던져 버리고 또 그 뒤를 쫓아가며 흥에 겨워 하는 행복한 개다. 목시는 반갑고 위로가 되는 존재이다.

목시 이전의 개들과 했던 것처럼 추격전을 벌이거나 이 방 저 방을 뛰어다니고 바닥에서 함께 구르는 방식으로 이제 함께할 수는 없지만 나는 치열하게 그런 놀이를 그리워한다. 허시와 베이브를 훈련했을 때와 같은 종류의 트레이너가 될 수도 없다. 나는 리더로서 직립 자세를 취할 수도 없고, 목시가 곤란한 상황에 처했을 때 갑자기 달려들어 낚아챌 수도 없으며, 어떤 상황에서든 내가 부르면 와야만 한다는 것을 목시가 이해할 때까지 복귀 명령을 엄격하게 강요할 수도 없다. 그래서 목시는 그렇게 길들여지지 않았다. 비록 목시가 결코 내가 원하는 만큼 음성 명령에 반응하지는 않겠지만, 그럼에도 자넷과 나는 목시를 꽤 잘 훈련해 냈다. 나는 목시와 상호작용하며 마음을 비우고 그저 어울려 보내는 기쁨을 누린다. 나는 우리와 다정하게 지내는 걸 좋아하는 개들과 다정하게 지내기를 좋아한다. 개들은 매 순간 온통 몸이고 우리와 개들과의 교제도 대부분 몸을 매개로 이루어진다. 그렇다고 생각이 연루되지 않는다는 것은 아니다. 목시에게도 나에게도 많은 생각이 있고 나는 목시와 휠체어와 모든 것과 소통한다. 목시는 과거의 나를 알았던 적이 없고, 나는 언제나 반복되는 현재를 사는 개의 시간 속에서 자넷과 목시와 함께 행복하게, 삶을 살 만하게 꾸려간다.

15. 재세례파 종교개혁

"너희도 이 결혼식이 정말 마음에 들 거야." 제프는 자넷과 내게 말했다. 바로 다음 날은 조카 커스틴과 맷의 결혼식이 예정되어 있었는데 이에 신이 난 제프는 자넷과 나도 자기처럼 느끼길 바라고 있었다. 미묘하고 관대하며 감정적인 강요와 다름없는 이 욕망은 내게 매우 익숙했다. 가족의 화합을 위해 무언의 정서적 기대를 조용히 휘두르던 어머니의 방식이었으니까. 내 생각에 제프는 지극히 무의식적으로, 자신이 좋아하는 것을 우리가 좋아하고, 자신이 사랑하는 것을 우리가 사랑하고, 자신이 느끼는 것을 우리도 느끼기를 간절히 원했던 것 같다. 우리가 그의 가족 일원이 되기를. 하지만 결혼식만큼은 제프에게 의미 있는 것처럼 나에게 중요한 일이 될 날이 결코 오지 않을 것이었다. 나는 우리 집안의 레즈비언인데다 페미니스트이기도 하니까. 결혼하는 것에는 전혀 관심이 없다. 자넷과 나는 둘 다 "결혼은 모든 여성을 노예로 만든다"라는 1970년대 급진적 페미니스트 관점을 고수하고 있으며 이 관점을 포기할 이유를 전혀 찾지 못했다.

물론 나는 일부러 도발적으로 말하는 중이기도 하다. 결혼은 국가가 강제해 가족을 사적 단위로 정착시키는 계약으로, 가족 안에서 여성은 언제나 출산뿐 아니라 아이와 남편을 돌보는 일까지 포함한 무임금 재생산 노동을 수행해 왔던 게 사실이기 때문이다. 동성 결혼은 결혼제도를 재고하는 기회가 됐을 수도 있지만, 그런 일은 일어나지 않았고 "개인적 책임"과 사적인 삶을 동일하게 중시하는 경향이 나타났다. 양육자가 이성애자든 동성애자든 상관없이 자녀 양육은 핵가족의 핵심으로 여겨, 보조금이 지원되는 이성 결혼과 감당 가능한 보육시설이 사라지고 사립 차터 스쿨이 공교육을 잠식하는 현상과 함께 양육 역시 사유화되는 추세이다. 이 규범성과 소위 사적인 삶의 축제, 그에 장단을 맞추는 "진보"의 서사는 핵가족에서 벗어나 성적 관계나 사회적 삶을 조직할 다른 방법이 없음을 시사한다. 아이를 낳아서 그들의 성장을 돕고 사랑할 다른 방법이 없는 것이다. 어떤 커플들에게는 결혼이 성스러운 의식이라는 점을 이해하고, 그럴 수 있다고 생각한다. 신 앞에서 결혼하는 것이 당신의 사랑을 기념하고, 결혼생활을 유지하며 자식을 잘 기르는 데 도움이 된다고 생각한다면, 그렇게 하면 된다. 하지만 종교 기관이 결혼을 주관하도록 놔두고, **국가는 빠지도록 하자**. 결혼을 국가가 공증하는 계약으로 만들지 말고 종교적 의식 속에 서로의 헌신을 봉인하면 된다. 증명서를 받으러 법원에 가지 않아도 되고, 청교도적인 철두철미함으로 음란해질까 봐 두려움에 시달릴 필요도 없이. 삶에서 좋은 것들을 누리기 위해서는 결혼해야 한다는 압박감도 없이. 이런 조건 속에서라면 심지어 나조차도 결혼식을 좋아하는 법을 배우게 될지도 모른다.

◊

자넷과 나는 결혼제도에 대해 의구심을 갖고 있음에도 나의 가족과 함께 있기 위해, 그리고 이 결혼식에 참석하기 위해 랭캐스터까지 운전해서 도착했고 다른 가족 구성원들 사이에서 인정받는 커플로서 맨 앞줄에 앉아 자리를 지킬 예정이었다. 우리는 모라비언 매너의 병원 침대에 누워 있는 나의 친애하는 오빠와 함께 시간을 보내고 있는 중이었다. 제프는 우리가 그 결혼식 중 정확히 **무엇을** 마음에 들어 할지에 대한 아무런 정보를 주려 하질 않았고, 결국 대화는 금세 수많은 디테일로 치달았다. 우리가 교회 앞에서 이러이러한 시간에 만날 거라든지, 좌석 안내원이 앞쪽 신도석으로 안내해 줄 거라든지, 이런 행사를 위해 공간을 빌려주는 랭캐스터 시내의 아트 갤러리에서 피로연이 열릴 거라든지, 뒤쪽 부지에 제프 차와 우리 차까지 주차할 수 있을 거라든지, 출장 뷔페…… 하객들…… 턱시도……. 제프는 들떠 있었고, 행복했고, 말이 많았고, 약간 불안해했다. 그날 찍은 결혼식 파티 사진에는 휠체어에 앉아 짙은 푸른색 정장이 멋지게 어울리는 제프의 모습이 담겨 있다.

제프의 말은 맞는 것으로 밝혀졌다. 어떤 의미에서는 말이다. 나는 커스틴과 맷이 만든 결혼식이 **진짜** 마음에 들었다. 결혼 산업이 만들어 낸 기괴한 가공품들이 코다크롬 컬러로 전시되는 결혼식들과 대조적으로 두 사람의 식은 소박했으며 중요한 부분에서 의외성이 있었다. 꽃 장식으로 난초가 아닌 데이지를 선택했을 뿐 아니라 젠더에 대한 관습적 예상을 조용히 뒤엎는 방식으로 그

꽃들을 사용했다. 신부 들러리가 한 명씩 통로를 걸어 들어올 때마다 신부를 기다리며 성단소 옆에 서 있던 맷에게 들고 있던 데이지 한 송이를 건네주었다. 맷은 커스틴이 어머니인 베스의 손을 잡고 제단 뒤에 나타난 것을 보고, 통로를 걸어 올라가 신부에게 한 다발이 된 데이지꽃을 선사했다. 맷이 통로의 시작부터 교회 저 끝까지 커스틴에게 주기 위한 꽃을 들고 걸었던 것이다. 신랑인 맷이 말이다! 그렇게 데이지는 신부의 전통 부케로 변신했다. 다른 작은 변화와 마찬가지로, 지극히 이성애 규범적인 결혼식을 비틀어 보려는 이러한 시도는 내게 의미가 있었다. 신랑 측에 "속한" 사람들과 신부 측에 "속한" 사람을 구분하는 식으로 회중을 반반으로 나누려는 노력도 없었고, 신부를 "넘겨주는" 의식도 없었다. 내가 부조리하고 모욕적이라 느끼는, 소유물에 대한 모든 은유들 말이다.

그러나 성단소 한켠에 서 있는 신부 뒤에 신부 들러리들이 모여 서고, 그 반대편 신랑 뒤에는 신랑 들러리들이 줄지어 서자마자 행진에서 느꼈던 독창성은 증발해 버렸다. 회중 앞에 선 커스틴은 어깨를 드러내고 길게 늘어진 흰색 새틴 드레스에 선명한 오렌지색 띠를 둘렀다. 커스틴은 아름다운 여성으로, 격식을 갖춘 시뇽 스타일로 틀어 올린 금발 머리는 그저 눈부셨다. 신부 들러리들도 모두 같은 머리를 하고 있었으며, 착용한 드레스에는 신부의 것과 마찬가지로 어깨끈이 없었다. 커스틴이 고른 머리 모양과 드레스는 둘 다 최고의 모습을 위해 여성성의 포화 상태를 요구하는 스타일이었기에, 들러리 중 몇몇은 꽤나 힘겨워보였다.(피로연을 할 때 즈음, 결국 커스틴은 한두 번 드레스의 가슴 부분을 잡아 올렸다. 자넷은 자기 경험을 끄집어내며 그 모습을 "치명적 실수"라고 평했다. "드레스의 구조랑 드레스를 고정하려고 슬쩍 붙인 접착테이프를 그냥 믿는 것밖에는 방법이 없거든. 일단 끌어당기기 시작하면, 그걸로 끝이야"). 성단소 오른쪽을 바라보며, 신랑 들러리들은 보통 참을성이 없다고 여겨졌다. 정말로 몸에 **맞는** 대여 턱시도를 본 적이 없기 때문이다. 비록 맷은 자기 턱시도를 꽤 멋지게 소화하고 있었지만. 결국 이 행사 전체가 "결혼식"으로 귀착되고 있었고 나는 뭐, 노력했네, 라고 생각했다.

그때 커스틴이 예상치 못한 일을 했다. 설교단 뒤로 걸어갔다가 접이식 철제 의자를 들고 성단소 중앙으로 돌아와 의자를 펴고 그 위에 앉았다. 커스틴이 움직이자 맷 역시 그 옆으로 향했다. 그는 물이 가득 찬 대야를 들고 팔에는 수건을 두른 채 걸어와 커스틴 앞에 섰다. 커스틴은 흰색 구두를 벗었다. 맷은 대야를 커스틴 앞에 내려놓고 그녀의 발을 씻기기 위해 턱시도 차림으로 무릎을 꿇고 앉았다. 맷이 조심스럽게 발을 다 닦자 커스틴은 다시 구두를 신었다. 두 사람은 자리를 바꾸어 이번에는 커스틴이 대야 앞에 무릎을 꿇고 앉았다. 그녀의 새틴 드레스와 옷자락이 사방으로 펼쳐졌다. 맷이 반질반질한 검은색 윙 팁 구두와 양말을 벗자 커스틴은 부드럽게 그의 발을 씻기고 닦았다. 맷은 축축한 발에 정장용 양말을 다시 신느라 약간 고생했지만 오르간 연주자의 음악이 끝나기 전에 구두를 다시 신는 데 성공했다. 맷은 의자를, 커스틴은 대야와 수건을 치웠다. 결혼식은 다시 전통적인 방식으로 돌아갔다.

　세례를 받은 형제의 교도들에게는 발을 씻기는 의식이 익숙한 것이어도 결혼식 행사에 그것을 포함하는 경우는 듣도 보도 못한 일이었다. 발 씻기기 의식을 결혼식 중 일부로 넣음으로써 신부와 신랑은 형제의 교회 신앙의 신학적 급진주의에 대한 자신들의 믿음을 간증했다. 이를테면 군 복무는 신의 뜻에 반한다는 것, 우리는 겸손함, 소박함, 타인에 대한 봉사의 소명을 지녔다는 것, 영적으로 부유한 자는 부족한 것이 없다는 것, 우리는 구원과 신과의 재결합의 복음을 전하도록 부름을 받았다는 것 등과 같은 믿음이다. 복음서에서는 예수가 십자가에 못 박히고 부활하기 전날 제자들과 유월절 만찬을 나누었다며, 이를 기념하기 위한 애찬과 성찬식 때 형제의 교회 신도들이 모여 제일 처음 수행하는 행위가 바로 발을 씻기는 일이었다고 말한다. 예수는 빵을 떼어 나누어 주기 전 제자들 앞에 무릎을 꿇고 그들의 발을 씻겼는데, 커스틴과 맷은 그 겸손과 섬김의 몸짓을 재연했던 것이다. 하지만 이들의 모습과 어렸을 때 내가 형제의 교회 전통에서 경험했던 의식의 결정적 차이는, 당신도 곧 알게 되겠지만 회중이 젠더에 따라 분리되어 있었다는 점이었다. 커스틴과 맷이 결혼식에 발 씻기기 의식을 넣었을 때 형제의 교회의 젠더 의식에 대한 비판적 평가를 의도한 것이었는지는 모르겠지만, 나는 그 행위가 결혼식 전체를 통틀어 가장 마음에 들었다.

◇

아이들 대부분이 어린 시절에 대해 다른 기억과 분리된 동시에 뚜렷한 기억을 가지고 있는 것처럼, 나는 선교의 집에서 살던 시절에 경험했던 특정 장면들을 꽤 생생하게 기억한다. 하나는 집 옆에 자라던 단풍나무 아래쪽 가지에 무릎을 건 후 거꾸로 매달려 창가에서 웃으며 나를 보고 있는 어머니에게 뽐내던 장면이다. 또 하나는 어느 저녁 교회에 애찬과 성찬식 기념 예배를 드리러 갔던 어머니와 아버지가 집으로 돌아오기를 기다리는 장면이다. 예배는 남자와 여자로 나뉘어 발 씻기기 의식을 하기 위해 각자의 길을 간다. 그리고 그들은 성찬식을 위해 다시 한자리에 모인다. 그러면 작은 성찬식용 유리잔에 담긴 자주색 포도주스와 누룩을 넣지 않은 빵 조각이 담긴 하얀 냅킨을 덮은 바구니가 식탁에 돌려진다. 이후 제자들이 그리스도와 함께했다고들 하는 최후의 만찬을 소환하는, 소박한 식사가 이어진다.

어렸을 때 나는 포도주스와 누룩을 넣지 않은 빵을 직접 경험했다. 일 년에 두 번 일요일 정기 예배에서 성찬식을 거행했기 때문이다. 하지만 영성체를 받는 것은 당시 내게 허용되지 않았다. 세례를 받기 전까지는 안 되기에 세례를 받을 수 있는 열세 살이 될 때까지 몇 년이고 기다려야 했다. 포도주스와 빵 바구니를 가득 채운 영성체 잔이 쨍그랑거리는 쟁반은 나를 지나쳤다. 그러나 어머니와 아버지가 저녁 예배를 갔을 때는 상황이 달랐다. 어른들을 위한 주일 학교 중 한 곳에서 애찬식을 위해 준비한 햄 샐러드 샌드위치를 부모님이 한두 개 챙겨 오라는 것을 알았기 때문이었다. 제프와 나에게는 그 남은 음식이 특식이었다. 마지막으로 먹은 지 40년 넘게 지난 지금까지도, 나는 그 햄 샐러드 샌드위치가 지닌 특유의 맛을 떠올릴 수 있다.

열세 살이 되어 세례를 준비하기 위해 담임 목사님이 가르치는 수업에 등록했을 때 나는 주어진 기대에 맞춰 역할을 수행하는 기분이 들기 시작하면서 매주 일요일마다 돌아오는 주일 학교와 예배도 부족해 이런 의무까지 더해졌다는 것에 꽤 불만이었다. 그럼에도 수업에 가긴 했지만, 곧 다가올 재세례파 전통의 핵심인 "성인" 세례에서 이탈하면 어떨까 고민하기도 했다. 주일 학교 수업에서 내 또래 여자아이들과 다 같이 수영복을 입고 그 위에 수수한 하얀색 면 드레스를 입었던 날에는 특별한 기분이 들기는 했으나, 내가 성인이 된 것처럼 느껴지지 않았다. 우리는 복도의 리놀륨 바닥 위에 깔린 플라스틱 런웨이를 맨발로 줄지어 걸어서 교회의 검붉은 깔개를 지나, 성단소의 계단을 올라, 물이 가득 찬 대형 수조의 가장자리에 도착했다. 항상 보이지 않던 수조가 바닥과 수평이 되어 모습을 드러냈다. 세례식에 사용할 때를 제외하면 수조는 성단소 테이블 아래 빈 채로 숨겨진 채 그 위에는 깔개가 덮여 있었다. 수조 안으로 네 걸음을 걸어 내려가자 물은 허리 높이까지 차고 드레스는 몸 주변으로 부풀어 올랐으며, 완전히 젖은 흰색 예복 차림의 목사님과 마주 보고 서게 되었다. 무릎을 꿇자 물이 턱까지 닿았다. 목사님은 한 손은 내 턱 아래에, 다른 한 손은 내 머리 위에 올려놓고 머리를 물 속에 세 번 밀어 넣어 적셨다. "성부와 성자와 성령의 이름으로." 나는 완전히 젖어서 물을 뚝뚝 떨어뜨리며, 세례를 받고 형제의 교회 신자가 되어 걸어 나왔다.

사춘기 직전 내게 애찬과 성찬식 참여가 허락되었을 때, 나는 점점 더 어울리지 않는 곳에 있는 것 같은 불편하고 불행한 기분이 들었다. 하지만 가장 지배적인 감정은 덫에 빠진 느낌이었는데, 이는 젠더에 따른 분리 덕목으로 어머니를 따라가야만 하면서 더 심해졌다. 회중은 교회 지하에 리놀륨 바닥이 깔리고 큰 부엌과 한쪽 끝에 작은 무대가 딸린 대형 공간인 펠로우십홀에 모였다. 식탁보를 깔아 놓은 긴 접이식 테이블 위에는 식기와 수저가 준비되어 있었고 저 높이 형광등 불빛이 빛났다. 기도와 찬송가가 끝나자 여자 어른과 여자아이들은 옆방으로 이동했다. 남자 어른과 남자아이들을 남겨두고⋯⋯. 어디에? 아마 펠로우십홀이겠지. 그 행위가 어떤 의미였든 그건 남자아이들에게서 여자아이들을 구분하는 흉하고, 상상력이 부족하고, 불공평하고, 점점 더 흔히 일어나는, 나를 억압하는 일이었다. 할머니가 머리카락을 틀어 올리기 위해 매일 썼던 작은 머리망인 기도 수건을 나 역시 머리에 쓰고 있었다. 형제의 교회에서 할머니 세대의 모든 여성은 머리를 똑같이 틀어 올리고 연중 내내 기도 수건을 착용했다. 대학 시절 머리를 단발로 잘랐던 어머니는 애찬과 성찬식에서만 기도 수건을 착용했는데 나 역시 그렇게 해야 했다.

옆 방으로 이동한 여자 어른과 여자아이들은 신발을 벗고 드레스와 슬립을 끌어 올려 가터벨트로 고정해 둔 나일론 스타킹을 벗느라 분주했다. 회색 철제 접이식 의자가 줄지어 놓여 있었고 마지막 의자가 놓인 곳에는 물이 담긴 대야와 수건이 있었다. 줄 맨 끝에 앉는 사람이 이웃한 사람의 발을 맨 처음 씻겨주면 그 사람은 또 옆 사람을, 줄의 맨 끝에 있는 사람은 대야와 수건을 들고 맨 앞 사람에게 돌아와 씻겨주는 식이었다. 나일론 스타킹에 젖은 발을 집어넣기란 정말 어려웠고, 섬세한 직물의 스타킹을 카터 벨트에 걸리도록 허벅지까지 끌어올리는 건 더 어려웠다. 내가 스타킹과 가터벨트를 얼마나 싫어했는지는 말할 필요도 없을 것이다. 나는 어두운색 드레스, 실용적인 구두, 보라색이 도는 하지정맥류에 대한 뒤죽박죽 섞인 기억이 있다. 애찬 행사 전체, 특히 발 씻기기는 내게 강압적으로 느껴졌다. 내 의사와 상관없이 참석해야 했고, 내 감정이 어떤 것인지 스스로도 잘 정리되지 않았지만 싫었던 것만은 확실했다. 구세주가 사람들에게 행했던 겸손과 봉사에 대해 생각하고 그분을 모방함으로써 자신을 낮춰야 한다는 것은 알고 있었다. 그러나 나는 어떤 종류의 정서적인 명령에든 마음속으로 반항했다. 특히 어머니가 강조하는 경우에는. 내 생각에 당시 나는 그저 시무룩했던 것 같다.

애찬의 나머지 행사는 그래도 덜 끔찍했다. 대부분 지루할 뿐이었다. 내 어린 시절의 햄 샐러드 샌드위치도 더는 나오지 않았을뿐더러 우리가 뭘 먹었는지 기억도 나지 않을 만큼 그다지 특별하지 않은 음식으로 대체되었다. 다른 종류의 교회 행사에서처럼 각자 집에서 음식을 가져와 차려 놓고 닭고기와 미트로프, 크림 옥수수와 으깬 감자, 젤로와 초콜릿 케이크까지 원하는 대로 다 먹을 수 있는 영광스러운 풍요는 없었다는 걸 기억할 뿐이다. 애찬에 그런 행운은 없었다. 주일 학교에서 음식을 준비했고 젤로도 케이크도 없었다. 음식은 지루했고 예배도 지루했고 나는 빠르게 지루함과 소외감을 느끼는 십 대가 되었다.

◊

수십 년이 지난 후에야 내가 커스틴과 맷의 결혼식에서 발 씻기기 의식의 가치를 이해할 수 있었던 이유는 그들이 내가 여전히 존중하는 가치를 극적으로 보여 주었기 때문이다. 애찬과 성찬식의 의례는 신앙 공동체를 만드는 데 도움을 주고, "가지고 써 버리면서 우리의 힘을 소진해 버리는" 생각 없는 물질주의와 차별되며, 군사화된 국가에 반대한다.* 대학 시절 언젠가 집에 갔을 때 1층 부엌 식탁에서 눈물이 고인 채 잡지 『소저너스Sojourners』를 읽고 있던 어머니를 발견했다. 『소저너스』는 워싱턴 D.C.를 기반으로 소박한 공동 생활을 하는 복음주의 계획 공동체인 소저너스라는 이름의 신자 모임에서 발행하는 잡지이다. 소저너스는 워싱턴 D.C.의 가난하고 약한 자들을 위해 일하고 의회에서 가장 작은 자들을 위해 로비를 펼친다. "나는 가끔 생각해." 어머니가 내게 말했다. "내가 소저너스처럼 그리스도께 내 삶을 바쳤더라면 얼마나 좋았을까 하고. 가끔은 내가 너무 많이 가졌고 너무 한 것이 없

---

* William Wordsworth, "The World Is Too Much with Us; Late and Soon"(1806), in *The Complete Poetical Works*, Macmillan and Co., 1888; available at *Bartleby.com*, http://www.bartleby.com/145/ww317.html, accessed February 28, 2012.

다고 느껴지거든." 어머니가 돌아가신 후에야 나는 그녀가 열여덟 살 때 성경에 적어두었던 글을 읽게 되었다.

언약의 주님, 저의 모든 계획과 목적, 모든 욕망과 희망을 내려놓고 기꺼이 제 삶에 대한 주님의 뜻을 따르겠나이다. 제 자신과 제 삶, 저의 모든 것을 영원히 주님의 것이 되도록 온전히 주님께 바칩니다. 저를 성령으로 충만하게 채워 주소서. 주님의 뜻대로 저를 사용하시고, 주의 뜻대로 저를 보내시고, 무슨 일이 있어도 주님의 모든 뜻을 제 삶에서 영원히 이루소서.

제인 밀러
1935년 6월 29일

이 글로 말미암아 그녀를 이번 생보다 다음 생을 더 생각했던 여성이라고 오해할까 봐 서둘러 덧붙이자면 나의 어머니 제인은 음식의 맛, 직물의 아름다움, 음악의 기쁨과 같은 감각적인 쾌락을 아주 좋아했고 자신과 켄이 섹스를 즐겼다는 사실을 숨기지 않던 사람이었다. 물론 다행히도 내게 시시콜콜한 이야기를 하지는 않았지만 말이다. 그런데도 그녀는 평생을 타인을 섬기고 주를 섬기려고 노력했다.

폭력적인 세상에서 평화를 증거하려고 애쓰던 어머니는 60대 초반에 두 명의 동료와 함께 18세기 필라델피아에서 퀘이커 활동가들이 시작한 단체인 펜실베이니아 교도소 협회의 헌팅던

지부를 설립했다. 헌팅던에 있는 주립 교도소는 높은 벽돌담과 원형 망루, 몇 겹의 철조망으로 둘러싼 울타리가 있는 가장 오래된 교도소 중 하나다. 헌팅던에 살 때 나는 그 곳이 무엇인지 생각조차 하지 않고 수천 번도 넘게 운전하며 옆을 지나쳤는데, 이제는 어머니의 삶에서 가장 의미 있는 기관으로 남아 있다. 어머니는 아버지 살아생전에 죄수들을 위해 일하기 시작했고 아버지가 세상을 떠난 이후에도 그 일을 수년간 지속했다. 어머니가 수감자들을 비롯해 그들의 사랑하는 사람들과 형성한 관계는 어머니의 활동적인 노년기에 가장 중요하게 자리했다. 15년간 어머니는 죄수들을 면회하고 그들이 바깥 세계와 소통하도록 도왔으며, 수감된 연인, 남매, 아들, 그리고 남편을 면회하기 위해 도시에서 와서 모텔방을 잡을 돈이 없는 여성들에게 자기 집에서 머물도록 해 주었다. 어머니는 면회객과 함께 아버지 서재에 있던 접이식 소파에 시트와 담요를 깔고 아래층 손님용 화장실을 안내했다. 또한 어머니는 가석방 없는 종신형을 선고받은 남성들과 특별한 관계를 발전시켰고 그들의 지지 집단과도 자주 만남을 가졌다. 어머니는 진정으로 참회를 믿었을 뿐 아니라, 우리는 모두 용서가 필요하며 우리는 모두 신의 자녀라고 믿었다. 헌팅던의 『데일리 뉴스』기자가 수년간 활동을 가능하게 한 동기와 원동력을 물었을 때 어머니는 "신의 사랑"이라고 아무렇지 않게 말했다.

　나의 아버지가 했던 헌신은 보다 거침없는 당파적인 종류였다. 그는 스스로를 "재건되지 않은 뉴딜주의자"라고 묘사했고 시의원으로 출마해 당선되었으며, 신문 편집자에게 정교하게 공들여 쓴 편지를 보냈고 아주 활기차게 시사 현안에 대해 이야기했다. 어머니의 기여는 표면적으로 정치성이 덜 드러났다. 어머니는 수년간 헌팅던 여성 유권자 연맹의 체어맨(그대로 인용한다) 자리를 지켰으며 연맹의 전당대회에 참여하고 여성의 평등권을 옹호했으며 정치적 입장을 자유롭게 교환하는 것을 장려했다. 여성 유권자 연맹은 시민권 운동을 지지했고 베트남전쟁에 반대했다. 이를 증거 삼아 마을의 몇몇 사람들은 그들이 공산주의자라고 말했다. 그들은 사실 등록된 민주 당원이었지만 당시에는 사실상 그게 그거나 다름없었다.

◊

어떻게 내 가족과 그들의 가치관을 내가 자랑스러워하지 않을 수 있겠는가? 대학 때 만난 친구들은 자기 부모님도 우리 부모님 같았으면 좋겠다고 말했는데 나는 그것을 이해할 수 있었다. 내가 스와스모어 시절 만났던 연인의 가족은 남침례교도였는데, 그녀가 커밍아웃했을 때 그녀의 어머니는 울면서 이렇게 말했다고 한다. "아, 너가 차라리 매춘부라고 말했으면 좋았을 텐데. 그 편이 훨씬 나을 거다." 나의 부모는 그에 비하면 거의 성인군자나 다름없었다. 그들은 반항적인 나의 십 대 시절을 겪어 냈고 내가 급진적 레즈비언으로 대학에서 돌아왔을 때 나를 받아들였다. 사실, 그들은 내가 대학교 2학년 때 공식적으로 커밍아웃하기 전부터 내가 동성애자임을 확신했다고 말했는데, 돌이켜보니 내가 열일곱 살 때 아직 부모님 집에 살면서 욕정에 가득 찬 사랑에 빠져

들었을 때 공공연히는 아니더라도 내 정체성을 뻔히 밝힌 셈이었다.

나는 부모에게 모든 것을 말했다. 거의 모든 것을. 그러나 가부장제는 급진주의 페미니스트들만이 끝장낼 수 있으리라는 나의 신념은 이야기하지 않았다. 내 경험으로 급진주의 페미니스트는 대부분 백인 레즈비언들이었다. 내가 자신을 부르주아적 삶의 지향과 안락함을 극단적으로 경멸하는 사람으로 여긴다는 말 역시 하지 않았다. 스와스모어에서 나는 혁명의 언어를 이야기하며 성적 욕망과 급진적 포부에 흠뻑 젖은 정치화된 공동체를 만들기 위해 애썼다. '스와스모어 여성 해방'과 '스와스모어 게이 해방' 단체의 투쟁 목표는 너무나 보편적으로 만연한, 우리가 숨 쉬는 공기 자체에 속속들이 스미든 가부장제, 그리고 지루하고, 억압적이고, 상상력이 부족하고 매력 없는 규범적 이성애 세계와 싸우는 것이었다. 당시 나의 레즈비언 페미니스트 정치가 인종차별주의적이며 구조적인 계급 분화에 무감했다는 사실은 이미 오래전에 어렵게 배웠다. 하지만 그 당시 나와 나의 백인 친구들은 엄청나게 흥미진진했던 미지의 미래로 다가가는 일에 사로잡혀 있었다. 학업은 정말로 도전적이었고 나는 다른 무엇보다도 지적 작업을 중시하는 스와스모어의 대학교 문화에서 성공적인 학교생활을 했다. 얼마나 다행이었는지! 책을 읽고 글을 쓰고 여자들과 키스하고 애무하는, 내가 타고난 일을 하면서 보상받을 수 있었으니까.

이 모든 것에도 부모님은 당황하지 않는 듯했다. 그들은 나를 받아들였고 내 친구와 연인들을 받아들였다. 수십 년이 지나고 보니, 젊은 시절 나의 급진주의에 대한 부모님의 반응이 그들과 나를 조금 멀어지게 했으면 더 좋았으리라는 걸 깨달았다. 웨슬리안 대학교에서 만났던 친한 친구는 다 큰 아이가 둘 있는데, 한 번은 대학에 들어가서 유학 간 아들이 충격을 줄 작정으로 집에 전화를 걸어왔다고 한다. 아들은 머리를 밀었다고 알렸다(펑크록이 뜨던 시절이었다.) 앤-루와 마이클 둘 다 별다른 반응을 하지 않고 그 말을 넘겼다. 그리고 아들이 전화를 끊자마자, 앤-루는 갑자기 버럭 소리를 지르며, "우리 다시 전화해야 해! 당신이 걔한테 머리 민 거에 대해서 호통을 쳐야 한다고. 그게 그 애가 당신한테 기대하는 거고 걔가 맞아." 마이클은 다시 아들에게 전화해서 그가 어리석고, 치기 어리고, 경솔한 짓을 저지른 거라고 말했다. 그러자 모든 일이 순조롭게 정리되었다.

나의 경우 대학교를 졸업하고도 헌팅던은 아주 오래오래 "집"을 뜻하는 공간으로 남아 있었다. 그곳을 방문하면 충실하게 일요일마다 교회에 가고 식전에 찬송가를 부르며 부모의 기대에 부응하면서 한편으로는 내 삶을 꾸려 나갔다. 내가 믿음이 부족하고 더 이상 믿지 않는 종교의 신앙생활을 하는 것이 내키지 않는다고 말하면 부모님이 극심한 고통을 겪을 것이라고 그때도 믿었고 지금도 그렇다. 내가 진실을 말했더라면 결국 더 나았을지 정말 모르겠다. 하지만 내가 가족과 함께 있을 때만 (사실상 모든 면에서) "형제의 교회 신자"가 됨으로써 어른이 된 이후 내 인생 대부분을 자신에게 진실하지 못했던 것은 두렵다. 변함없는 사실은 내가 함구했으며 헌팅던이나 리티츠에 있을 때면 정신적으로 하이즈먼 트로피의 자세*를 취했다는 것이다. 가족의 삶이 내게 가까이 오지 못하도록 감정적으로 뻣뻣한 팔 자세를 유지하면서 말이다. 내가 가족 모두를 사랑했음에도.

대학원에 다니던 이십 대 중반의 어느 날 어머니에게서 전화가 왔다. "티나, 브리지워터 대학교 알지? 버지니아에 있는 형제의 교회 대학교 말이야. 거기에서 우리 교회 여성 신도 회합이 열려. 올여름 7월 즈음인데 우리는 동성애에 대해 토론하려고 한단다. 이야기를 진행하는 데 네가 적임자라 생각했어. 올 수 있겠니?" 형제의 교회가 군사주의 국가에 반대하고 세속적 감언이설을 무시한다고는 해도, 젠더와 섹슈얼리티에 관해서라면 급진적인 것과는 거리가 멀었다. 데이비드 와트David Harrington Watt의 선명하고 절제된 저서 『성경을 들고 다니는 기독교인Bible-Carrying Christians』에서 보여 주는 것처럼 가족생활의 중요성은 가족이라는 사회적 단위의 가부장적 구조와 마찬가지로 당연하게 여겨진다.** 와트가 연구하는 교회에는 재세례교파 교회도 포함된다. 그곳에서 예배하는 메노파 교도는 전쟁에 반대하며 병역을 거부하고 아주 소박한 삶을 영위한다. 이것의 바탕이 되는 증거 정신이

---

* 미국 대학의 미식축구에서 가장 뛰어난 선수에게 수여하는 상이다. 하이즈먼 트로피는 팔을 길게 뻗어 상대 선수를 밀어내는 기술인 '뻣뻣한 팔stiff-arm' 자세를 취하고 있다.—옮긴이.
** David Harrington Watt, *Bible-Carrying Christians: Conservative Protestants and Social Power*, Oxford University Press, 2002(데이비드 와트, 『성경을 들고 다니는 기독교인』).

바로 어머니가 소저너스에게 끌렸던 지점이었다. 하지만 그 교회의 구성원 중 누구도 특별할 것 없고 검증되지도 않은, 아버지가 가부장인 가정생활이 좋지 않을 수 있다고는 생각하지 않았다. 형제의 교회 출판물 중에는 1963년 영국 퀘이커 교도들이 출판한 『성에 대한 퀘이커 교도의 관점 정립을 위하여 Towards a Quaker View of Sex』와 비슷한 책은 찾아볼 수가 없다. 이 책은 사랑하는 관계에는 젠더나 성적 지향이 아닌 부드러움, 책임, 헌신 같은 것들이 오히려 더 중요하다고 주장한다. 물론 모든 퀘이커 교도들이 저 관점을 지지하지는 않겠지만, '스와스모어 게이 해방'이 학교 도서관 측에 구입을 요구한 동성애 관련 서적들 사이에 저 얇은 책이 있었고, 저 책이 파이어브랜드에서 막 인쇄되어 나온 책이나 셰임리스 허시 프레스에서 갓 출간된 책들을 제외하고는 동성애를 긍정적으로 다루는 거의 유일한 책이었던 것만은 분명한 사실이다. 지난 50년간 형제의 교회 연회에서 섹슈얼리티에 대해 많은 이야기가 오갔지만, 신의 계획 중 일부로 동성애를 기꺼이 받아들이기는커녕 성적 지향이 신에게 혹은 형제의 교회 신도들에게 문제가 되지 않는다고 언명한 적도 없었다. 실은 동성애는 반복적으로 연례 회의를 뒤흔든 주제였고, 더 온건한 언어를 사용해 달라고 호소하는 와중에 과격한 언사가 오가기도 했다.

나는 어머니에게 형제의 교회 여성 신도 회합이 얼마나 중요한지 잘 알고 있었다. 어머니가 동성애에 대해 토론하고 싶어 한다는 사실에 고마움을 느끼기까지 했다. 어머니는 진심을 다해 부드러움, 책임, 헌신을 믿었고 당신의 레즈비언 딸을 무조건적으로 사랑했다. "그래요." 속으로는 아니, 아니, 아니야 하고 생각하면서도 자식된 도리 앞에 고개를 숙이며 나는 대답했다. 그날이 왔을 때 나는 로드 아일랜드에서 워싱턴 D.C.까지 차를 몰고 스와스모어 시절 연인의 집에 도착해 다음 날에 대한 각오를 단단히 다지며 진탕 마셔댔다. 다음 날 아침은 타는 듯 더웠다. 나는 근처 맥도날드에 커피를 사러 들른 후 아침 샌드위치, 깨질 듯한 숙취와 함께 에어컨도 없는 차를 타고 7월의 버지니아 남부를 달렸다. 브리지워터 대학교에 도착했을 때 공기 속 열기와 습기로 숨이 막힐 지경이었다. 회합 참가자는 대학교 기숙사에 묵었는데 거기에도 에어컨은 없었다. 선풍기조차도. 우리는 푹푹 찌는 대학교 식당에서 저녁을 먹었고 그 후 나는 좁은 침대에 누워 길고 긴 시간을 깨어 있었다. 다음 날 숙취는 사라졌고 나는 워크샵을 진행했으며 그다음 날에는 마지막 기도가 행사의 끝을 알렸다. 어머니는 눈에 눈물이 그렁그렁한 채 나를 안았고 "오, 켄이 여기 있었으면 좋았을 텐데! 네가 너무 자랑스럽구나"라고 말했다. 어머니는 아버지도 자랑스러워할 것이라 생각했다. 나도 그 순간에는 다 끝났다는 것만으로 행복했고 내가 아끼는 사람들이 교사로서 나의 기량을 목격했다는 것이 기뻤다. 하지만 무엇보다 나는 나가고 싶었다. 나가서 떠나 버리고 싶었다. 내가 **형제교도 레즈비언**이라는 것이 우스꽝스럽게 느껴졌다. 하지만 물론, 그게 나다.

◊

웨슬리언 대학교가 감리교 소속이라는 흔적은 사랑스러운 브라운스톤 예배당 건축에만 남아 있는 것으로 보인다. 그리고 나는 저 예배당뿐 아니라 그 어디에도 예배에 참석하기 위해 발을 들인 적이 없다. 나는 스스로를 형제의 교회 신도라 부르며 돌아다니지 않는다. 아니기 때문이다. 하지만 지극히 당연하게도 우리는 원가족을 선택할 수 없고 어린 시절을 선택할 수 없으므로, 나는 형제의 교회 신도가 "되는" 것 외에 선택의 여지가 없다. 내 부모님이 두 분 다 그랬듯이 나는 교수고, 내 부모님의 선택처럼 대학 캠퍼스 가까이에 살았다. 나는 어린 시절 우리 가족이 재세례교라는 점이 내가 교수가 되는 데 영향을 끼쳤지만, 그게 전부라고 생각했다. 이제는 그렇지 않다는 것을 안다. 좋든 싫든, 나는 우리 부모님의 딸이다.

내가 재세례파와 거리를 두었을지는 몰라도, 재세례파는 엄연히 나의 일부이며 퀴어하게 페미니스트적인 어떤 방식이든 나의 욕망은 재세례교적 욕망이다. 나는 복잡하게 관계적인 삶을 원하고 남들을 돕길 바라며, 수년에 걸쳐 광대한 친화력의 네트워크를 만들었다. 이 네트워크는 나를 돌보는 데 들어가는 압도적인 무게를 나누어지어 재활 병원에서 퇴원했을 때 요양원이 아닌 집으로 돌아올 수 있도록 해 주었다. 가까운 친구들은 전적인 의존이 압도적으로 요구되는 나의 상황을 도와주었는데, 돌봄 네트워크의 가느다란 실들은 기관으로서 웨슬리안 대학교 깊은 곳까지 닿아 있었다. 웨슬리안 대학교에 이사들이 오기로 한 전날 내가 사고를 당했기 때문에 이사들은 그 위기 상황 이후 24시간이 채 지나지 않은 시간에 도착했다. 3개월 후, 이사들은 내 휠체어 비용으로 8,000달러를 기부했다. 내가 지금도 쓰고 있는 이 휠체어는 나에게 딱 맞는 모델이었지만 보험 처리가 되지 않았다. 부총장은 모든 교수진과 직원들에게 이메일을 보내 나의 상태에 대해 전할 수 있도록 사고 후 이튿날 이른 아침에 병원을 찾아와 자넷을 만났다. 바로 몇 주 전, 그 해 열린 첫 교수회의를 내가 주재했고 새로 임용된 교수진을 소개하는 자리를 가졌기 때문에 사실상 모두가 내가 누구인지를 아는 상황이었다. 특히 처음 며칠, 몇 주 동안은 시기상 내 사고가 더 널리 알려진 게 분명하지만, 그 후 몇 달과 몇 년에 걸쳐 사람들이 내게 준 지속적인 관심과 돌봄은 다른 사람들과 연결되고 싶다는 나의 의식적이고 무의식적인 깊은 욕망이 응답한 결과였다.

사고 이후 찾아온 엄청난 시련 속에서 자넷과 나는 가장 친한 친구들의 적극적인 사랑과 넉넉함으로 먼저 구원받았지만, 우리는 더 많은 도움이 필요했고 더 많은 도움이 마련되었다. 퇴원 당시 나는 여전히 중추신경계 손상에 대한 충격으로 많이 아픈 상태였다. 정오부터 저녁 여덟 시 정도까지 휠체어에 앉아 있었는데, 앉은 상태에서 체중을 전혀 이동시키지 못했다. 그래서 자넷이 외출할 때면 친구들이 집에 와서 좌골의 압력 지점을 바꾸기 위해 삼십 분마다 나를 이쪽저쪽으로 기울여 주었다. 나는 몇 시간을 기꺼이 도와줬던 로리에게 "머리에 모래가 찬 광대"가 되었다며 농담했다. 아래쪽에 무게를 넣어 한 대 맞으면 바로 다시 일어날 수 있는 공기 주입식 펀칭 광대와 정반대로, 나는 몸을 똑바로 세우는 것조차 힘들었기 때문이다. 하지만 로리의 다정한 우정과 다른 많은 사람의 도움으로 나는 한 번도 욕창이 생긴 적이 없었다. 자넷과 나는 이 년 내내 라자냐, 키쉬, 카레, 콩과 밥, 수프, 브라우니, 그리고 더 많은 라자냐를 대접받았다. 모든 음식은 우리 집 뒷베란다의 테이블에 두고 간 것들로, 테이블의 나머지 반에는 씻어서 둔 캐서롤용 접시, 파이 접시, 타파웨어 통이 올려져 있었다. 내가 병원에 있는 동안 그 음식들이 없었다면 부엌에서 무얼 해야 할지 모르던 자넷은 쇠약해졌을 것이다. 또 내가 집에 온 이후로 우리는 둘 다 너무 압도된 상태이기도 했다. 특수치료 전문병원에서 일 년 반 동안, 주 5일간 통원 물리치료를 받는 동안 친구들은 한 시간 반이라는 시간을 들여 운전을 도맡아 주었다. 단 한 번의 치료도 놓친 적 없이. 친구들은 지역 은행에 크리스티나 크로스비 기금을 조성했고 그 기금으로 구입한 경사로와 휠체어 고정 장치가 구비된 중고 밴을 운전해서 나를 태우고 다녔다. 우리 가정은 안정되었고 재정 상황에도 매달 더는 빨간불이 켜지지 않았기 때문에 이제 우리는 자선에 의존하지 않고 살 수 있게 되었다. 하지만 너무나 어려웠던 시기에 친구들이 내게 기꺼이 내어 준 모든 것을 영광으로 생각한다. 결국 조지 엘리엇George Eliot 말처럼 **자선**Caritas은 "최고의 사랑 혹은 우정"이다.*

---

* "Caritas," *Oxford English Dictionary*, vol. II, ed. J. A. Simpson and E.S.C. Weiner, Clarendon Press, 1989, p. 900.

나를 지원해 준 웨슬리언 대학교 공동체는 동질적인 집단이 아니었고, 제도적 문제에 결코 단일한 의견을 가지고 있지 않았다. 내가 다치기 몇 해 전쯤 퀴어 학생들이 '커밍아웃의 날' 전날 밤 캠퍼스 곳곳의 길바닥에 색색의 분필로 음란한 메시지를 쓰는 "분필 시위"를 기획했다. 어느 해에 친구가 신이 나서 전하길, 누군가 영문과 앞 길바닥에 "크리스티나 크로스비의 가죽 바지가 나를 젖게 한다"라고 쓴 걸 오전에 일찍 연구실로 출근하며 봤다고 말했다. 교내 청소 노동자들이 해당 메시지와 캠퍼스 전체에 쓰인, 그렇게 직접적으로 누구를 지목하지는 않아도 열정면에서 뒤지지 않는 다른 메시지들을 모두 닦아서 지웠다. 교정 바닥을 상스럽고 성적인 말로 덮어 버린 학생들은 자신들의 메시지가 부르주아들을 놀래키길épater la bourgeoisie 바라는 큰 포부를 지녔고, 실제로 그렇게 되었다. 많은 교직원이 밤사이 피어난 뻔뻔하고 과장된 성 긍정주의 주장을 달갑지 않아 했지만, 나는 내가 특별히 주목받았다는 사실에 우쭐했다. 나는 그 성적으로 노골적인 메시지들이 퀴어 학생들과 "퀘스처닝", 즉 아직 탐색 중인 학생들이 모여서 행동하고 자신을 드러내며 웨슬리안 대학교를 잠시나마 자신들의 것으로 만드는 방법이었음을 알았다. 그들의 청년다운, 불협화음을 내며 불화하는, 퀴어적 가능성의 희망으로 꾸며져 분필로 칠해진, 성적 에너지로 가득 찬 웨슬리안 대학교를 즐겼고 전적으로 지지했다. 베넷 총장의 의견은 나와 달랐다. 총장은 해마다 돌아오는 이 의식에 불쾌감을 느꼈고 메시지들이 모욕적이고 공적 담론을 규제하는 공동체의 규범을 명백히 위반한다고 주장하며 이를 금지하는 행정 명령을 내렸다. 나는 분필 시위가 그립다. 장난기가 넘치고, 미묘하지 않고, 적절하지 않고, 과했던, 응당 그래야 했던 그 시위가. 분필 시위는 바람과 빛이 들게 해 주었다.

우리를 도와준 모두에게 감사하는 성대한 파티를 드디어 열게 되었을 때, 자넷이 감사함을 전하자 더그는 보수적인 편에 속하는 이사들 중 누구라도 대화 중에 동성 결혼에 대한 주제를 끄집어내려고 하면 자기가 재빨리 자넷과 나보다 서로에게 더 헌신하는 부부를 본 적이 없다고 말했다고 털어놓았다. 동성애자들도 다른 사람들과 마찬가지로 진지한 결혼생활을 할 수 있음을 증명했다고 말이다. 자넷도 나도 더그의 말을 반박하기 위해 달려들지 않았다. 더그와 밋지가 우리에게 해 준 모든 것에 둘 다 깊이 감사해했다. 퀴어 욕망과 성적으로 규범적인, 직장 생활을 조화시키는 게 불가능에 가깝다는 것을 잘 알았기 때문이다. 우리가 버틸 수 있도록 도와준 공동체는 다른 사람들과 연결되고 싶은 나의 욕구에 부응해 만들어진 이질적인 집합이었기에 서로 의견이 명백하게 대립하는 사람들이 포함되어 있었다. 자넷과 내가 더그의 의견에 동의하지 않았던 것처럼 말이다. 대학교에서의 생활과 관련된 네트워크였음에도 기관으로서의 웨슬리안 대학교와는 차이가 있었다. 회중파 교회의 목사와 그의 교구민들이 나를 위해 기도했다는 것을 알았을 때 나는 신에게 감사한다고 응답할 필요를 느끼지는 않았지만, 그럼에도 그들의 관심 덕에 버틸 수 있었다. 덕이 내게 마르크스주의의 기도가 내 회복에 도움이 되는지 방해가 되는

지 물었을 때 나는 도움이 된다고 답했다.

여러 갈래의 네트워크들이 우리를 레즈비언, 게이, 철저히 젠더퀴어인 다른 이들과 연결시켜 주었고, 또 방향을 틀어 겉보기에 꽤 평범한 기혼자들과 연결시키기도 했다. 나의 네트워크는 대도시 뉴요커들과 펜실베이니아주의 작은 마을 사람들, 다양한 인종과 국적의 정체성을 가진, 친한 친구부터 얼굴도 모르는 사람들까지를 포함한다. "물들이 나의 영혼에까지 흘러들었다. 나는 설 곳이 없는 깊은 수렁에 빠졌다. 깊은 물에 들어가니, 큰 물이 내게 넘친다"*라고 느낄 때, 그 모든 이들이 나를 일으켜 세웠다.

---

* Charlotte Brontë, *Jane Eyre*(third edition), W. W. Norton & Company, 1848(2001), p. 253. 『제인 에어』에서 브론테가 1인칭 주인공 화자인 제인의 목소리로 「시편」 69편 1-2절을 인용하는 구절이다.

16. 프리티, 위티, 게이.
예쁘고, 재치 있고, 흥겨운

　내가 있는 병원에 도착한 뒤, 자넷은 사고 전 내가 술을 마셨나는 질문에 여러 번 대답해야 했다. 아뇨, 안 마셨어요, 그녀는 대답했다. 하지만 똑같은 질문을 또 들었다. "아뇨, 아니라고 했잖아요. 자전거를 타는 중이었다니까요!" 이후 자넷은 알코올에 관한 질문이 진지하게 다뤄져야 하는 이유는 다른 약물과 어떻게 상호작용할지 알아야 하기 때문이라는 설명을 들었다. 응급실에 들어온 환자가 혈액에 알코올이 많은 상태면 마취제와 강력한 진통제가 위험 수준으로 과잉 투여될 수 있기 때문이었다. 그들은 내가 알코올에 중독된 상습 과음자인지도 확인했는데, 이는 내 혈중 알코올 농도를 높게 유지해서 사고의 트라우마 외에 금단 증상까지 겪지 않도록 하기 위해서였다. 자넷은 그럴 필요가 없다고 다시금 확인 시켰고 나의 첫 외과 마취 이후 의료진은 자넷에게 내 마취를 유지하는 데 큰 용량이 필요하지 않았기 때문에 내가 어떤 약물이든 했을 리가 없다고 전했다.

　내 쉰 살 생일이 다가오기 두어 달 전, 나는 검진을 받으러 주치의에게 갔다. 알코올 섭취에 대한 문진표를 작성하면서, 매일

한두 잔의 술을 마신다고 표기했다. 대학원생 때부터 시작해 수십 년간 그래 왔고, 보통 주말에는 더 마셨다. 건강검진을 마친 후 주치의는 내가 옷을 갈아입도록 잠시 나갔다가 손에 그 문진표를 포함한 한 묶음의 종이를 들고 돌아왔다. 그때 내가 "문제 음주자"라는 사실을 알게 되었다. 집에 돌아가 나는 자넷에게 말했다. "있잖아. 내가 문제 음주자래." 그리고 우리는 합리화된 의학의 명백한 불합리성에 대해 골똘히 생각했다. 우리 둘 다에게 그 명칭은 기이하게 잘못 붙여진 이름처럼 보였다. 둘 중 누구라도 업무 차질, 자동차 사고, 당혹스러운 감정 분출과 같은 "문제 음주"와 나를 관련 지을 만한 문제를 경험한 적이 없었다. 그럼에도 의사와의 대화로 인해 내가 자각하지 못했던 방식으로 술이 문제였던 것은 아닌지 궁금해졌다. 만일 문제가 있었다면, 무엇이었을까?

자넷은 내가 술 먹는 것에 반대하지 않았다. 사실 그녀 자신은 보통 저녁 내내 와인 한 잔이면 충분했고 그조차 매일 마시지 않는, 극도로 절제하는 음주자였는데도 불구하고 술을 좋아했다. 자넷은 청소년기와 이십 대 초반에 음주가 삶을 버티도록 도와줬다고 생각한다. 그녀는 9학년 때 술을 마시기 시작했고 술에 취했을 때 기분이 더 좋다는 것을, 그것도 아주 많이 좋다는 것을 일찍이 발견했다. 그녀는 술을 많이, 아주 무분별하게 마셨다. 특히 전통적으로 과음을 권하고 특히 학생들의 사교생활을 장악하던 사교클럽에서의 음주가 만연하던 다트머스 대학교에서 보낸 사 년간 쉬지 않고 술을 마셨다. 그리고 졸업 후 워싱턴 D.C.로 옮겨서 파트너의 삼분의 일 정도가 다트머스 대학교 졸업생이고 나머지 삼분의 이는 웨슬리언이나 듀크 대학교 졸업생인 컨설팅 회사에서 일했다. 다트머스와 웨슬리언 대학교 모두 남녀공학이 된 지 십 년도 채 안 되었을 때라 회사의 파트너였던 남자들 대부분은 남성들에게만 배타적으로 허용된 공간인 대학교를 다니며 남성들만의 유대 의식을 다졌다. 그들은 술을 많이 마셨고, 다른 모든 사람에게도 아주 열심히 일하고 난 뒤 긴장을 풀고 즐기기 위해 술 마시는 분위기를 조성했다. 하지만 삶을 긍정하는 반골 기질을 지닌 자넷은 스물한 살이 되어 어디서든 합법적으로 술을 마실 수 있게 되자 술을 딱 끊어 버렸다. 술은 더 이상 그녀를 기분 좋게 하지 않았다. 바에서 술을 마신 다음 날 아침에는 특히 더 그랬다. 그래서 자넷은 술을 끊었다. 술이 없으니 자넷은 상담 치료사를 찾아갈 정도로 상태가 나빠졌다. 기분을 끌어올려 주던 술의 빈자리에서 자넷은 고전하고 있었다. "술을 끊으세요." 치료사가 말했다. "정말 술을 그만 마셔야 합니다. 술은 우울감을 유발해요." "전 이제 술 안 마셔요." 아니, 정말로 완전히 끊어야 합니다, 라고 반복해서 말했던 치료사는 도무지 자넷을 이해하지 못하는 것처럼 보였다. 수년간 꾸준하고, 심각한 음주 이후 자넷이 **더 이상 술을 마셔도 기분이 좋아지지 않아서** 술 마시는 것을 그만뒀다는 사실을 말이다. 친구들과 바에 가는 것을 끊지는 않았다. 바에 가서 소다수를 마시면 그만이었다. 술은 문제가 아니었다. 점점 더 삶과 유리된, 무미건조한 기분이 든다는 게 문제였다.

나는 자넷이 감정의 진실에 귀를 기울이는 사람이어서, 그리고 좋은 기분을 느끼는 것에 집중하는 사람이어서 깊은 매력을 느껐다. 자넷은 또한 필요하다면 자신의 삶을 바꾸기 위해 어려운 일도 마다하지 않는 의지가 있었다. 수많은 복잡한 이유로 자넷은 대화 요법, 마사지, 두개천골 요법, 요가, 수영, 그리고 최근의 필라테스 같은 "바디워크bodywork"를 오랜 시간을 들여 수련해 왔다. 자넷이 정동적 진실에 대한 직접적 대화로서의 "프로세스"에 몰두하는 것을 두고 우리는 자주 농담을 나눴다. 관계적 삶을 일구고 헤쳐 나가는 것. 우리는 이걸 "소시지 만들기"라고 불렀는데, 온갖 잡다한 것들을 다 그 안에 쑤셔 넣어야 하기 때문이었다. 프로세스는 또한 전형적으로 레즈비언적인 삶의 방식이기도 하다. 우리가 살고 있는 이 엉망진창의 세계에서 너무나 흔히 그렇듯 누군가 자신의 인생을 엉망으로 망칠 때, 우리는 그가 더 레즈비언적일 필요가 있다고 논평한다. 소시지를 충분히 만들지 않았다는 뜻이다. 우리는 둘 다 꽤 철두철미하게 프로세스된 사람들로, 나름 진정성 있는 레즈비언이다.

    시간이 흐르면서 나는 사람들이 자신의 감정을 다루기 위해 술을 어떻게 이용하는지 자넷의 도움으로 이해하게 되었다. 물론 여기에는 나도 포함된다. 나는 이미 사회적 상호작용을 알아내야 한다는 불안감을 즉각적으로 가볍게 해소시키며 일을 멈추고 즐길 수 있게 해 주는 술의 효과에 대해 잘 알고 있었다. 1970년 여름, 헌팅던에서 일자리를 구한 주니아타 출신의 새로운 친구들과 술을 마시면서 깨달은 사실이었다. 당시 캐시는 우리가 비상계단 밖에 앉아서 얼음을 넣은 세븐업에 섞어 마시던 서던 컴포트 위스키를 합법적으로 구입할 수 있을 나이였다. 내가 스와스모어에 갔을 때 나는 우리의 게이 해방 조직에서 열었던 파티에서 기분 좋게 취했다. 기숙사에는 마리화나가 흔했고 환각성 약물도 있었으며 나는 그것들도 즐겨 했지만 모든 약물 중 내가 가장 좋아했던 것은 술이었다. LSD에 취했을 때 하늘이 보랏빛이 되는 것도 재밌었지만 불안을 누그러뜨리고 사회적 관계를 매끄럽게 하는 것이 대체로 훨씬 더 좋았다. 대학원을 다니며 나는 저녁 식사를 준비하고 먹으면서, 하루의 마무리로 마시는 술이 일에 대한 근심을 흘려보내고 즉각적으로 집중과 긴장을 스르르 풀어준다는 것을 배웠다. 그래서 나는 매일 술을 마시기 시작했고, 목이 부러질 때까지 멈추지 않았다. 나는 정말로, 정말로, 그게 그립다. 술은 환영회에서, 칵테일파티에서, 저녁 식사 자리에서 사람들과 대화할 기회를 제공하고 세상 모든 사람과 편하게 이야기할 수 있을 정도로 나를 느긋하게 만들어 준다는 것을 알았으니까. 자넷은 크로스비 대화의 키워드가 "연결"이라고 말해 준 사람이다. 술은 내가 연결되도록 도와주었다.

◊

열여섯 살 때 술을 마시면 사회적·감정적으로 불확실한 나의 마음이 누그러지는 것을 발견했다. 쉰 살이 될 때까지 나는 술이 없을 때 무언가가 빠졌다고 느꼈고 맥주나 와인이 집에 떨어지지 않도록 언제나 미리 챙기곤 했다. 나는 숙취라는 주기적 문제를 제외하면 술 마시기를 즐겼다. 숙취는 점점 더 불쾌해졌지만 나는 파티에서 밤에 취한 상태intoxication의 쾌락을 위해 아침의 고통을 상당히 의식적으로 선택하기도 했다. 취한 상태라는 저 단어 자체가 문제를 가리키고 있다. 당신의 몸 안으로into 결국 독이나 다름없는 독소toxin를 넣는 것이다. 파티에서 내가 즐겨 마시던 술은 버번이나 스카치였다. 맛뿐 아니라 온기와 편안함을 순식간에 퍼뜨리는 증류주의 효과가 좋아서였다.

그래서 나는 문제 음주자였을까 아니었을까? 자넷과 나는 저 표현이 묘하다고 생각했다. 한편으로는 마취과 의사가 해 준 말이 입증하듯 나의 부서진 몸이 응급실에 보내졌을 때, 내 혈액에는 알코올이 없었다. 하지만 내가 알코올을 체외로 배출할 수 있을 만큼 적당히 마셨다는 것을 정량적 수치로 증명한다 해도, 그것이 내가 술과 맺고 있는 정신적 관계에 대한 정성적 문제에 대한 답이 되지는 않는다. 정확히 술이 작동하는 방식을 밝히는 "중독된"이라는 단어가 사실상 내게 와닿는다고 느낀다. "라틴어 아딕투스addictus는 '양도한'을 의미. ad- ~에게 + dicere 말하다, 표명하다, 판결하다."* 당신은 양도한다, 명령받는 것이다. 술은 내가 예쁘고, 재치 있고, 흥겹다고 말했다. 그렇게 지시받았으니 나는 골치 아픈 문제들을 제쳐 둔 채 마음을 풀어 놓을 수 있었고 술의 명령은 강력했다.

술을 마시던 시절, 나는 웨슬리언 대학교에서 열리던 칵테일파티와 환영회를 손꼽아 기다렸다. 당시 내가 학교에서 빌려 살고

---

* "Addict," *American Heritage Dictionary*(ed. William Morris, Houghton Mifflin, 1978, p. 15.

있던 작은 집은 기숙사 뒤편 녹음이 우거진 막다른 골목에 자리했다. 그 집에서 여성학과 개강 환영회를 열었을 때 자넷은 나를 처음 눈여겨보았다고 말했다. 자넷은 그해 인문학 연구소에서 일했고 미들타운에는 완전히 처음 온 상황이었다. 자넷이 들어오는 것을 보고 나는 환영 인사를 건네기 위해 손에 와인잔을 들고 그녀에게 다가갔다. 인문학 연구소의 전임 소장이 그녀와 감리교에 대해 나눈 대화가 즐거웠다고 언급했던 기억이 났다. 전임 소장이 벽난로 옆에서 나의 다른 친구인 나타샤와 이야기하고 있길래 나는 자넷을 그 대화에 합류시키기 위해 그쪽으로 데려갔다. 그때 갑자기 나타샤가 벽난로 선반을 움켜잡고 한쪽으로 휘청하더니, 신고 있던 1950년대식 달마시안 무늬의 펌프스 구두의 굽이 갑자기 구부러져 버렸다. "잠시만요." 나는 과단성 있게 말했다. "지하실에 바이스 그립이 있어요. 고칠 수 있나 볼게요." 구두를 고쳐 보려는 나의 늠름한 시도는 전적으로 실패했지만, 자넷은 가까이서 모든 장면을 지켜본 후 내가 공구, 그리고 하이힐을 신은 여자들을 매료시키는 것을 좋아한다고 정확하게 추론했다.

자넷은 내가 시시덕거린다고 확신하기도 했는데 그녀가 옳았다. 시시덕거리는 것은 대부분 대화의 물꼬를 트는 일종의 팽창제 역할을 했다. 시시덕거리는 건 가볍고, 밝고, 하찮고, 시시했으니까. 여자들은 그저 즐기고 싶을 뿐, 오, 오, 오, 여자들은 그저 즐기고 싶을 뿐. 술은 쾌락을 욕망하라고 명령한다. 주니아타에서 처음 술을 마시기 시작했을 때 나는 그 명령이 종종 성적 욕망의 쾌락이며, 술과 욕망이 섞이면 거부하거나 피하기 어렵다는 것을 깨달았다. 시간은 현재의 순간에 맞추어 느려지고, 술에 취하지 않은 사람들, 책임감 있는 사람들이 속한 넓고 중대한 세계는 보이지 않는다. 그러면 아무 상관 없었다. 오직 술 하나만으로 이 일식의 효과가 나타나지는 않지만, 술은 순간에 집중하도록 부추기고 시야를 좁게 한다. 나는 대학 생활 내내 술과 섹스를 놀랍지 않은 방식으로 함께 뒤섞었다. 완전히 성인이 된 후 내가 술을 진지하게 시시덕거리는데—모순어법이 아니다—사용했을 때, 문제가 될 게 자명한 욕망에 기름을 붓고 그 욕망에 굴복했기 때문에 위험 부담은 상당히 커졌다. 게다가 나 혼자만의 문제도 아니었다. 나는 배타적 일대일 관계로 간주되던 장기 연애 중이었음에도 시시덕거리기를 멈추지 않았다. 바로 **그게** 문제였다. 나는 내가 가지고 있던 안정되고 주거를 공유하는 애정 어린 장기 관계를 원했지만, 동시에 거리를 두고 새로운 자극과 다급한 욕망에 흠뻑 젖어 살고 싶기도 했다. 이따금 내가 저지른 모험들은 결코 결백하지 않았으며, 가정생활과 욕망에 대한 나의 깊은 양가 감정이 발동했을 때 내가 제멋대로 퍼뜨리고 다닌 고통에 대해 후회한다. 술이 수년간 이 감정적인 모순을 유지하도록 도와줬다는 점에서 나는 문제 음주자였다. 술이 양심의 고민을 흐리게 하지 않았다면 그럴 수 없었을 것이다.

웨슬리언 대학교에서 음주가 인문학 연구소 문화의 일부였던 것이 내게는 잘 맞았다. 인문학 연구소의 월요일 밤 강의는 종종 술과 저녁 식사 이후에 이루어졌고 강의 후에는 커피와 쿠키를 곁들인 다과회가 이어졌다. 그러고 나면 동료와 동조자들은 누군가의 집에 모여 뒤풀이를 했고 그 자리에 언제나 술은 넘쳐났다. 자넷은 우리 둘 다 연구원으로 있었던 1996년에서 1997년 사이 연구소의 모든 사교 행사는 사람들이 얼마나 많은 술을 마시고 버티는지를 보는 데 맞춰져 있었다고 말했다. 백인 남성들(그리고 한나 아렌트)이 둘러앉아 논문을 쓰고, 자기들끼리 이야기하고, 응당 그렇듯이 술 마시고 담배를 피우던 1950년대에 연구소가 자금력이 최고조에 달하고 돈이 넘쳐났던 것을 감안하면 일리 있는 말이다. 지금 내가 사는 세계에서 흡연은 대부분 사라졌다. 내 연구실에는 존 웨슬리의 옆모습이 가운데에 그려진 유리로 된 재떨이가 있다. 지난날의 유물이자, 지금은 열쇠를 던져놓기 좋은 자리다. 반면 연구소에는 아직도 각종 술이 커다란 벽장 선반에 나란히 정렬되어 있다. 아이디어에 대해 생각하고 이야기를 나누는 일은 나를 흥분시켰고, 술은 대화에 자신감을 불어넣어 주고 생각을 갈고 닦아주었다. 술을 통해 사람들과 어울리는 문화는 수십 년간 건재했으며 나는 그 문화를 사랑스럽고, 심지어 아주 달콤한 사회적 매개체라고 여겼다. 자넷과 나는 인문학 연구소에서 만나 정신없이 사랑에 빠졌다. 인문학 연구소는 나의 다른 성애적 모험들, 남들에게는 상처를 주었고 내게는 죄책감과 가슴 아픔, 상실감을 남겼던 끝이 좋지 않았던 연애사의 현장이기도 했다. 그곳의 술이 넘치는 분위기와 지적 교류 속에서 그런 관계들은 손쉽게 시작되었다.

　　나의 문제성 음주는 자넷과 사귀기 시작하고 멈추었다. 아니다. 생각해 보니, 실제로는 그렇지 않았던 것 같다. 자넷과 나 사이에 있었던 최악의 싸움은 술로 인해 촉발되었다. 그날은 나의 음주 인생을 통틀어 필름이 끊기고 다음 날 아침에 일어나 전날 무슨 일이 있었는지 기억하지 못한 유일한 날이었기 때문이다. 나는 신체적으로도 끔찍한 기분이었고 감정적으로도 메스꺼웠다. 내가 대체 무슨 짓을 한 거지? 그날의 상황에 대해 간단히 말하자면, 자넷과 나는 어머니를 만나러 헌팅턴에 갔다. 자넷의 도움으로 나는 마음을 다잡고 어머니에게 우리는 그날 어머니의 침실이 하나뿐인 아파트에서 자는 대신 22번 국도를 타고 건넛마을에 있는 모텔을 예약했다고 말했다. 그렇게 하지 않으면 우리가 어머니의 이 인용 침대에서 자고, 어머니는 거실의 작은 소파에서 자야 한다는 걸 알았으므로 합리적인 대안이라 생각했다. 어머니에게 "아니오"라고 말할 용기를 내고 말 그대로 자넷과 나를 위한 공간을 만들기 위해, 나는 요리를 하면서도 술을 마시고 식사 중에도 계속 술을 마셨다. 문제의 순간이 다가왔을 때, 어머니는 내가 염려했던 대로 당황하며 괴로워했다. 우리 가족은 무엇보다 함께한다는 것을 소중하게 여겼기 때문에, 가족을 방문하는 동안 자넷과 혼자 있는 시간을 보내고 싶어 할지도 모른다는 생각은 어머니에게 이해가 되지 않았고, 될 수도 없었다. "우리 방이 있다면 더 편하게 있을 수 있을 거고요. 게다가 제이크는 아침에 일어나는 데 오래 걸리잖아요." 나는 설명하려 애썼다. "저는 아침 먹으러 여기에 올게요. 자넷은 점심 때 오고요." 그리고 우리는 자리를 떴다. 그 작별의 순간이 어렴풋이 기억나긴 했지만 그 뒤로는 아무런 기억이 없었다. "당신이 차에 타자마자 싸움을 시작하더라고." 자넷이 내게 알려주었다. "당신은 취했고 호전적이었어. 완전히 적대적이었어. 내가 그걸 지적했고. 우리가 모텔에 갈 때까지 당신은 계속 그러더라고. 나는 얘기가 끝났다고 하고 침대로 갔어. 당신도 침대에 들어가더니 바로 곯아떨어지더라."

저게 바로 문제적 음주다. 잠에서 깼을 때 세세한 것들은 하나도 기억이 나지 않았지만 내가 아주 나쁘게 행동했다는 것은 알 수 있었다. 나 역시 간절하게 원했음에도 어머니를 놔두고 와야만 하는 상황에서 내가 분노를 느끼고 표현할 수 있도록 허용한 것은 술의 탈억제 효과였다. 예쁘고, 재치 있고, 흥겨운 것과는 거리가 멀어도 한참 먼 모습이었다.

싸움을 무서워했던 나의 사과는 꽤 비굴했다. 자넷은 학대를 참고 견딜 사람이 아니어서, 그녀가 그 자리에서 짐을 싸고 가 버리지 않은 것을 보면 내가 운이 좋은 것 같다. 자넷은 그 이유를 이전까지 내가 취했을 때 한 번도 나쁘게 굴었던 적이 없었기 때문이라고 설명했다. 그럼에도 우리는 그날 밤 있었던 일을 되짚으며 해결해야 했고, 그건 하루 이틀로 끝날 일이 아니었다. 길고 반복되는 대화는 대부분 가족과 나의 관계, 특히 어머니와의 관계에 맞춰져 있었고 나를 남김없이 끄집어내는 길고 긴 심판과 같았다. 음주에 관해서는 대부분 술이 긴장을 풀고, 말이 많아지게 하고, 시시덕거리게 하고, 재미를 추구하도록 나를 도와줬으며 술 자체가 갈등의 요인이 되지는 않는다는 것에 우리는 동의했다. 시간이 흐르며 우리는 생산적으로 싸우는 법을 터득했고 나는 다시는 그날 어머니를 놔두고 오기 위해 그랬듯 마음을 다잡기 위해 술을 마시지 않았다. 하지만 내가 어떻게 계속 술에 의존했는가에 대한 중요한 질문은 해결되지 않은 채로 남았다.

그날 밤의 참담함은 사라졌다. 이제 우리는 모든 방에 파리채가 비치되고 사무실 밖에는 코카콜라를 파는 자판기와 살아 있는 낚시 미끼를 파는 자판기가 나란히 서 있던 헌팅던 모터 모텔에 대해 농담할 수 있게 되었다.

◊

자넷이 뉴욕에 직장을 구했을 때 미들타운에서 여름을 보내던 우리는 파티를 열기로 했고, 칵테일에 잔디밭 게임을 더하는 식으로 서로 어울리지 않는 조합일수록 더 재미있는 파티가 될 거라고 생각했다. 이를테면 마티니와 말굽 던지기 놀이처럼. 우리는 손님들에게 "적절한 복장으로" 오라고 말함으로써 중심 이벤트는 알아서 결정하도록 맡겨두었다. 일부는 몸에 착 달라붙는 정교한 실크 드레스를 입고 왔고, 또 다른 일부는 말굽 던지기를 하려고 낡은 청바지에 스니커즈를 신고 왔다. 날이 저물어갈 즈음 말굽 던지기가 시작되었다. 딕은 실황 중계방송을 자청했고, 말굽 던지기놀이를 야구 경기처럼 정교하게 중계했다. 결국 너무 늦어져서 알딸딸한 파티 참가자 하나가 터무니없는 공을 던질 정도가 되자 딕은 최종 승자를 발표하고 짧지만 감동적인 시상식에서 승자에게 번쩍번쩍한 금빛 플라스틱 마티니 잔 모양의 트로피를 수여했다. 우승을 차지한 사람은? 퀴어 연구 분야에서 명성이 자자한, 하지만 스포츠 경기에서 이겼던 기억이라고는 단 한 번도 없었던 헨리였다.

그는 관중들 앞에서 한 승리 연설에서 경쟁이 치열했노라고 말했다. 그가 물리친 상대는 하이힐을 신고 검은색 짧은 드레스를 입은, 누가 봐도 임신한 것이 분명한 여성이었다. 나는 끝내주는 시간을 보냈고 다음 날 아침 눈을 떴을 때는 목이 타들어 가는 숙취를 느꼈다. 아무렴 어떤가. 내가 기억하는 것은 우거진 나무 사이로 비치는 여름 햇살, 칵테일의 맛, 코미디 같던 게임들, 순전한 기쁨을 주는 그날의 모든 것에 대한 즐거움이다.

나는 목이 부러지기 전까지 웨슬리언 대학교에서 보낸 이십 년 동안 좋아하고 존경하는 동료들과 함께 일했을 뿐 아니라 술, 저녁 식사, 파티도 함께 즐기는 사회생활을 만들어 왔다. 술을 항상 문제라기보다 기쁨처럼 느꼈던, 내 음주의 역사에서 행복한 시기였다. 우리 집 바로 길 건너에 살았던 벳시는 굉장히 뛰어난 요리사로 그녀가 열었던 파티는 손에 꼽힐 정도로 인상적이었다. 저녁 강의를 마친 후 벳시의 파티에 가기 위해서는 이웃집 뒷마당 하나만 가로지르면 끝이었다. 벳시의 집에서 얼마나 많이 먹고 마시고 이야기했던지 지금도 그 집 다이닝룸에서 보낸 장면이 눈에 선하다. 커다란 타원형 테이블 위를 가득 채운 화려하게 차려진, 파테로 둘러싸인 풍미 가득한 햄, 피클과 올리브가 담긴 그릇, 향긋한 치즈, 얇게 썬 바게트. 주방 바로 너머에는 온갖 술병과 와인이 줄지어 있고 냉장고에는 앵커 스팀 맥주가 가득 채워져 있었으며 파티가 한창 무르익었을 때는 반쯤 채워진 잔들이 주방 카운터에 어지럽게 널려 있었다. 파티에 온 사람들로 방들은 북적거렸고 대화하는 소리로 시끌벅적했다. 정말 재밌게도 놀았다.

몇 년 전 벳시는 동료 한 명의 승진을 축하하기 위한 파티에 나를 초대했다. 나는 목이 부러진 이후로는 그녀의 집에 간 적이 없었다. 나는 그녀의 집 현관에 콘크리트 계단이 있던 것이 기억나 친구 MJ에게 그 집으로 들어갈 때 도와달라고 미리 부탁해 두었다. 집 밖에 도착해 휴대폰으로 MJ에게 전화했다. 그녀는 밖에 나와서 밴의 뒤에서 내가 갖고 다니는 확장 가능한 경사로를 꺼내 그것을 내 휠체어에 맞는 폭으로 설치했다. 그녀에게 도움을 받아 휠체어를 계단 위로 올려 나는 문턱을 겨우 넘었고, 사람들이 가득 차 있었기 때문에 현관에 간신히 진입했다. 나는 거기에 그대로 있었다. 거실은 시끄럽고 사람들로 혼잡했다. 그 너머의 방들, 그리고 먹을 것과 마실 것들이 나에게는 그야말로 접근 불가능했다. 벳시는 나를 반겨주기 위해 왔다가 어느새 와인 한 잔을 들고 돌아왔다. 몇몇 친구들은 인파를 헤치고 나와 인사말을 건넸고, 새로 정년을 받은 친구도 마찬가지였다. 그녀가 잘되어서 얼마나 기뻤던지! 누군가는 음식을 담은 작은 접시 하나를 들고 와 주었고 음식은 여전히 맛있었다. 사람들로 꽉꽉 들어찬 방에서부터 들리는 웃음소리와 이야기 소리가 점점 더 크게 울려 퍼졌는데 나는 현관 바로 안쪽에 앉은 채 옴짝달싹할 수 없었고, 준비해간 경사로 덕분에 진입은 했지만, 그날 **파티**는 결국 내게는 대부분 접근 불가능한 것처럼 느껴졌다. 한 시간 정도 후 나는 맑은 정신과 슬픈 마음으로 집에 돌아갔다.

◊

반일제로 직장에 복귀해 한 학기에 한 과목만 가르치면서 다시 연구와 글쓰기에 서서히 적응해갈 즈음, 나는 기가 막힐 정도로 지적인 책, 일레인 프리드굿Elaine Freedgood의 『사물 속 아이디어들The Ideas in Things』을 읽었다. 프리드굿은 19세기 영국 소설 속에 만연한 물질적인 것들이 우리에게 어떻게 제국의 권력을 보여 주는지, 그리고 가구와 인테리어 장식이 어떻게 빅토리아 시대의 정신을 보여 주는지 자세히 설명한다. 예를 들어 앙심을 품은 외숙모 리드가 제인 에어를 가둬 둔 붉은 방에 있던 어두운 광택이 나는 오래된 마호가니 가구는 이후 제인이 세인트 존의 무어하우스를 장식할 때 또 등장한다. 프리드굿은 이 가구를 마데이라와 카리브해 지역에서 자행된 삼림 파괴와 대농장의 노예제 시행, 그리고 제인이 게이츠헤드에서 견딘 가학적 고통을 상기시키는 "사디즘의 기념품"이라 불렀다.* 나는 사고 후 첫 작업으로 이 책에 대한 리뷰를 발표했다. 영문과 동료들에게 저자를 초청해 세미나를 열자고 추천하기도 했다. 행사 시작 전에 연구실에서 프리드굿과 만나 간단히 이야기를 나누고, 세미나 테이블 맞은편 정확히 그녀와 마주 보는 자리에 앉은 나는 잠과의 사투를 벌이다 결국 패배하고 말았다. 눈꺼풀이 자꾸만 감겼고, 자꾸만 움찔거리며 놀라 깨어났다. 알다시피, 나는 통증 때문에 옥시콘틴을 복용하고

---

* Elaine Freedgood, *The Ideas in Things: Fugitive Meaning in the Victorian Novel*, University of Chicago Press, 2006, p. 32(일레인 프리드굿, 『사물 속 아이디어들』).

있으며 나의 시스템 전체가 느려지더라도 계속 복용할 것이다. 헤로인과 관련된 표현으로 말해 보자면, 나는 아편중독자들이 약을 구하지 못할 때 그렇듯 까무러지고 있었다. 세미나가 끝나고 발표자, 동료 몇 명과 나는 예약해 둔 시내의 레스토랑에 가기 위해 밴에 몸을 실었다. 열쇠를 딸깍 눌렀다. 아무 일도 일어나지 않았다. 밴의 배터리가 다 되었던 것이다. 보조 공학이 계속 에너지를 잡아먹어서 너무도 자주 일어나는 일이었다. 내 밴도 까무러져 버린 것이다.

동료들이 먹고 마시며 떠들 세미나 후 저녁 식사 모임, 한때는 나에게 크나큰 기쁨을 주었던 바로 그런 종류의 모임에 함께하는 대신 나는 프리드굿에게 사과하는 전화를 했다. 발표자 코앞에서 잠이 들었다는 순전한 굴욕감에 휩싸인 상황에서 차 배터리가 나가 진실한 변명거리가 생긴 것이 얼마나 다행이었는지 모른다. 창피했던 것보다 "굴욕감"이라는 단어가 시사하는 것처럼 나는 일종의 사회적 죽음과 같은 고통을 느꼈다. 나는 비참했다. 이 사건이 다른 사람들에게는 의심할 것도 없이 전혀 중요하지 않은 일이었음을 잘 알고 있다. 하지만 그렇다고 해서 내가 귀중하게 여기고 적극적으로 즐기던 삶의 방식을 더는 완전히 향유할 수 없다는 쓸쓸한 마음이 누그러지지는 않았고, 여전히 그렇다. 나는 이야기 도중에 무거운 눈꺼풀과 무거운 머리의 비참한 신세를 피하기 위해 강연에 갈 때는 보온병에 커피를 가지고 들어가 (분별 없이) 이야기 중에 커피를 마시는 노하우가 생겼고, 그 결과 깨어 있는 데 성공했으며, 토론까지 참여할 수 있게 되었다.

하지만 예전에 술과 신나는 아이디어로 들떴을 때의 재미와는 아주 크게 멀어졌다. 내가 사고를 겪지 않았어도, 술 때문에 내 삶이 망가지는 수준이라고 생각했을지는 잘 모르겠다. 그런 판단까지는 가지 않았다. 나를 둘러싼 세계 또한 변화해 왔고, 목이 부러지지 않았다면 뉴밀레니엄의 웨슬리언 대학교에서 내가 어떻게 참여했을지 알 수 없다. 와인을 지극히 절제해서 마시는 지금 내가 유일하게 아는 것은 마티니가 그립다는 것이다. 맨해튼이 그립다는 것이다. 나는 우리의 칵테일 파티가 그립다. 술을 마셨을 때 느슨해지는 느낌과 술이 손쉽게 만들어 주는 사회적 유대감과 흥분이 그립다. 술은 더 이상 내게 명령을 내리지 않고, 내가 예쁘고, 재치 있고, 흥겨운 사람이라는 행복한 확신 대신 아무 말도 해주지 않거나 어렴풋한 웅얼거림만을 들려줄 뿐이다.

17. 무서워! 무서워!

사고가 있기 몇 해 전, 서재에서 조지 엘리엇George Eliot의 소설『플로스 강변의 물방앗간The Mill on the Floss』을 다룰 수업 준비를 하고 있을 때였다. 서른두 명의 학생들이 수강하는 '빅토리아 시대 읽기'라는 제목의 수업이었다. 눈물이 뺨을 타고 흘러내렸고, 나는 종이에 적힌 말들이 어떻게 이토록 강렬한 감정을 끌어낼 수 있는지를 학생들에게 이해시키고 싶었다. 그래서 우리가 종종 진정한 관심을 갖고 지켜보는, 상상 속 삶을 살아가는 이 "입체적" 인물들로 채워진 시공간을 리얼리즘의 관습이 어떻게 그려내는지 가르치기 위해 그날 오후를 보냈다. 우리는 멜로드라마적 관습이 끼어들 때, 아니 어쩌면 특히 그럴 때 더, 이 허구적 세계에서 일어나는 일들이 어떻게 독자를 감동시킬 수 있는지에 대해 토론했다.『플로스 강변의 물방앗간』은 엘리엇이 쓴 여덟 편의 소설 중 두 번째 작품으로 그녀가 소설이라는 장르를 능숙하게 다루기 전에 쓴 것이라 소설의 격정적인 주인공 매기에게 엄습할 비극을 도입부에서 다소 지나치게 암시한다. 매기는 착한 소녀가 되는 법을 가르치는 편협한 명령에 안간힘을 쓰면서 힘들게 순응한다.

멜로드라마와 가깝게 방향을 튼 작품의 결말에도 결함이 있다. 홍수가 나고, 매기가 오빠 톰을 용감하게 구한 뒤 둘이 함께 물에 휩쓸려 사라지기 직전, 꼿꼿하고 단정적인 오빠 톰은 우리 독자들에게는 줄곧 명백히 드러났지만 그녀가 사랑하는 사람들은 인정해 주지 않던 주인공의 덕성을 마침내 목격한다. "죽어서도 그들은 서로 떠나지 않았다." 남매의 이야기니 내가 감동받은 것은 당연했다. 멜로드라마의 전술이 먹혔는 데다 나는 주인공의 죽음 때문만이 아닌 그녀가 오빠와의 고통스러운 거리를 극복할 기회를 놓쳤다는 것과 다른 삶을 살 수 있도록 시간을 돌릴 수 없다는 것, 멜로드라마의 핵심인 "-더라면"의 불가능한 후회 때문에 울었다.

한 학자는 리얼리즘적 관습 아래 창조된 도덕적으로 복잡한 인물들에 대해 어떤 공유되는 믿음을 "리얼리즘의 합의"라고 명명했다. 그 인물들의 깊이를 담아내는 것은, 그들이 등장하는 넓고 입체적인 공간이다.* 우리가 각 인물의 속성이라 인지하는 것이 처음에는 이 각도에서, 다음에는 다른 각도에서 반복적으로 드러나면서 우리는 "인물의 깊이"를 당연시한다. 이것은 빅토리아 시대 소설을 읽는 즐거움 중 하나이기도 하다. 엘리엇과 같이 능수능란한 작가는 마을 전체와 그 환경을 창조하고 인물들로 채울 수 있다. 그녀의 화자들은 독자가 도덕적 판단을 내리도록 부추기지만, 엘리엇처럼 뛰어난 작가는 우리가 쉽사리 도덕주의자가

---

* Elizabeth Ermarth, *Realism and Consensus in the English Novel*, Princeton University Press, 1998(엘리자베스 에어마스, 『리얼리즘과 합의』).

되거나 위에서 내려다본다고 생각하도록 하지 않는다. 그러므로 『플로스 강변의 물방앗간』에서처럼 리얼리즘의 합의가 지배하는 소설이 멜로드라마로 전환해 비극적 결말을 맞이할 때조차, 서사 안에서는 내 마음이 쉴 수 있는 질서 정연한 상상의 세계와 이해 가능한 모순을 가진 인물이 만들어진다.

리얼리즘은 알 수 있는 미래를 향해 순차적으로 흐르는 시간을 따라 진행되며, 당신이 살고 있는 세계와 이어진다고 여길 만한 상상의 세계를 창조한다. 무엇보다도 리얼리즘의 합의는 특정한 신념을 촉구한다. 아마도 여기서 가장 중요한 것은 "우리"는 모두 복잡한 동기로 움직이지만 알 수 없는 대상은 아니며, 근본적으로 비슷한 인간이라는 점이다. 나는 이러한 믿음에 심각한 의구심을 가진다. 이는 역사를 시공간 속에서 진보하는 통일된 것이라고 전제하며, 유럽인 관점에서의 상상이다. 아무렴, 인류가 가장 발전한 곳이 유럽임은 의심할 여지 없는 사실이니까. 이 전제들은 우리가 살고 있는 세계와 모순된다. 나는 "리얼리즘의 합의"가 "실제 삶을 반영하는" 소설을 생산하지 않음을 안다. 오히려 앵글로-유럽 계몽주의의 엄격하고 면밀한 빛으로 비춘 이해 가능한 세계는 예술가의 상상이 만들어 내는 것으로, 이것은 역사는 유기적으로 진보하고 우리는 모두 인류라는 가족에 속한다는 전제 위에 놓여 있다. 이런 소설들이 독자들에게 어떤 방식으로 리얼리즘의 합의에 가담하고 그 주장을 정당화하도록 요구하는지 안다고 해서 무언의 규칙을 따르는 상상의 세계로 들어가는 나의 즐거움이 줄어들지는 않는다. 오히려 내가 어디 있는지 알 수 있다는 상당한 위안을 주는, 친숙하고 안심되는 영역이다. 읽고 있는 것을 꼭 믿을 필요가 없다는 것을 생각하면 더 그렇다.

"당연히 서문부터 시작해야지!" 온통 눈부신 중환자실의 백색에 둘러싸여 침대에 사흘째 누워 있던 나는 단호하게 말했다. "건너뛰면 안 된다고!" 침대 옆 의자에 앉아 무릎 위에 『미들마치 Middlemarch』를 올려놓은 자넷에게 강조했다. 전날 약물로 인한 의식불명 상태에서 깨어났을 때 부탁한 걸 보면 이 소설이 내 상상 속에 자리 잡는 영향력을 알 수 있다. "도로시아의 '열렬한', 그리고 '이론적인' 성격을 드러내는 우화라는 거 알잖아. 더구나 포괄적으로 설명하는 화자의 목소리가 있다고!"(몇 해 전 자넷과 내가 서사 형식을 주제로 한 학회에 참석했을 때 자넷은 빅토리아 시대 전공자인 내 친구들 몇 명을 만났고 엘리엇의 문장 구문 하나하나까지 아주 작은 부분도 놓치면 안 된다는 그들의 믿음에 깊은 인상을 받고 돌아왔다). 그래서 자넷은 처음부터 시작했다. 엘리엇이 마지막에서 두 번째로 남긴 소설인 『미들마치』은 리얼리즘의 관습을 다루는 능수능란한 통제력을 보여 준다. 너무 과한 암시도, "더라면" 같은 후회도 없이, 제조업에 기반한 가상의 지방 도시와 인근 시골 지역을 매우 입체적인 인물과 오랜 시간에 걸친 그들의 복잡하게 얽히고설킨 상호작용으로 공들여 쌓아 올린 작품이다.

나는 부상으로 정신이 없고 진정제에 취해 있던 상태라 자넷이 소리 내 책을 읽어준 것은 아예 기억나지 않는다. 내가 기억하는 것은 특수치료 전문병원으로 옮겼을 때 자넷이 미들타운의 공공도서관에서 영국 영어를 쓰는 뛰어난 성우의 오디오북 카세트

스물세 개를 빌려왔던 일이다. 자넷도 없고 테라피도 하지 않을 때면, 내가 들어가게 된 상상 불가능한 세계 속에서 불가해한 몸이 되어 버린 길고 공허한 시간 동안 미들마치라는 상상의 세계로 들어갈 수 있었다. 나는 빈시의 환대가 넘치는 집이나 숨이 막힐 정도로 복음주의적인 불스트로드 씨의 은행 사무실, 젊고 활기찬 도로시아가 자신의 남편 카소본 목사가 자신이 상상한 것처럼 대단히 훌륭한 사람과는 거리가 멀다는 것을 서서히 깨닫는 로윅의 집에 함께 있는 것이 좋았다. 매일같이 나는 호출 벨을 누른 후 옆의 탁자에 놓인 작은 붐박스에 카세트를 꺼내고 새것을 넣어 줄 간호조무사를 참을성 있게 기다리기만 하면 되었다.

◊

리얼리즘의 합의는 르네상스 휴머니즘과 앵글로-유럽 계몽주의의 업적으로, 그것이 재현하는 세계는 광범위하고 이해 가능한, 합리적인 질서에 의해 움직인다. 척수 손상으로 인한 신경 폭풍은 그렇지 않다. 이 폭풍의 광대함과 알 수 없는 암흑의 그늘 속에서 길을 잃은 나에게는 익숙한 것이 절실했다. 그러니 『미들마치』를 찾은 것은 당연했다! 이런 걸 보면 장애에 대해 쓸 때 리얼리즘의 합의가 시키는 대로 따르는 회고록 집필자들을 좀처럼 비난하기가 어렵다. 장애를 가진 채 살아가는 많은 이야기는 출생할 때 발견되는 "결함"으로 추정되는 것, 유전적 이상, 진단 시험 혹은 치명적 부상의 순간에서부터 시작된다. 서사는 장애가 도래한 이후부터 시간순으로 전개되며, 사건들은 암묵적으로 결과순에 따라 표현된다. 시간을 따라 움직이는 것은 동시에 공간을 따라 움직이는 것이며, 당연히 그 공간은 서사가 전개되며 향하는 멀리 떨어진 하나의 소실점에 의해 중심을 잡는 3차원이다. 당신은 책을 읽으며 상상 속에서 그 공간을 떠올리고, 이야기 속에 몰두한 당신 자신을 포함한 모든 인물의 궤적이 구조화된 공통의 지평선을 발견한다. 당신은 잃어 버린 능력을 되찾거나 새로운 능력을 발견하려 애쓰는 이야기 속 장애를 지닌 인물을 따라 그 상황으로 들어가고, 좌절과 낙담을 거쳐 인내해야만 하는 인물에 공감한다. 작가와 독자는 둘 다 상식에 의지하고 이야기는 처음부터 끝까지 순차적으로 이동한다.

맨 첫 장을 넘기면서부터 독자들은 "회고적 기대"를 갖고 작품을 읽는다.* 저자가 결말이 만족스럽게 마무리되도록 이야기를 구성했으리라는 기대와 함께, 새롭게 등장하는 서사의 세부사항에 주의를 기울인다. 솔직하게 좌절에 대해 다루다 보면 실행 가능한 해결책으로 이어지기 마련이고 주인공은 실제 자신의 삶, 물론 어려운 삶이고 예상했던 것과는 다르지만 만족과 기쁨을 주는 삶을 살고 있음을 발견하는 쪽으로 나아가는 경향이 있다. 사지가 마비된 시인 폴 게스트Paul Guest는 회고록 『행복에 대한 또 하나의 이론One More Theory about Happiness』을 썼다. 내가 존경하는 이 책에서 그는 사춘기 바로 직전인 열세 살 때 겪은 끔찍한 자전거 사고

---

* Peter Brooks, *Reading for the Plot: Design and Intention in Narrative*, Alfred A. Knopf, 1985, p. 23, p. 323(피터 브룩스, 『플롯 찾아 읽기: 내러티브의 설계와 의도』).

이후 찾아온 공허함을 묘사한다. 그는 자신의 글쓰기에 영향을 미치고 성인으로의 성장과 시인으로서의 발전에 그림자처럼 따라다니는 암울한 기분과 좌절된 욕망을 드러내는 데 주저함이 없다. 그의 시 「경미하게 소름 끼치는 나의 지식 색인My Index of Slightly Horrifying Knowledge」은 크고 작은 모욕들의 목록인데, 나는 그것들이 무슨 말인지 알 수 있었기에 쓰디쓴 웃음을 지으며 읽을 수밖에 없었다. 하지만 어린 시절부터 시작해 그가 약혼한 시점에서 끝나는 회고록 서사는 보답받은 이성애적 성취라는 익숙한 이야기로 상상된, 완전한 성인의 삶에 대한 그의 열망이 동기가 되어 만들어진 것이다. 이 행복한 기승전결의 구조는 그가 시적 정밀성으로 탁월하게 재현해 낸 끔찍한 지식의 어두운 코미디와 불화한다. 게스트의 서사를 추동하는 것은 이성애적 정상성에 대한 갈망이기에 나는 그것을 행복에 대한 **또** 하나의 이론으로 여기기 어렵다. 장애를 다루는 서사들은 암울한 시기를 다루더라도 거의 언제나 세상에서 새롭게 존재하는 방식으로서 장애를 수용하고 심지어 축하한다. 그리고 그 경험을 통해 교훈을 얻고 삶을 재정비하는 만족스러운 결말로 나아간다.

    내가 있는 이곳에서는 그런 일이 일어나지 않는다. 모든 게 (어느 정도는) 괜찮을 거라고 내가 말할 수 없는 것처럼 장애로 인해 다루기 힘든 어려움 역시 해결할 수 없기 때문이다. 당신이 상상할 수 있는 가장 뛰어난 불구자조차 망가진 상태에서, 리얼리즘의 재현과는 다른 섭리 아래 다른 차원 속에서 삶의 일부를 영위하고 있다. 내 경우 척수 손상은 매우 긴 그림자를 드리우는데, 세월이 흐르고 나이에서 비롯된 결핍으로 내가 더 약해질수록 그림자의 반그늘은 더욱 짙어지기만 할 것이다. 나의 서사에 리얼리즘의 안정화 관습을 작동시킨다 해도 나는 여전히 이해 영역을 벗어난 삶을 살고 있다. 저 관습들이야말로 내가 가장 잘 아는 것이지만, 뿌리 깊은 신경 손상은 사실상 나에게 합리적 해설보다는 정동적 강화와 당혹감에 의해 통치되는 문학 장르인 무서운 이야기처럼 느껴진다.

◊

수잔 스튜어트Susan Stewart는 공포 장르의 인식론을 다룬 에세이에서 무서운 이야기 속에서 "현실과 허구 사이의 경계, 독자와 인물에 의한 경험의 해석은 끊임없이 이동하며 희미해진다"고 쓴다. "이야기와 그 이야기를 전하는 맥락 모두 효과의 획일성 속으로 녹아든다. 이런 이유로 허구에서 '실제로 일어나지는 않은' 것이 '실제로 일어난' 것으로, 사실상의 지시 대상은 존재하지 않지만 '진짜' 공포로 바뀐다.* 즉, 그런 이야기는 인물들 속에 불러일으키는 공포와 동시에 독자에게 불러일으키는 불안에 기댄다. 포의 「어셔가의 몰락The Fall of the House of Usher」이 바로 그런 작품이다. 작품의 첫 단락인 "구름이 하늘에 무겁게 내려앉은 흐릿하고 깜깜한, 소리 없는 계절"에서부터 결말 부분의 "저물어가는 핏

---

* Susan Stewart, "The Epistemology of the Horror Story," *Journal of American Folklore* 95.375(January-March 1982): pp. 35-36(수잔 스튜어트, 「무서운 이야기의 인식론」).

빛 보름달"에 이르기까지 포의 일인칭 화자는 끔찍한 세계에 살고 있다. 독자는 책을 읽어갈수록 무언가 아주 나쁜 일이 다가오고 있다는 감각에서 벗어날 수 없음을 알게 된다.* 서사의 모든 요소가 과도하게 의미화되어 있고, 세부사항들은 공허한 과잉을 비밀스럽게 부여하기 때문에, 무언가를 알려주기보다는 오히려 억압한다. 무서운 이야기는 무슨 일이 일어나고 있는지를 알아내려 하는 우리의 노력을 압도하기 위해 이렇듯 지시적인 잉여라 부를 만한 것을 집요하게 끌어들인다. 이런 이야기는 얼핏 두뇌 활동을 고무하는 듯 보이지만, 그 서사의 의미가 실제 지시하는 기능보다 정서적인 측면에 집중하기 때문에 실은 두뇌 활동에 저항한다. 무서운 이야기가 불러일으키는 두려움은 두려움 그 자체에 대한 두려움이다.

「어셔가의 몰락」은 우리 중 누구나 될 수 있는 이름 없는 화자가 겁에 질린 옛 친구의 다급한 전화를 받고 어셔가의 집에 다가가며 시작한다. 무엇 때문에 겁에 질린 걸까? 그는 이유를 모르지만 적막하도록 불길한 기운이 돌고 화자는 점점 더 불안해진다. 그는 친구를 진정시키려 애쓰지만 소용이 없다. 친구에게는 병을 앓고 있는 쌍둥이 여동생이 있는데, 화자는 그녀를 한 번 흘깃 본 게 전부다. "레이디 매들라인은…… 방의 저쪽으로 느리게 지나갔고…… 사라졌다. 나는 그녀를 두려움이 섞이지 않았다고 할 수

---

* Edgar Allan Poe, "The Fall of the House of Usher"(1839), *Literature Network*, http://www.online-literature.com/poe/31/, accessed June 26, 2011(에드거 앨런 포, 「어셔가의 몰락」).

없는 순전한 경악으로 바라보았지만 그 감정을 설명하기란 불가능했다." 암울한 날들이 지나고 화자의 친구는 "갑작스럽게 레이디 매들라인이 이제 이 세상 사람이 아니라고 그에게 알린다." 그녀는 무엇 때문에 죽었나? 우리는 절대 알 수 없다. 친구는 여동생의 의료진이 해부를 위해 시신을 파낼지도 모른다고 암시하며 두려워하지만 이야기에서 이를 뒷받침할 증거는 빈약하다. 친구는 동생의 시신을 저택 아래 지하 납골당에 매장해야만 한다고 선언한다. 둘은 함께 작업에 착수한다. 불길한 기운은 날이 갈수록 심해지고 마침내 화자는 "형용할 길 없는 공포"에 스스로를 내맡긴다. 사나운 폭풍이 회오리치던 날, 화자는 친구가 일종의 무아지경에 빠져 중얼거리는 것을 발견했다. 엄청난 돌풍이 납골당과 통하는 육중한 문을 세게 쳐서 열었을 때 자신의 동생이 관 속에서 살아 있는 소리를 들었다고 말이다. 그곳에 수의를 입은 그의 끔찍한 도플갱어인 매들라인이 마지막 사투를 벌이며 오빠의 품속으로 고꾸라지기 위해 두 팔을 쭉 뻗고 서 있었다. 그녀의 죽음이 오빠의 죽음을 불렀고, 둘은 화자의 발치에 쓰러졌다. 화자는 황급히 저택에서 도망쳤는데 그가 뒤돌아보는 순간, 들쭉날쭉하게 갈라진 균열이 어셔가의 저택을 반으로 가르며 무너뜨린다. "그 거대한 벽이 산산조각 나는 것을 보며 머릿속이 빙글빙글 돌았다"라고 화자는 우리에게 말한다. 그러고는 "어마어마한 물이 쏟아지듯 떠들썩한 함성과도 같은 소리가 길게 이어졌고 내 발아래의 깊고 축축한 호수가 음침하고 고요하게 '어셔가'의 잔해를 집어삼켰다." 이 공포소설에서 쌍둥이 남매는 지라르의 말대로 모방 관계에 있는 쌍둥이가 언제나 그래야만 하는 것처럼 공포스럽다.

이 격동적인 결말은 모든 인과관계의 질문에 답하지 않은 채 끝나 버린다. 어차피 이야기 속에서 제대로 다룬 적도 없었던 질문이었다. 무서운 이야기에서 인물과 사건을 배치하고 서술하는 **방식**은 그 사건에서 감정적 영향력을 끌어모으는 **어떤 것** 속으로 무너져 내린다. 그 결과 현실의 그 무엇도 **참조**하지 않지만 분명 그 **자체**로 존재하는 감정인, 보편적 두려움이 생긴다. "어셔가의 몰락"이라는 제목에서부터 우리는 붕괴를, 화자가 도망감으로써 다가올 끝을 기다려 왔다. 집은 처음에 둘로 쪼개지며, 애초에 비뚤어진 결합이 폭력적으로 갈라지고 종국에는 완전히 지워져 버린다. 독자들은 일인칭 화자가 암시적으로 "당신"에게 이야기를 건네는 덕분에 스스로를 화자와 동일시할 뿐 아니라 두려움에 대한 두려움이 증폭해 공포에 이르는 것을 그 화자와 함께 경험한다. 이 공포가 독자를 일상에서 분리시켜 어딘가 다른 곳으로 몰아넣는다.

◊

척수 손상이 데려간 어딘가 다른 곳이 나를 반복적으로, 매일같이, 가차 없이, 지긋지긋하게 공포스럽게 한다. 나는 너무 자주 다른 세계에 살고 있는 것처럼, 생명을 위협하는 사고에 의해 그늘이 드리워진 어두운 세계에 살고 있는 것처럼 느낀다. 사고는 나를 죽이지는 않았지만 내가 살아왔던 삶을 지우고 나를 오빠와의 모방 관계에 밀어 넣었다. 내게 공포를 불러일으키는 무언가를 향해 나아간다. 그 공포가 가리키는 대상은 내가 나아갈수록 더 위협적으로 변하는 악의에 찬 수수께끼 속에 가려져 있다. "그것"이 무엇인지 내가 깨달아 가면서 나의 공포는 더욱 커졌고, 이미 일어난 일임에도 불구하고 더 나빠질 일만 남았다. 나는 무서운 이야기를 쓰는 것이 아니라, 살고 있다. 제프의 쌍둥이가 되어 가며 나의 세계는 무너졌고 신경학적 파괴와 마비로 인한 불능의 무시무시한 아우라가 나를 에워쌌다.

나는 무엇을 이토록 두려워하는 것일까? 곰곰이 생각하고 또 생각해 보니 무엇이 문제인지 어렴풋이 알아챌 수 있었다. 나는 사고가 난 날을 다시 떠올리지 않는다. 사실은, 사고 자체에 대해서는 기억하는 게 아무것도 없다. 바큇살에 나뭇가지가 걸린 지점으로부터 반 마일 전, 자전거가 노면에 내리꽂혔던 10억 분의 1초의 그 순간에서 내 기억은 멈췄다. 너무 순식간이라 턱이 날아갔지만 몸의 나머지 부분에는 긁힌 자국 하나 없이 병원에 도착했다. 얼굴은 박살났고 목이 부러졌다. 하지만 나의 공포는 나의 삶을 망가뜨린 사고로 끝없이 돌아가는, 지나가 버린 것에 대한 것이 아니라 다가올 것에 대한 것이다. 끔찍한 무언가가. 미래가 기다린다. 삶은 계속될 것이다. 매일같이, 내가 죽는 날까지. 나는 나이듦이 두렵고 이토록 깊이 손상된 몸으로 나이 드는 시련을 견디는 것이 두렵다. 나는 끝없이 계속되는 신경성 통증과 정서적 고통을 안고 살아가는 것이 두렵고, 끝없이 계속되는 비애가 두렵다. 비애는 세상을 물들이고 가끔은 그저 견디는 것조차 힘들기 때문이다. 나는 죽음이 아니라, 사는 것이 두렵다.

오토 컨버거Otto Kernberg는 애도의 과정에 대한 정신분석학적 해석을 시도하며 다음과 같이 설명한다.

> 일상의 현실은 사랑하는 관계를 온전히 받아들이는 것을 방해한다. 함께한 모든 순간의 잠재적 영향을 완전히 조명하는 관점은 오직 회고적으로만 드러날 수 있다. 잃고 나서야 상실한 것을 온전히 이해할 수 있다는 역설, 지극히 인간적인 이 역설은 이 경험을 남들과 소통한다고 해결되지 않는다. 이것이 바로 애도의 고통스럽지만 창조적인 측면이 촉진하는 내적 학습의 과정이다.*

아니. 제기랄, 아니라고! 나는 자넷과 함께 만들어 온 삶의 모든 순간에 감사했고, 자넷의 소중함을 충분히 알았다. 나는 내가 가진 것이 무엇인지 알았다. 마흔여섯 살이 되어서야, 지적인 열정과 성적인 열정을 통합했기에 더욱 일상의 기쁨을 예민하게 인식했다. 이를테면, 오토바이라던가.

언제나 오토바이를 갖고 싶어 했던 나는 자넷과 함께하기 시작한 첫해에 중고로 혼다 나이트호크 750을 구입했다. 정말 멋진 오토바이였다. 오토바이의 세계는 이제 라이더를 레이싱 자세

---

* Otto Kernberg, "Some Observations on the Process of Mourning," *International Journal of Psychoanalysis*, 91.3(June 2010), pp. 601-619(오토 컨버거, 「애도 과정에 대한 논평」).

로 공격적으로 밀어붙이는, 높은 분당 회전수로 윙윙거리는 엔진과 좌석을 장착한 스포츠 바이크와 그와 대조적으로 털털거리는 엔진을 단, 더 시끄러울수록 더 좋은 크루저 바이크로 구분된다. 크루저는 편안하고 느긋한 자세로 탈 수 있다. 〈이지 라이더Easy Rider〉를 생각하면 된다. 1984년형 나이트호크는 스포츠 바이크에 가깝지만 동승자를 태울 수 있도록 긴 좌석이 달려 있는, 말하자면 하이브리드 모델이다. 정신분석 치료를 받을 당시에—덧붙이자면 정신분석 과정에서 유일하게 행복한 부분이었달까—나는 뉴헤이븐까지 왕복 50마일을 행복하게 달렸다. 하지만 자넷에게는 그리 편안한 길이 아니었다. 나의 쉰 살 생일 기념으로 우리는 라이더와 동승자 둘 다에게 편안한 오토바이를 사기로 결심했다. 이것저것 알아보던 중에 멋드러진 라인의 검은색 혼다 쉐도우가 눈에 들어왔다. 내가 갖고 싶다고 생각했던 종류의 오토바이였다. 하지만 직접 몰고 나갔을 때 무겁고 다루기 힘들다고 느꼈으며, 넓은 핸들바와 앞에 달린 발판이 마음에 들지 않았다. 2003년 봄 어느 일요일 아침, 광고면을 휙휙 넘겨보던 중 우리는 딱 맞는 오토바이인 검은색과 흰색이 섞인 트라이엄프를 찾았다. 사랑스러운 900cc "스피드 트리플" 엔진에 스포츠 바이크의 짧은 회전 반경과 기동성을 갖추고 로드 바이크의 낮은 차체까지 지닌 더할 나위 없는 오토바이였다. 동승자를 태울 수 있도록 좌석이 디자인되어 있었고, 고도로 광택으로 공들여 관리되어 있어 새것이나 다름없어 보였다. 안장에는 검은 가죽 가방까지 딸려 있었다. 오토바이를 가지러 포킵시에 갔다가 돌아오는 길에 나는 84번 주간 고속도로 위 견인 트럭들 사이를 달리며, 뉴욕에서 꼬리를 물고 달리는 택시들 사이에서 자전거를 타던 기억을 떠올렸다. 나는 스스로가 자랑스러웠고 내 오토바이가 정말 좋았다. 트라이엄프 웹사이트에서 오토바이가 완벽하게 나온 사진을 인쇄해 자넷은 연구실 문에 그 사진을 걸어두었다.

나의 생일인 9월 2일, 나는 오전 회의를 마치고 그해 맡은 학과장직으로 인한 부담을 안고 일터로 향했다. 동료들이 나를 뽑아 줄 만큼 좋게 봐 주었다는 사실에 기쁘기도 했지만, 책임이 막중한 매우 주목받는 자리였기 때문이다. 점심 식사를 하러 집에 돌아왔을 때 일에 대한 걱정은 사라져 버렸다. 긍지에 가득 차고 행복한, 섹시한 검은색 민소매 벨벳 상의에 은색 벨벳 치마를 입고 은색 샌들을 신은 자넷이 있었으니까. 열린 차고 문 사이로 검은색과 은색인 오토바이 위에 검은색과 은색으로 포장된 선물이 쌓여 있는 것이 보였다. 빨간 리본이 연료 탱크에 빨간색으로 그려진 얇은 스포츠 줄무늬를 돋보이게 했다. 선물 자체는 소소한 것들이었지만 진짜 선물은 선물을 주는 사람과 주는 방식이었다. 내가 얼마나 행복했는지 지금도 생생하다.

사진은 기억을 확인시켜 준다. 우리는 언제나 사진을 찍었고, 갈피갈피 6년의 행복을 담아 사진을 앨범에 정리해 우리의 기쁨을 기억하곤 했다. 몇 년 전 어느 날, 내 기억이 과거의 행복을 어떻게든 윤색하는 것은 아닐까 생각하며, 생일 사진을 찾아보기로 결심했다. 나는 자넷과 함께한 삶에서 느꼈던 일상의 즐거움과 그 날들을 밝혀주던 순수한 기쁨의 순간을 내 기억 속에서 부풀리고 있었을까? 나는 미스틱 포토 랩 봉투에서 고스란히 보관된 사진을 찾았다. 사진을 훑어보며 나의 행복은 과장이 아니었음을, 유쾌함과 욕망이 흘러넘쳤음을 깨달았다.

자넷이 그 사진들을 다시 본 적이 있는지 모르겠다. 자넷과 한 번도 그에 대해 이야기를 나누지 않았다. 필름과 인화된 사진이 든 봉투가 새로 생길 때마다 함께 열어봤던 것처럼 같이 사진들을 들여다본 적도 물론 없다. 나 혼자 다시 찾아본 것도 그때 딱 한 번뿐이었다. 사진들은 여전히 거실에 있다. 그 봉투는 어딘가에 있다. 사고로부터 11년이 지난 지금 이 순간, 사진은 여전히 내게 녹색 크립토나이트처럼 느껴진다. 위험하고, 위험하다. 사랑, 열정, 아찔함, 기쁨, 즐거움, 욕망이 저 사진들과 6년간의 생일, 휴일, 일상의 모험을 기록한 앨범에 정렬된 사진을 통해 불타오른다. 일어난 일을 다시 쓸 수 있는 방법은 없고, 나의 잃어 버린 몸은 영원히 돌아오지 않으며, 위험한 황금빛을 띠는 지나가 버린 사건들을 나는 영원히 되새길 것이다. 나의 기억되는 몸은 빛나는 호박색의 빛 속에서 얼어붙은 채 머물러 있다. 컨버그 박사는 "고통스럽지만 창조적인 애도 행위"가 돌이켜 보았을 때 내가 상실한 것을 충분히 인식할 수 있도록 해 주리라고 말할 것이다. 이렇게 복잡성을 결여한 순진무구한 "내적 학습 과정"을 나는 정말 견디기가 힘들다. 나는 내가 무엇을 가졌는지 알았다. 그리고 나는 내가 무엇을 상실한 건지 안다.

게다가 애도에 대한 분석은 항상 죽은 자와 산 자의 관계에 초점을 맞춘다. 사고 이후 한동안은 내가 사고로 죽었다면 좋았을 거라 자주 생각했고, 지금도 종종 그렇게 생각하지만, 내 경우에 죽은 사람은 아무도 없다. 집으로 돌아온 지 두어 달이 지난 어느 날 저녁, 우리가 침실로 쓰던 거실로 내 휠체어를 밀던 자넷은 내게 화를 냈다. 나는 아래쪽 앞니 바로 뒤의 잇몸에서 튀어나온 새로운 치아처럼 느껴지는 무언가를 혀로 느끼며 걱정하던 참이었고 이게 대체 뭔지 모르겠다며 중얼거렸다. "뼛조각일 거야." 자넷의 말을 들은 나는 의사들이 고정시켜 놓은 나의 망가진 얼굴을 생각하고, 앞으로 또 무슨 일이 생길지 걱정하며 울부짖었다. "난 진짜 완전 좆됐어. 내가 얼마나 좆됐는지 진짜 믿을 수가 없을 정도야." "그럼 나는 뭐가 돼?" 자넷의 높아진 어조를 보니 화가 난 게 분명했다. "당신이 그런 식으로 말하면 나를 지우고 내가 하는 모든 일을 지우는 거야. 이게 다 아무것도 아닌 것처럼 말이야." 내가 그녀에게 의존하고 있기에, 그리고 어쩌면 뉘우침 때문에 나는 바로 겁을 먹고 미안하다고 말했다. 하지만 자넷은 분개한 채 계속 말을 이었다. "내가 하는 모든 일, 내가 하는 모든 돌봄...... 그리고 나 말이야. 마치 나는 당신에게 전혀 중요하지 않은 사람인 것처럼 말하잖아." 나는 그 반대라고 항변했고 그녀의 입장에 대해 생각하겠다고 말하며 다시 사과했다. 내가 자넷을 끔찍이 사랑했고 그녀에게 상처를 주어서 미안한 마음은 정말 진심이었다.

"그냥 일에 대한 이야기가 아니야. 물론 그것도 일부이긴 하지. 하지만 다른 게 더 있다고. 당신이 모른 척하는 거, 아니, 보지 않으려고 하는 거, 그건 당신에 대한 내 사랑이야. 당신은 자기 몸을 사랑하지 않을 수 있지. 하지만 난 사랑해. 이제 당신도 내가 당신의 육체적 연인이 되길 원한다는 걸 알아야 해. 나는 당신이 자기 몸에 대해 이야기하는 걸 들으면서, 당신이 당신 몸을 사랑하지 않는다는 사실을 이해하고 받아들이려고 애쓰고 있어. 그리고 앞으로도 그럴 수 있을 것 같지 않다는 사실도 말이야. 하지만 당신이 완전히 좆됐다고 말하는 건 당신에 대한 내 욕망과 나의 사랑이 전혀 중요하지 않다고 말하는 것과 같아." 우리는 침대에서 아침 차를 마시고 있었는데 자넷은 전날 밤 자신이 어떻게 느꼈는지를 설명했다. 함께 이야기를 나누며 나는 자넷의 불만에 담긴 논리를 이해했고, 이후로는 나의 삶, 즉 절대적으로 필수적인 그녀의 많은 노동과 더 나아가 다정한 배려로 지탱되는 이 삶을 저주하며 감정을 폭발시키지 않기로 다짐했다. 하지만 내 삶으로부터 나 자신을 축출하고 소외시키는 고통과 불편함이 침습하는 날이면, 세계에 대한 애착은 약해지고 육체적·정신적 쇠퇴를 수반하는 노화를 공포심 없이는 생각할 수 없다. 그런 순간이면, 죽음은 상냥한 표정으로 나를 바라본다.

◊

나의 손상된 삶에서 무엇이 애도를 막고 계속 비통함에 젖어 있게 하는 걸까? 왜 이 모든 것이 무서운 이야기처럼 느껴질까? 무서운 이야기는 두려운 마음에서 시작해 이야기의 모든 장치는 공포에 대한 공포를 부추기기 위해 고안되어 있으며, 더 안 좋은 일이 일어나리라는 것을 분명히 함으로써, 만일 당신이 지금 겁이 난다면 곧 공포에 질리게 한다. 언제쯤? 기다려라. 당신은 그저 기다리면 된다. 알게 된다. 알게 될 것이다…….

나는 내가 슬퍼하기를 멈출까 봐 두려운 동시에 결코 슬퍼하기를 멈출 수 없을까 봐 두렵다. 만일 내가 정말 슬퍼하기를 멈춘다면, 나는 완전히 변화된 몸과 완전히 변화된 삶을 필연적으로 받아들여야만 할 것이다. 더는 과거에 대한 기억을 끌어안고 윤색하지 않아야지만 애도를 끝마칠 수 있을 테니까.

내가 삐딱한 걸지도 모르겠다. 나는 내가 잃어 버린 것들과 화해하는 과정에서 내가 무엇을 잃을지 무섭다. 속절없이 시간이 흐르는 동안 내 몸이 편안하다는 느낌이 어떤 것이었는지 잊어 버리는 것이 두렵다. 체화된 열정이 온몸을 통해 느껴지던 감각을 잃는 것이 두렵고, 즐거움의 감각을 망각하게 될 것이 두렵다.

만일 내가 슬퍼하기를 멈추지 **않는다**면, 그리고 앞으로 나아가기를 거부한다면, 언제까지나 내 목이 부러졌던 그 순간의 내 몸과 삶을 그리워하게 될까 봐 두렵다. 나는 끈끈한 호박색의 진액 속에서 옴짝달싹하지 못한 채 머물러 있을 것이다. 새로운 쾌락은 배제될 것이다. 나는 함께 살기에 불가능한 존재가 될까 봐 두렵고 살고 싶지 않게 될까 봐 두렵다.

18. 살아가다

그럼에도 나는 여기 있다. 처음부터 내가 이야기해 온 감각, 즉 따끔거리고, 떨리고, 타는 듯한 신경병증성 통증을 안고 책상에 앉아 있다. 이 통증은 나의 몸을 가득 채우고 세상과의 경계를 그린다. 통증이 불편하다는 것, 오늘은 그게 전부다. 내가 집중하고 있을 때, 나의 몸마음은 당면한 일에 몰두하고 통증의 감각은 배경이 되지만 내 집중력이 흐트러지고, 즉 내가 쉬려고 할 때 통증은 다시 존재감을 발휘한다. 이토록 복잡하게 체현된 푸가를 도대체 어떻게 표현할 수 있을까? 내 피부는 내가 내 몸 **안에서** 살고 있다는 생각이 무색할 만큼 몸 안쪽에서 바깥쪽으로, 혹은 바깥쪽에서 안쪽으로 이어지며 아무것도 감지하지 못하는 감각기관이다. 영어에는 한 단어로 된 108개의 전치사가 있지만 그중 어떤 것도 몸과 마음의 관계를 적절히 표현하지 못한다. 몸과 마음은 동일하기도 하지만 명확하게 구분되기도 한다. 내 몸을 생각하며 나는 내 몸 안에서, 내 몸으로서, 내 몸을 통해서, 내 몸을 고려하고, 내 몸에 대해 생각하며, 내 몸을 중심으로 생각한다. 나는 어찌할 바를 모르겠다. 어쩌면 리얼리즘의 합의가 가진 가장 강력한 효과는 엘리자베스 에어마스Elizabeth Ermarth가 "차이의 해소"라고 부르는 것으로, 『미들마치』의 끝부분에서 엘리엇이 자신의 인물들이 어디에서 어떻게 살아가게 될지를 우리에게 알려주는 것처럼, 작가가 독자에게 소설 마지막 부분에서 명시적으로 제시하는 요약을 의미할지도 모르겠다. 설명이 상세할수록 단 하나의 소실점을 향해가는 노력은 더 흥미진진하고 철저하며, 도로시아와 같은 인물을 보는 관점이 더 다양할수록 그녀는 더 다르게 행동하되 언제나 "자신"처럼 움직인다. 차이는 커지지만 종국에는 남는 것 없이 깔끔하게 해결된다. 정산이 맞아 떨어지는 것이다. 내 경우는 그렇지 못하다. 나는 끊임없이 나를 놀라게 하고 당황시키는 이 몸을 이해할 수 없다.

사고 직후 나는 언어의 범주를 벗어나는 것처럼 보이는 몸을 말로 표현하고 싶다는 촘촘하면서도 고집스러운 필요를 느끼기 시작했다. 내게는 도무지 말이 되지 않는 현상학적 현실을 두고 시타라마 박사로부터 설명할 단어를 찾았고, 침대에서 나를 돌려 눕히는 간호조무사들에게 내가 느끼는 것에 대해 설명하려 애썼다. 나는 신경 폭풍 속에서 살아간다. 전기가 흐르는 것과 같은 이 신경학적 폭풍은 지금까지도 때때로 압도적일 정도로 격렬하며, 섬뜩할 정도로 끝없이 이어진다. 하지만 내 삶은 무서운 이야기가 아니며, 그 장르가 미래에 대한 나의 두려움을 개념화하는 데 얼마나 큰 도움을 주었든 상관없이 내 삶이 공포물이라고 주장하고 싶은 마음도 없다.

나는 사고 이후, 디킨슨이 자신의 시 「크나큰 고통 이후」에서 맹렬하도록 적확하게 재현한, 끔찍한 상실로 유예된 삶을 통과하며 11년을 살아왔다. 그 경험은 너무나 강렬해서 태워 버리기보다 얼려 버리는 것일지도 모른다. 그리고 죽음이 손짓한다.

> 지금은 납덩이의 시간-
> 기억되리라, 끝내 살아남는다면,
> 얼어붙은 사람이, 눈雪을 생각해 내듯-
> 처음의 한기-다음의 혼미-그리고 내려놓음으로-*

스포츠 작가 브라이언 필립스Brian Phillips는 베링해협에서 몇 시간 동안 얼음덩어리 위에 좌초되었던 경험을 통해 이 상태를 설명한다. "그때 나는 처음으로 얼어 죽는 것을 왜 때때로 '**잠드는 것과 같다**'고들 묘사하는지 처음으로 이해했다. 마치 [내] 몸의 어떤 부분이 기묘한 고요 속으로 빠져드는 것 같았다."** 나는 삶의 짐을 내려놓고 싶은 유혹에 대해 안다. 내 몸속으로 밀려드는 옥시콘틴을 대사하는 과정에서 느꼈기 때문이다. 나의 몸마음이 기묘하게 돌진하는 비존재의 고요를 알아가면서 나는 내 몸을 버리고 다른 곳으로 떠났다. 까무라지듯, 나는 고통으로부터 완전히

---

* Emily Dickinson, "After great pain, a formal feeling comes-"(ca. 1862), *Poetry Foundation*, http://www.poetryfoundation.org/poem/177118, accessed July 3, 2015.

** Brian Phillips, "Out in the Great Alone," *Grantland(ESPN.com)*, May 5, 2013, http://espn.go.com/espn/feature/story/_/id/9175394/out-great-alone, accessed June 8, 2015.

벗어났다……. 고통의 척도에서 0점 이하의 더없이 행복한 고통 없는 상태로 흘러들어 갔다. 사랑스럽고 안락하고 지속 불가능한, 살 수 없는 삶.

자넷이 깊은 진정 상태에서 깨어난 나를 보러 중환자실에서 온 두 번째 날, 내가 그녀에게 "안녕, 제이크" 하고 인사했을 때 자신이 얼마나 큰 안도감을 느꼈는지 이야기해 주었다. 그리고 내가 두 번째로 한 말은 "학회는 어땠어?"였다고도 덧붙였다. 그렇게 나는 자넷과 자넷의 작업을 바로 알아본 것이다. 나는 척수 손상을 입었고 자넷은 그게 어떤 의미인지 아는 바가 전혀 없었지만 나는 자넷을 잘 알았고 또 그녀의 작업에 대해 듣고 싶었다. 다시 말해 나는 나다웠고 그게 결국 지난 48시간 동안 극심한 충격을 받은 자넷이 자신에 대한 감각을 회복하는 데 도움이 되었다. 우리의 삶은 얽혀 있고, 내 삶은 나만의 것이 아니라 자넷과 함께하는 것이다. 내가 사는 것이 자넷의 삶을 더 나은 것으로 만든다고 자넷이 내게 이야기한다. 이렇듯 간단하고 심오하다. 나의 부상을 "치명적"이라고 부르는 것은 정확한 표현이며, 사고 이전에 너무나도 활력이 넘치고 생생했던 사랑이 상처 하나 없이 살아남았다는 것은 서로를 향한 우리의 감정이 얼마나 온전하고 견고한지를 보여 주는 증거라고 생각한다. 다른 무엇보다 바로 이 사실이, 설명할 수 없이 힘겨운 나의 삶을 살 만하게 만들어 준다. 나는 우리가 둘 다 매우 소중하게 여기는 감정의 상호성을 누린다는 것을 안다.

어떤 주제로 글을 쓰든 글쓰기는 쓰는 사람을 어디론가 데려간다. 글쓰기는 우리가 달리 알 방도가 없는 것을 가르쳐주기 때문에, 까다로우면서도 귀중한 훈련이다. 글쓰기는 빠져나갈 길을 알려주는 것이 아니라 알지 못함이라는 불가능한 딜레마로 들어가는 길을 제시한다. 한 번 시작한 문장이 때로는 돌이킬 수 없는 혼란과 실수로 빠져들 때도 있지만, 때로는 더 명료해지게 해 주기도 한다. 문학적 비유는 마치 수지가 압력을 받아 호박으로 변하듯 기억을 전달하고 변형시키며, 때로는 그 안에 아주 오래된 작은 생물 조각을 포획해 띄워 놓기도 한다. 호박은 투명할수록 더 가치있지만, 포획된 생물이 들어 있는 호박이 더 가치 있는 경우가 많다. 글쓰기는 기억에 작용해 과거를 압축하고 틀림없이 왜곡하며, 독자와 작가 모두에게 샅샅이 훑어 볼 몸들을 제공한다.

글쓰기는 나의 내면뿐 아니라 외적으로도 내가 예상치 못했던 길을 택하도록 했다. 가족을 돌보며 나는 너무나 많은 것을 공유한 나의 오빠인 제프와 특별한 친밀감을 쌓았다. 제프와 나, 우리의 이토록 불가해한 경험을 표현할 방법을 찾다 보니 나는 수도 없이 사전을 뒤적이며 서정시의 응축된 언어를 더듬고, 인간 주체성을 탐구하는 현상학과 정신분석학 같은 앎의 방식들, 관계적이고 체화된 삶을 고민하는 페미니즘적·퀴어적 사유를 모색하게 되었다. 나는 기억 속 어린 시절과 청년 시절로 거슬러 올라갔지만 글쓰기 과정은 나를 앞으로 나아가게 해 주었고 지금도 마찬가지이다. 내가 이미 써 버린 것들을 곱씹을 때조차 문장들은 언제나 미래를 향해 내 앞에 펼쳐진다.

지나가 버린 것들을 회상하느냐, 아니면 괴롭고 두렵지만 그럼에도 결정되지 않은 미래를 보며 살아가느냐 사이의 불가능한 선택에 매일같이 직면한다는 것을 안다. 나는 무슨 일이 일어날지 알 수 없고 과거를 잊을 수도 없다. 잊지 않을 것이다. 나는 그 과거가 필요하고, 한때 나였던 그 몸을 기억하길 원한다. 그 몸은 극심한 부상을 겪었고, 나 자신을 강인하고 유능하며 매력적인 여성이라고 믿기 위해 나는 그 모든 것을 느꼈던 수많은 순간에 대한 기억에 기댄다. 망각은 불가능하다.

 망각은 피할 수 없는 필요한 것이기도 하다. 살아가기 위해서 나는 적극적으로 한때 나였던 사람을 잊어야 하고, 일상을 영위하기 위해 사람들이 잊는 것보다 아마도 더 유념해 망각하려 애써야 할 것이다. 나는 이전의 내가 아니다. 하지만 그러고 보면, 그건 누구나 마찬가지이다. 계속 살아가는 우리는 모두 과거의 우리와는 다르지만, 항상 되어가는, 되기의 과정 속에 있다. 나는 할 수 있는 한 충만하고 열정적으로 살기로 선택했고, 곧 예측 가능한 미래에 또다시 같은 선택을 할 것이다. 그 선택을 할 때마다 나는 과거로부터 한 발자국 멀어지며, 이전의 나와 점점 더 분리될 것이다. 이것은 지난한 과정이다.

 특수치료 전문병원에서 재활 치료를 받을 당시 마비로 손이 약해진 나머지 서재 책장에 줄지어 꽂힌 펭귄 클래식Penguin Classics에서 나온 페이퍼백의 페이지 한 장을 넘기는 것도 힘겨웠다. 앞서 이야기했듯이 작업치료사 패티가 지시했을 때 나는 크리넥스를 집어서 탁자 오른쪽에서 왼쪽으로 옮겨놓는 것조차 하지 못했다. 나는 절망과 분노 속에서 눈물을, 쓰라린 눈물을 흘렸다.

그러나 매일같이 패티의 훈련을 따르며 아주 천천히 악력이 강해졌다. 휴지 집기를 시도한 후 몇 달이 지나자 패티는 연필과 책을 하나씩 가져왔다. 패티는 내 앞에 책을 펼쳐 놓은 후 연필을 거꾸로 쥐고 지우개 부분으로 책의 가장자리를 눌렀다. 패티는 책장을 넘겼다. 그러고는 내게 연필을 건넸다. 나는 혼신을 다해 연필을 쥐고 자넷과 나의 간호사 위니가 지켜보는 앞에서 책장을 넘겼다. "나 내 삶을 되찾았어." 눈물을 흘리며 나는 말했다. 그리고 다시 한 번 말했다. "나 내 삶을 되찾았어"라고. 우리 넷은 함께 울었다.

감사의 말

목이 부러지기 전에도 알고는 있었지만 마비와 고통을 통해 각인됨으로써 생생하고 명료하게 이해하게 된 것은 인간의 상호의존성이라는 단순하면서도 심오한 사실이다. 사고 이후 나는 아주 많은 이에게 매우 오래 의존해 왔기 때문에 나의 회복과 현재까지 이어지는 삶을 도와준 모두의 이름을 하나하나 나열한다고 해도 그 모두를 담아낼 수 없을 것이다. 내게 엄청난 도움을 제공한 이들의 이름도 따로 언급하자면 끝없이 길어질 것이 분명하기에 하지 않겠다. 하지만 나는 기억한다. 그리고 영원히 감사할 것이다. 장기화된 위기 상황에서 나와 자넷을 도와준 모든 사람과 지금도 계속해서 나의 삶을 조금이나마 편안하게 해주는 많은 이들에게 빚지고 있다. 이 빚은 내가 청산할 수 있는 종류의 것이 아니다. 추산의 영역을 벗어났을 뿐 아니라 내가 내려놓고 싶은 짐도 아니기 때문이다. 나는 진정으로 수많은 사람에게 삶을 빚졌다.

특수치료 전문병원에서:

"우리는 긍정적인 면을 찾으려 합니다"라고 자넷에게 말했던 재활 전문 주치의 수브라마니 시타라마 박사, 삶을 긍정하는 물리치료사 다니엘 오코넬, 훌륭한 운동선수인 동시에 마음을 알아주는 작업치료사인 패티 디아레나, 노련하고 인정 많은 간호사 위니 벤자민, 강인하고 역동적인 척수 부상팀의 핵심 로빈 캅, 당시 척수손상협회 코넷티컷 지부 대표로, 다니엘의 요청에 따라 두 번 나의 병원을 방문해서 경부 척수 손상 이후로도 살만한 삶을 구축할 수 있음을 설득력 있게 입증해 준 제프 디온, 그리고 간호조무사로서 병원에서 나를 세심히 돌봐 줬던 도나 콜리어.

도나는 이후로 집에서도 월요일부터 금요일까지 나를 다정하게 도와주는 중이고, 매일 "필요하면 날 불러요"라고 말하며 떠난다. 나는 정말로 그렇게 한다.

그리고 주말마다 집에서, 내 기분을 끌어올려 주고 목시를 한없이 기쁘게 하는, 카리스마 넘치는 잘생긴 새년 업셔, 이 책이 무엇이었고 무엇이 될지를 더 명료하게 볼 수 있도록 도와줌으로써 내가 계속해서 쓸 수 있도록 용기를 준 원고의 초기 독자들,

주디 버틀러, 조슈아 타카노 체임버스-렛슨, 리사 코헨, 리 길모어, 로라 그래포, 로라 레빗, 매기 넬슨, 타비아 뇽오, 앤 펠레그리니, 게일 펨버턴, 조드/아나 로젠버그, 게일 샐러먼(소개해 준 조앤 스콧에게 감사를), 맷 샤프, 엘리자베스 위드, 에릭 지너

나의 에이전트 역할을 맡아 출판사들에 책을 설득력 있게 소개하고 작가로서 최고의 입장에서 여유롭게 선택할 수 있게 해준 아이디아 아키텍츠(Idea Architects) 에이전시의 세실리아 칸세야로.

자넷과 내가 천천히 살 만한 삶을 꾸려가는 동안 무수한 방식으로 크고 작은 도움을 준 친구들과 동료들, 이들 중 많은 이들은 웨슬리안 공동체의 구성원으로서 직장 생활도 지속적으로 지지해 주었다.

헨리 아벨로브, 레이철 애덤스, 수잔 애들러, 카렌 앤더슨, 샐리 배크너, 더글라스 베넷, 밋지 베넷, 엘리자베스 번스타인, 로라 베리, 엘리자베스 보브릭, 엘리자베스 버드니츠, 캐롤 부피디스, 엘리자베스 카스텔리, 캐롤린 코츠, 로버트 콘, 호프 덱터, 앤 듀실, 데이비드 엥, 앨런 펑크그레이스 글레니, 레이 고르노, 로리 그루엔, 킴 F. 홀, 데이비드 홉슨, 시빌 홀딩, 거트루드 휴즈, 앨런 푼잘란 아이작, 크레이그 야콥슨, 에밀리 야콥슨, 제인 앤 제임스 야콥슨, 톰 야콥슨, 레베카 조던-영, 커윈 케이, 나타샤 코르다, 줄리아나 쿠발라, 게일 래키, 린다 마치, 엘리자베스 맥앨리스터, 션 매캔, 릴리 밀로이, 마거릿 닐, 엘런 네렌버그, 로리 누스도르퍼, 리처드 오만, 미그달리아 펑크니, 테레사 랜킨, 메리-제인 루벤스타인, 테무 루스콜라, 아누 (아라다나) 샤르마, 앤-루 샤피로, 빌 스토우, 앤디 셰게디-마사크, 네페레티 타디아르, 카린 트레이너, 앤

서니 발레리오, 데이비드 해링턴 와트, 루스 스트리겔 와이스만

위의 이름들에 더불어, 웨슬리언 대학교의 영문학과와 페미니스트, 젠더, 섹슈얼리티 연구 프로그램의 모든 교수진과 직원, 바너드 여성연구센터의 직원 분들에게 특별히 감사의 마음을 전한다. 수십년에 걸쳐 나의 학생들은 다른, 더 좋은 세상이 가능하다는 것을 분명히 보여주었고 헤아릴 수 없을 정도로 나의 기운을 북돋아주었다.

나를 사랑하고 지지해 준 나의 확대 가족,

베스 크로스비, 콜린 크로스비, 커스틴 크로스비 블로즈, 맷 블로즈, 안드레아 몰리나, 캐시 카우프만, 바바라 마틴마틴, 낸시 카셀 스타인

옮긴이의 말

　이 책을 번역하며 새해를 맞았고, 새해 첫날 장애인 활동가들은 지하철에 감금되었다. 공권력의 의해 장애인의 몸은 가로막혔고, 비열한 동시에 불가해할 정도의 잔인한 방식으로 진압되었다. 걷지 못하는 장애인들이 감히 휠체어를 타고 이동하기를 원했다는 이유로 누군가는 격노하며 조금의 타협도 불허하겠노라고 말했고, 공권력은 그에 응답했다. 한 사람이 살 만한 삶을 살기 위해 필요한 많은 조건은 어떻게 저울질되어야 하는가 하는 질문 앞에서, 이 지구의 구석구석을 소수가 독점하고 쓰지도 않을 돈을 세상이 망할 때까지 쌓아놓는 어떤 낭비에 대해서는 왜 그토록 관대한지에 대해 생각했다. 여전히 지하철을 '기어다니는 몸'을 목격해야만 하는 불쾌감이 정당한 권리를 가로막는 일이 반복되는 이 끔찍하도록 무도한 세계에서, 나는 크리스티나 크로스비의 『와해된, 몸』을 번역했다.
　이 책을 읽으면서 처음에는 약간 산만하다고 생각했다. "2003년 10월 1일, 나는 자전거 앞바퀴 살에 나뭇가지가 걸려 노면에 처박혔다"로 시작하는 그녀의 이야기가 어디로 이어질지 종종 가늠하기 어려웠던 것이다. 그녀의 몸을 사지마비 상태로 만든, 기억에도 없는 그 사고를 들은 대로 기록하고, 말로 형언할 수 없는 통증과 고통을 언어로 표현해 내기 위해 '난파된 [자신의] 몸속으로 깊이 들어가는' 그녀의 이야기가 때로는 예고 없이 끼어드는 삶의 여러 장면 사이를 종횡무진 넘나들었기 때문이다. 여러 번 책을 읽은 후 나는 깨달았다. 어쩌면 내가 무의식중에 기대하던 선형적 서사는 그녀가 선택하지 않은 형식이며, 이 이야기를 그렇게 쓰는 것은 불가능했으리라는 것을. 그렇게 사고 전후로 매끈하게 정리되고 봉합되지 않는 이 책의 부분 부분은 읽는 동안 서서히 스며들어 설명하기 어려운 놀라운 방식으로 그녀의 삶 전체를 마주하도록 만든다.

많은 낮과 밤을 크리스티나의 글과 함께했다. 손가락을, 눈을, 아픈 허리와 뻣뻣해진 엉덩이를 감각했다. 몸을 '취약성의 장소'로 인식하다가 최근에야 "신체적 도전이 주는 쾌락"을 삶의 중요한 기쁨으로 깨우치기 시작한 나는 모든 사람이 "몸이(있)다"는 사실을 깊이 사유하는 동시에 그 몸이 와해되어 '일관된 자아'의 감각에 깊은 상처를 입히는 이야기를 읽는 것이 몹시 두렵기도 했다. 그런 독자의 마음을 들여다보기라도 하듯 크리스티나는 말한다. 글쓰기는 척수 손상이라는 황무지를 밤낮으로 횡단하는 그녀가 그 지형을 설명해 보려는 노력이라고. 나, 당신, 우리가 알았으면 한다고. 김원영은 "몸을 가지고 살아가는 이상 우리의 몸에는 늘 구체적인 타인이 깃든다"(『온전히 평등하고 지극히 차별적인』, 문학동네, 2024, 9쪽)라고 말한다. 우리가 닿고 쓰다듬고 서로 돌보며 전해주는 힘은 개개인의 능력과 한계를 정하는 것이 아니라, "더 큰 세상에 접속하는 경이로운 체험"(같은 책)을 가능하게 해 준다고 말이다. 당신도 그 힘을 믿고 크리스티나의 초대에 기꺼이 응하면 좋겠다.

많은 낮과 밤을 그녀의 글과 함께했다. 그리고 그보다 더 많은 낮과 밤을 함께한 나의 연인에 대해 생각했다. 생각하지 않을 수 없었다. 내가 아프게 된다면, 나의 삶은 어떻게 될까. 혹은. 그 막막한 두려움. 크리스티나가 "깊고, 혼란스럽고, 압도적으로 고통스러운 시간"을 고독하게 통과하는 동안, 잃어 버린 몸과 지나가 버린 것들을 되새기고 애도하는 동안 그것을 지켜보고 함께 겪는 자넷이 있다. 마음껏 절망하는 것도 그렇게 간단한 일은 아니다. 중요한 사람의 일이 내 일이 되는 것. 그리고 그 연결은 일대일 관계를 넘어 점점 확장될 수 밖에 없다는 것. 크리스티나와 자넷이 단단한 삶을 일구어 가는 모습을 따라가다 보면, 또 다른 관계들과 커뮤니티의 존재감을 느끼지 않을 수 없다.

『와해된, 몸』의 마지막 장면. 가까스로 책장을 넘길 수 있게 된 크리스티나와 "나 내 삶을 되찾았어"라는 말 앞에 가만히 멈춘다. 살아갈 만한 삶을 살 수 있는 조건이, 모든 것을 그대로 지키고 가진다는 의미가 아닌데도 습관처럼 그렇게 상상해 왔다는 것을. 거기에 나의 두려움이 있었다는 것을. "어떤 주제로 글을 쓰든 글쓰기는 쓰는 사람을 어디론가 데려간다"는 그녀의 말처럼, 어쩌면 읽기에도 그런 힘이 조금은 있을지도 모른다고 믿으며, 이 책을 내려놓는다. 사랑을 담아.

마지막으로 좋은 책을 번역할 기회를 주시고 언제나 따뜻하게 안부를 물어봐 주신 에디투스 연주희 대표님께 감사드린다. 아무리 다듬어도 아쉽기 마련인 번역을 섬세하게 돌보고 함께 고심해 주신 윤현아 편집자님께도 감사하다는 말씀 전한다. 이 책을 번역하던 시기에 마음이 많이 부대끼던 나의 곁을 다정하게 지켜준 주양과 언제나 내 번역의 첫 번째 독자이자 탁월한 토론자가 되어주는 아람 언니에게 감사와 사랑을 보낸다.